MIX
Papier aus verantwortungsvollen Quellen
Paper from responsible sources
FSC® C105338

Sanita Abaz

Betreuung von Demenzkranken in Altenheimen

Segregative, Semi-Segregative und Integrative Betreuung

disserta Verlag

Abaz, Sanita: Betreuung von Demenzkranken in Altenheimen. Segregative, Semi-Segregative und Integrative Betreuung, Hamburg, disserta Verlag, 2017

Buch-ISBN: 978-3-95935-370-0
PDF-eBook-ISBN: 978-3-95935-371-7
Druck/Herstellung: disserta Verlag, Hamburg, 2017
Covermotiv: © pixabay.com

Kolleg Graz /Seggau

Bibliografische Information der Deutschen Nationalbibliothek:
Die Deutsche Nationalbibliothek verzeichnet diese Publikation in der Deutschen Nationalbibliografie; detaillierte bibliografische Daten sind im Internet über http://dnb.d-nb.de abrufbar.

Hermannstal 119k, 22119 Hamburg
http://www.disserta-verlag.de, Hamburg 2017
Printed in Germany

Zusammenfassung

Mit der steigenden Zahl hochaltriger Menschen in unserer Gesellschaft erhöht sich auch die Anzahl von Demenzerkrankungen und damit der Bedarf an entsprechenden Wohn- und Betreuungsangeboten für die betroffenen Menschen.

Für Menschen mit leichter Demenz ist es bei guter Unterstützung und einer Anpassung des Wohnumfelds durchaus möglich, noch längere Zeit selbständig zu Hause zu leben. Bei fortschreitender Demenz stößt dieses Wohnumfeld jedoch bald an seine Grenzen. Sobald sie sich selbst oder Dritte gefährden, von ihrer Umgebung nicht mehr toleriert werden oder vereinsamen, wird der Umzug in eine andere Wohnform, meist in eine stationäre Pflegeeinrichtung, unumgänglich.

Demenz bezieht sich jedoch nicht alleine auf die Menschen mit Demenz, sondern steht auch in einer Wechselwirkung zu dem dafür ausgebildeten Pflegepersonal und dem Verständnis der Angehörigen. Sie wird nicht als Krankheit im klassischen Sinn gesehen, sondern ist eine Bezeichnung von mehr als fünfzig Krankheitsbildern mit unterschiedlichen Ursachen und Verläufen. Sie beeinträchtigt Gedächtnisleistung, logisches und kritisches Denken, planendes Handeln sowie Steuern von Emotionen und Sprache. Dadurch kann der Lebensalltag der Betroffenen von diesen auf Dauer nicht mehr selbständig bewältigt werden, sodass sie auf Betreuung angewiesen sind.

Das Wissen um die speziellen Bedürfnisse dieser Menschen ist von entscheidender Bedeutung für die Schaffung eines adäquaten Wohnumfelds für diese Personengruppe. Zu den Besonderheiten von Menschen mit Demenz gehört, dass sie, in gewissen Stadien der Krankheit, besonders neugierig und aktiv sind, sie laufen überall hin, suchen Gesellschaft und möchten etwas erleben und etwas zu tun haben. Sie haben Probleme, Gefahren zu erkennen, das eigene Zimmer selbständig zu finden oder die Tür zu erkennen, die vom Garten wieder zurück ins Haus führt.

Da Demenzerkrankungen nicht geheilt werden können, konzentriert sich die Behandlung von Demenz auf Vorbeugung und Milderung, um die geistigen Fähigkeiten und die Kompetenz der Menschen mit Demenz in deren Alltag so lange als möglich zu erhalten bzw. zu stärken.

Die Pflege und Betreuung alter und hochbetagter Menschen mit einer demenziellen Erkrankung stellt im Alltag eine zunehmende Herausforderung an die Versorgungssysteme in unsere Gesellschaft dar. Unsere Aufgabe liegt darin, für die betroffenen Menschen ein geeignetes Wohn- und Lebensumfeld zu schaffen.

In der vorliegenden Forschungsarbeit wird der Einfluss von arbeits- und tätigkeitsbezogenen Belastungen auf das Pflege- und Betreuungspersonal im Segregativen, Semi-Segregativen und Integrativen Wohnbereich untersucht.

Durch die Empirische Studie konnte festgestellt werden, dass das Pflege- und Betreuungspersonal in einem speziellen Wohnbereich für Menschen mit Demenz weniger belastet ist als in einem semi-segregativen und integrativen Wohnbereich. Die Annahme, dass eine bessere Ausbildung in den segregativen Wohnbereichen die Arbeit nicht so belastend erscheinen lässt, konnte nicht zur Gänze geklärt werden. Es ist aber mit großer Wahrscheinlichkeit anzunehmen, dass durch die homogene Gruppe und eine spezifische Ausbildung in Validation die Belastung geringer erscheint.

Vorwort

„Unsere größte Schwäche liegt
im Aufgeben. Der sicherste
Weg zum Erfolg ist immer, es
doch noch einmal zu versuchen."
(Thomas Alva Edison)

Eine überraschende Konfrontation mit Aspekten der Altersheimsituation weckte mein Interesse an Fragen der Gerontologie.

Ich hatte erfahren, dass ein Großteil alten Menschen beim Eintritt in ein Altersheim ohne jegliche Vorbereitung – gerade von einem Tag auf den anderen – ihre bisheriges Leben aufgeben müssen, ihre Verwandten, Freunde, Nachbar und die gegen neuen Zimmergenossen eintauschen müssen, die sie nie zuvor gesehen haben, die oft völlig konträre Ansichten, Einstellungen und Bedürfnisse haben.

Auch die Betreuung in manchen Pflege- und Altersheimen, so erfuhr ich, ist jedoch mangelhaft, da das Personal weit überfordert ist.

Seitens des Pflege- und Betreuungspersonals gibt es unterschiedliche Ansichten zu der besten Betreuungsform. Eine Gruppe sieht in der Integration die beste Lösung, während der andere Teil in der segregativen Lösung die größten Vorteile sieht.

Auf Grund dieser ersten Informationen beschäftigte ich mich intensiv mit dem Altersheimwesen und der gerontologischen Literatur.

Ich möchte hiermit einen Denkanstoß geben, um genauer über die zukünftige Gestaltung der Pflege und Betreuung von Personen mit Demenz nachzudenken. Im Mittelpunkt des Denkens sollte immer der Mensch stehen. Die Arbeit versteht sich damit, als ein Beitrag zur Schaffung bestimmter Voraussetzungen einer erfolgreichen Betreuung von Demenzerkrankten, gerechte Gestaltung von Pflege- und Altersheime, sowie der Ausbildung des Personals.

Mit dieser Arbeit möchte ich einen eingeschränkten Horizont erweitern und Möglichkeiten zur Verbesserung der Lebensqualität von Menschen mit Demenz aufzeigen. Ihre verbliebenen Fähigkeiten und die persönlichen Bedürfnisse optimal zu fördern

Vielen Dank…

… gilt Herrn Professor Dr. Dr. Christian Endler, der mich in meiner Not aufgefangen hat und mir ermöglicht hat diese Dissertation fertig zu stellen.

… Frau Prof. Dr.^{in} Roswith Ruth, welche mir als Betreuerin bei mein Doktorarbeit stets eine große Stütze war.

Ebenfalls ein Dankeschön meinem wissenschaftlichen Begleiter auf der Johannes Kepler Universität Linz Univ.-Prof. Dr. Josef Weidenholzer.

Im Zuge meiner Arbeit besuchte ich 8 Alten- und Pflegeheime mit Segregativen Wohngruppen für Menschen mit Demenz und 44 Alten- und Pflegeheime, die ein integratives und semi-segregatives System bevorzugen. Ich möchte die Gelegenheit nutzen und mich auf diesem Wege noch einmal recht herzlich bei allen Heimleitungen und Pflegedienstleitungen bedanken, die mir die Befragung ermöglicht haben. Natürlich gilt mein besonderer Dank dem Pflegepersonal, das sich für diese Untersuchung zur Verfügung stellte.

Besonders danke ich meiner Mutter, die im März 2014 den Kampf gegen Krebs verloren hat. Sie lehrte mich, meine Ziele selbstsicher zu verfolgen und legte damit den Grundstein für meinen akademischen und beruflichen Werdegang. Sie hatte mich auf dem oft steinigen Weg begleitet, unterstützt und immer wieder motiviert. Mama, dir werde ich immer dankbar sein für alles was du für mich getan hast.

Nicht zuletzt gilt an dieser Stelle mein herzlichster Dank meinen Mann und meinen Sohn, die mir durch ihre Unterstützung das Studium und diese Arbeit ermöglichten. Ihnen ist diese Arbeit gewidmet.

DANKE,
Sanita Abaz

Inhaltsverzeichnis

ABBILDUNGSVERZEICHNIS

TABELLENVERZEICHNIS

1. EINLEITUNG / FORSCHUNGSPROBLEM

Wenn versucht wird eine sozialwirtschaftlichen / psychologischen / philosophischen Arbeit aus dem Bereich „Demenz“ vorzulegen, bedarf es ein einer besonderen Erklärung.

Mit dem hohen Alter steigt auch der Betreuungsbedarf. Der größte Anteil der Betreuungsarbeit wird zu Hause und überwiegend von Frauen geleistet. Für die Gesellschaft ist dies ein unschätzbarer Dienst. Besonders die Betreuung und Pflege von Demenzkranken Menschen ist eine besondere Herausforderung und mit vielen Problemen behaftet.

Vermehrte Erwerbstätigkeit der Frauen, Anhebung des Pensionsantrittsalters, Veränderungen in den Familien– und Haushaltsstrukturen (Trend zu Singlehaushalten ist festzustellen), der Geburtenrückgang und die steigende Scheidungsrate werden in Zukunft für Veränderungen in der Pflegearbeit sorgen.

Die soziale Sicherheit im Alter ist eine der wichtigsten sozialstaatlichen Errungenschaften. Aktuelle ökonomische, soziale und kulturelle Entwicklungen zeigen jedoch in ganz Europa die Relativität erreichter quantitativer und qualitativer Standards. Über die soziale Sicherheit hinaus geht es bei Planungen fürs Alter um die Bestimmung von Inhalt und Qualität des Lebens im Alter. Traditionelle Konzepte vom privaten und mehr oder minder passiven „Ruhestand“ begegnen neuen Erwartungen, auch im Alter teilzuhaben an der gesellschaftlichen Entwicklung. Eine besondere Stellung in der Planung fürs Alter nimmt das Themenfeld von Hilfe und Pflege ein. Auf Grund der demografischen Entwicklung wissen wir, dass der Anteil älterer und hochbetagter Menschen an der Bevölkerung immer weiter steigt. Speziell die Anzahl der Personen, die an Demenz erkranken steigt stetig an. Auch in der Öffentlichkeit wird Demenz immer mehr als Erkrankung und als eine unvermeidliche Alterserscheinung erkannt und gesehen. Die Erkrankung tritt immer häufiger auf und betrifft in weiterer Folge auch viele Familienmitglieder. Auch im Betreuungs- und Pflegealltag ist man tagtäglich damit konfrontiert. Angehörige leiden meistens mehr unter der Persönlichkeitsveränderung des/der Erkrankten als unter den Verlust von deren kognitiven Fähigkeiten.
Alte Menschen möchten nach Möglichkeit zu Hause betreut werden. Die Pflege und Betreuung von Menschen mit Demenz kann sowohl psychisch als auch physisch eine große Belastung sein.

Die Vielfalt menschlicher Bedürfnisse und Gefühle erklärt Unterschiedlichkeiten von Wertungen. Was dem der einen wichtig ist, ist für den die andere von geringerer Bedeutung. Keine Leben ohne Werte, Wertungen, Wertigkeiten – der PatientenInnen und KlientenInnen gleichermaßen wie die der pflegenden und betreuenden Personen. Eine der wichtigsten ethischen Prinzipien in der Medizin und der Pflege von Menschen ist das sogenannte Fürsorgeprinzip (Benefizienz). Darunter ist die allgemeine menschliche Verpflichtung zu verstehen, Gutes zu tun und zum Wohle des Individuums zu agieren.

Ebenso das Nichtschadensprinzip (Non-Malefizienz), welches verlangt Schlechtes abzuwehren und niemanden zu schaden. Es ist eng mit dem Prinzip der Autonomie, des Nichtverletzens des individuellen Rechts auf psychische und physische Integrität, verbunden. Das Prinzip der Autonomie fordert, wie oben erwähnt, die individuelle Persönlichkeit und ihr Recht auf unabhängige Selbstbestimmung zu respektieren, wenn es um ihre eigenen psychischen und physischen Vorhaben und Lebensprojekten geht. (vgl. Gosch / Hofmann, 2012, S. 545-557). Diese ethischen Grundprinzipien sind für die Pflege, vor allem von multimorbiden, alten, desorientierten Menschen sowie für Menschen mit kognitiven Einbußen (Demenz) unumgänglich.

Bei vielen Diskussionen über diese neuen Ansätze der Pflege- und Begleitarbeit für Menschen im Alter steht auch die Frage nach der Finanzierung im Raum. Allzu oft wird mit der Kostendiskussion der Gedanke an ein neues, innovatives Pflege- und Begleitkonzept verworfen.

Die demographische und epidemiologische Entwicklung sowie die Realität in den Alten- und Pflegeheimen zeigt: Die Pflege und Betreuung von Menschen mit dementiellem Syndrom ist gegenwärtig und zukünftig eine Herausforderung. Sowohl für die Betroffenen selbst, deren Angehörige sowie politisch Verantwortlichen und die Pflegeanbieter stellt sich daher die Frage nach der bestmöglichen Betreuung. (vgl. Bergmann et al., 2008, S. 8f)

1.1. Forschungsstand

Aufgrund der demographischen Alterung der Gesellschaft rücken auch im Bereich des Gesundheits- und Sozialsystems zunehmend jene Problematiken in den Vordergrund, welche mit zunehmendem Lebensalter vermehrt auftreten. Einer dieser großen Herausforderungen ist die Demenz. Die Demenzerkrankung ist so komplex und wenig erforscht, dass keine oder wenig konkreten ethische Handlungen gesetzt oder definiert werden können.

Noch vor ca. 10 Jahren waren nur etwa 30 Prozent der in Altenpflegeeinrichtungen betreuten Menschen an Demenz erkrankt. Heute melden beispielweise regionale Pflegeeinrichtungen, dass dieser Anteil bereits auf 60 Prozent und mehr gestiegen ist. Menschen mit Demenz sind somit in den Altenpflegeeinrichtungen zur dominanten Gruppe geworden.

Betrachtet man den deutschsprachigen Raum, kann man sehr schnell feststellen, das nur sehr wenige Studien gibt, die sich mit der Thema Belastung und Beanspruchung des Pflegepersonals in segregativen und integrativen Wohnformen auseinander gesetzt haben.

Fakt ist, dass Deutschland bereits mit seinen grundlagenorientierten Forschungsinstituten insbesondere mit Deutschen Zentrum für Neurodegenerative Erkrankungen (DZNE) bemüht sind die Ursachen für Demenzerkrankungen zu erforschen. Es lassen sich kleine Erfolge bzgl. Demenzursachen beobachten. Aber die Entwicklung neuer Medikamente wird noch Jahre dauern. Die klinische Forschung kann nur in enger Zusammenarbeit mit der PatientenInnen erfolgen und daher muss sie noch weiter ausgebaut werden.

Durch die aktuelle Lage in Alten- und Pflegeheimen in Oberösterreich und zahlreich durchgeführte Recherchen besteht dringender Forschungsbedarf in diesem Feld.
Es ist wichtig für eine Organisation zu eruieren, wie und in welchem Betreuungsbereich das Personal mehr belastet ist als in anderen.

Zusammenfassend kann gesagt werden, dass Demenz-Erkrankung wenig erforscht ist und Bedarf an weiteren Forschung besteht.

1. 2. Forschungsfrage

Immer wieder in Diskussionen mit PolitikerInnen und VertreterInnen von Trägereinrichtungen werden die Inhalte zu Alteneinrichtungen auf den finanziellen Standpunkt reduziert. In einer Zeit, in der sich Menschen im Alter als potentielle KundenInnen frei entscheiden können in welcher Senioreneinrichtung sie ihren Lebensabend verbringen wollen, scheint dieser Diskussionsfokus nicht ausreichend. In dieser Arbeit sollen zwar auch die finanziellen Aspekte beleuchtet werden, jedoch soll das Hauptaugenmerk dabei darauf liegen, Klarheit über die Betreuung von Demenz als Erkrankung zu bekommen sowie die ethische Herausforderungen darzustellen.

Die Zielsetzung der vorliegenden Arbeit entsprechend, sollte die folgende Fragen beantwortet werden:

Fragestellung: Pflegepersonen empfinden die Betreuung demenzerkrankter Menschen aufgrund des herausfordernden Verhaltens oft als besonders belastend. Durch die Aufteilung in Wohn- und Pflegeeinheiten (Segregative, Semi-Segregative und Integrative Bereiche), in welchen Bereich sie hauptsächlich arbeiten wollen, wird dies als unterschiedlich belastend empfunden.

Hypothese 1:
Das Personal ist in einem Segregationsmodell weniger belastet, als in einem SEmi-Segregationsmodell und einem Integrationsmodell.

Hypothese 2:
Das Personal in einem Segregationsmodell ist spezifisch besser in Validation weitergebildet und fühlt sich auch weniger belastet.

1. 3. Zielsetzung

Die vorliegende Arbeit versucht einen Beitrag zum Verständnis von Verhalten und Betreuung Menschen mit Demenz sowie die Entlastungsmöglichkeiten von pflegender Angehörigen als auch Schwierigkeiten in der Pflege zu beleuchten. Es wird bereits vorhandene Wissen in Büchern sowie den zahlreichen Studien strukturiert. Auch auf die Relevanz von Informationen für pflegende Angehörige bezüglich Krankheit, Entlastungsangeboten und finanziellen Aspekten wird in dieser Arbeit hingewiesen.

Die Arbeit soll

a) die Diskussion über die Demenz mit den darin angeführten Inhalten ein Stück mehr Wissenschaftlichkeit verleihen und hinterfragen, ob diese Argumente wichtig für die Pflege- und Betreuung sind.

b) Verständnis für die Anforderungen und Herausforderungen in der Betreuung und Pflege von Menschen mit Demenz schaffen

c) einzelne Kompetenzen herausheben die notwendig sind in Pflege- und Betreuung von Menschen mit Demenz und
d) ethische und moralische Aspekte sowie Probleme aufzeigen und näher beleuchten.
Die Forschungsarbeit soll zum kritischen Nachdenken über das eigene Handeln ermutigen und ein Bewusstsein dafür schaffen, dass ethische Reflexion Orientierung in der Beurteilung schwieriger Situationen und verantwortlicher Entscheidungsfindung geben kann.

Pflege und Betreuung sind ethisch relevante Handeln und brauchen in allen Phasen ethische Reflexion. Pflege- und Betreuungskonzepte sollten ethisch begründbar sein. Ohne Ethik keine Qualität! Professionelles Handeln braucht daher moralische und ethische Kompetenz.

1. 4. Forschungsdesign

Um Verständnis für die Fragestellung dieser Arbeit und der damit verbundenen Themenstellungen zu schaffen, werden in den einzelnen Kapiteln theoretisch relevante Inhalte zur Fragestellung dargestellt.

Es wird davon ausgegangen, dass die Antwort auf die Fragestellungen in der Schnittmenge von „Personalbelastung", „Demenz" und „Wohn- und Betreuungsform" zu finden ist.

Im ***ersten Abschnitt*** werden die theoretischen Grundlagen dieser Arbeit erläutert: Der *erste Teil der Arbeit* setzt sich primär mit demografische Entwicklung und Alterstheorien auseinander. Die individuelle Lebenserwartung eines Menschen wird von verschiedenen Faktoren beeinflusst.

Das ***zweite Kapitel dieser Arbeit*** beschäftigt sich mit der theoretischer Auseinandersetzung mit dem Thema Demenz. Die häufigsten Formen von Demenz in einem Alten- und Pflegeheim sind die Alzheimer Demenz und die vaskuläre Demenz. Die Belastung für Pflegende von Menschen mit Demenz ist ein weiterer Punkt in dieser Arbeit. Es wird auf die Situation von pflegenden Angehörigen eingegangen und welche Motive sie zur Pflege veranlassen.

Im ***dritten Kapitel*** geht es um die Wohnformen im Alter sowie um die rechtlichen und finanziellen Aspekte. Es wird dargestellt, dass die Arbeit des Pflege- und

Betreuungspersonals für Menschen mit Demenz durch spezielle Wohnformen bzw. bauliche Strukturen erleichtert werden kann.

Ziel des ***vierten Kapitels*** ist eine ausführliche Auseinandersetzung mit der Ethik. Die ethischen Grundprinzipien sind für die Pflege, vor allem von multimorbiden, alten, desorientierten Menschen sowie für Menschen mit kognitiven Einbußen (Demenz) unumgänglich.

Der ***zweite Abschnitt*** widmet sich der empirischen Studie zur Beantwortung der Forschungsfragen. Dazu werden zuerst die Erhebungsmethoden beschrieben und anschließend die Ergebnisse dargestellt.
Das letzte Kapitel fasst die Kernaussagen der Arbeit zusammen und zeigt weiterführende Überlegungen auf.

I ABSCHNITT

KAPITEL I: DEMOGRAFISCHE ENTWICKLUNG

2. DEMOGRAFISCHE ENTWICKLUNG

In diesem Abschnitt der Arbeit werden die Begriffe Demographie und demographischer Wandel näher beleuchtet. Zudem wird ein historischer Abriss der Demographie als Wissenschaft dargestellt, um einen Einblick in die Thematik zu erhalten.

2. 1. Geschichte der Demographie

Die Ursprünge der Demographie finden sich im 18. Jahrhundert. Zu dieser Zeit beschäftigte sich diese wissenschaftliche Disziplin mit der Wiederbesiedelung jener Landstriche, die durch Krieg und Seuchen wie Pest, Pocken oder Cholera menschenleer waren (vgl. Birg, 2006, S.10). Die beiden bedeutendsten Werke dieser Zeit, welche auch heute noch in Forschung und Lehre Anwendung finden, stammen von Johann Peter SÜSSMILCH, sowie Thomas Robert MALTHUS (vgl. Birg, 2006, S.10).

MALTHUS verwendete das von SÜSSMILCH erarbeitete Datenmaterial, interpretierte es jedoch so, dass es auf seine Theorien zutreffend war (vgl. Birg, 2006, S.12). Er vertrat mit seiner im Buch „*Essay on the Principle of Population*“ enthaltenen Bevölkerungstheorie die Meinung, dass die Welt vor dem Problem der Bevölkerungsexplosion und der Nahrungsknappheit stehe. Er führte dies auf die von ihm aufgestellten Prämissen zurück, welche besagten, dass sich die Bevölkerung exponentiell vermehren, die Nahrungsproduktion jedoch nur einem linearem Wachstum folgen würde. Als dritte Prämisse führte Malthus ins Treffen, dass die Menschen, damit meinte er die Arbeiter- und Unterschicht, auf steigenden Wohlstand mit einer erhöhten Fortpflanzungsrate reagieren würden (vgl. Birg, 2006, S.13f).

In der Zeit des Nationalsozialismus wurde der Demographie große Aufmerksamkeit entgegengebracht. Die Gründe für die intensive Betreibung der Bevölkerungswissenschaft, waren neben der verfolgten Bevölkerungspolitik vor allem rassistische Motive. Dies scheint auch der Grund dafür zu sein, dass die Demographie als Wissenschaft in ihrer Entwicklung, vor allem in Deutschland, noch gehemmt ist (vgl. Kaufmann, 2005, S.34).

Aufgrund zahlreicher medizinischer Errungenschaften und auch einer größtenteils politisch stabileren Landschaft, sind Ursachen wie Krieg oder Krankheiten in der Gegenwart nicht mehr ausschlaggebend für die aktuellen Bevölkerungsentwicklungen. Heute ist vielmehr jener Wohlstand für den verstärkten Geburtenrückgang maßgebend, welchen MALTHUS noch als Motor für das Bevölkerungswachstum gesehen hatte.

2. 1. 1. Definition Demographie

Eine einheitliche Definition für den Begriff Demographie existiert nicht. Während beispielsweise KERSCHBAUMER / SCHROEDER zwischen Demographie und Bevölkerungswissenschaften unterscheiden, stellt das Berlin Institut für Bevölkerung und Entwicklung, die beiden Begriffe auf eine Ebene (vgl. Kerschbaumer/Schroeder, 2005, S. 44).

KERSCHBAUMER / SCHROEDER stellen beim Begriff Demographie vor allem darauf ab, dass diese Disziplin mithilfe von Zahlen und Kennziffern die Veränderung einer Bevölkerung und ihrer Struktur beschreibt. Zu den wichtigsten Ereignissen zählen Geburt, Tod und Wanderungsverhalten (vgl. Kerschbaumer/Schroeder, 2005, S. 44).
Wie bereits aus dem Vergleich zweier Begriffsbestimmungen deutlich hervorgeht, gibt es wiederkehrende Determinanten, aber auch Unterschiede im Verständnis von Demographie.

2. 1. 2. Definition von Altern und Alter

Gemäß KRUSE & WAHL (2010, S. 7) ist die Unterscheidung von Altern und Alter für das Gebiet der Altersforschung von großer Bedeutung, wenngleich eine einheitliche
Definition nicht leicht fällt:
„Altern ist ein lebenslanger Prozess, der mit der Geburt beginnt und mit dem Tod endet. Demgegenüber steht der Begriff Alter für eine Lebensphase. Wann diese Lebensphase erreicht wird, ergibt sich nicht unmittelbar aus dem Verlauf des Alternsprozesses, sondern aus gesellschaftlicher Konvention. Ein Beispiel: In vielen Gesellschaften werden Menschen mit Erreichen des Rentenalters als „alt“ bezeichnet – dies können in dem einen Land 60-jährige, in dem anderen Land 65-jährige sein. Zudem wissen wir, dass ältere Menschen heute im Durchschnitt einen deutlich besseren Gesundheitszustand und eine deutlich höhere Selbstständigkeit aufweisen, als ältere Menschen in der Vergangenheit. Darüber hinaus ist die Verschiedenartigkeit älterer Menschen in Bezug auf körperliche und geistige

Leistungsfähigkeit sehr hoch: [...] Und schließlich fühlen sich viele alte Menschen nicht „alt" – die Relativität von Altersgrenzen zeigt sich also auch dann, wenn man das subjektive Alterserleben berücksichtigt". (Kruse & Wahl, 2010, S. 7)

2. 1. 2. 1. Theorien und Modelle des Alterns

Altern kann aus verschiedenen Gesichtspunkten wissenschaftlich betrachtet werden, wobei besonders biologische, psychische und soziale Aspekte erforscht wurden. Einige verschiedene Erklärungsversuche des Alterns:

Aktivitätstheorie: Die Begründer gehen davon aus, dass der alternde Mensch nur zufrieden und glücklich ist, wenn er leistungsfähig/aktiv ist und gebraucht wird (vgl. Bruckler, 2013, S. 49). In soziale Beziehungen eingebunden zu sein, soziale Rollen und Positionen innezuhaben, ist hier gleichbedeutend mit Leistung und Erfüllung zu sehen. Alter ist in dieser Theorie mit dem Ausscheiden aus dem Berufsleben gleichzusetzten. Neue Rollen und soziale Beziehungen müssen gefunden werden.

Kritik: Altern beginnt mit dem Berufsaustritt und dem Verlust von sozialen Rollen und Beziehungen. Im heutigen Berufsleben sind wir ständigen Rollenverlusten/Rollenwandel ausgesetzt. Das Ausscheiden aus einem belastenden Beruf kann durch neue Energien freisetzen (vgl. Steidl / Nigg, 2011, S. 34f.).

Defizitmodell: Die Begründer dieses Modells gehen davon aus, dass das Schicksal des alternden Menschen ein genereller und universeller Abbau seiner Fähigkeiten ist (vgl. Bruckler, 2013, S. 49). Das Defizit-Modell gilt als überholt, weil Ressourcen und Kompetenzen nicht berücksichtigt werden. Im Alter ist die langsamere Informationsverarbeitung und Reaktionsfähigkeit (Beratung, Anleitung) zu beachten. Auf eine langsame und deutliche Vermittlung von Inhalten sind diesbezüglich acht zu geben. Durch zusätzliches Training (Gedächtnistraining) kann die kognitive Leistungsfähigkeit gesteigert bzw. der Abbau verlangsamt werden (vgl. Stanjek, 2013, S. 175).

Kompetenzmodell: Diesem Modell liegt die Annahme zugrunde, dass der ältere Mensch seine Entwicklung nie abgeschlossen hat. Im Alter bedeutet dies, auftretende Defizite kompensieren zu können (vgl. Bruckler, 2013, S. 49). Es wird die Produktivität des Alters und die

Möglichkeit auf Erfahrungen zurückzugreifen („Biografie als Schatzkästchen") betont (= Ressourcenansatz) (vgl. Stanjek, 2013, S. 178).

Kontinuitätstheorie: In dieser Theorie wird davon ausgegangen, dass Menschen im Prozess des Alterns versuchen innere und äußere Strukturen zu wahren. Dies erfolgt durch die Anwendung vertrauter Strategien an vertrauten Schauplätzen (vgl. Bruckler, 2013, S. 50).

Produktivitätstheorie: Diese Theorie beinhaltet die Idee, dass alte Menschen Leistungen erbringen können, die von einer anderen Altersgruppe nicht erbracht werden können. (vgl. Bruckler, 2013, S. 50)

Erblichkeitstheorie: Diese Theorie geht davon aus, dass Geschwindigkeit und Intensität des Alterns von der Erbsubstanz abhängt. Die Lebenserwartung ist höher, wenn ein Elternteil langlebig war. Bei Langlebigkeit beider Eltern ist die Chance auf ein langes Leben noch höher (vgl. Bruckler, 2013, S. 50).

Disengagement-Theorie (Loslösung/Rückzugstheorie): In dieser Theorie werden der Rückzug und die Lösung von Bindungen als natürlich, wünschenswert und als unvermeidlicher Prozess gesehen. Sie wird als Vorbereitung auf den endgültigen Abschied vom Leben gesehen. Das Zurückziehen aus Rollen-, Funktions- und Leistungsbereichen der Gesellschaft wird von den alten Menschen als befriedigend erlebt. Kritik: Es ist abhängig von der Persönlichkeitsstruktur und der individuellen Konfliktverarbeitung, ob jemand aktiv ist oder sich zurückziehen will (vgl. Steidl / Nigg, 2011, S. 36).

Abnutzungs- und Verschleißtheorie: Diese Theorie besagt, dass der Gebrauch von Organen und jeder Lebensvorgang zum Verschleiß und zur Ab-nutzung führt. Zeichen dieser Abnutzung sind Falten, Altersflecken, graue Haare, Ablagerungen in den Gefäßen (= körperliche Veränderungen im Alter). Die Abnahme der Organfunktion/bzw. der Organreserven liegt bei einem 75-80-jährigen im Gegensatz zu einem 30-jährigen je nach Organ zwischen 40 und 60% (vgl. Steidl / Nigg, 2011, S. 34).

2. 1. 2. 2. Selbstbild und Fremdbild im Alter

Selbstbild und Fremdbild des alten Menschen hängen von inneren und äußeren Faktoren ab, insbesondere von der Rückmeldung aus der Umgebung. Während des Lebens lernt der

Mensch aufgrund von Feedback aus seinem sozialen Umfeld Fremdbild und Selbstbild abzugleichen. Das Selbstkonzept eines Menschen ist die kognitive Einschätzung und seine Fähigkeit ein ausgewogenes Verhältnis zwischen Selbstbild und den zur Verfügung stehenden Ressourcen zu schaffen, um ein sinnvolles und erfülltes Leben zu führen. Das Selbstkonzept eines Menschen besteht aus der psychischen Dimension (Selbstbild – Selbstbewusstsein), der körperlichen Dimension (Körperbild – Körperbewusstsein und Körperwahrnehmung) und der sozialen Dimension (Rollenbild – Rollenwahrnehmung und Rollenbewusstsein) (vgl. Breuer, 2013, S. 145ff.).

Negatives Fremdbild beeinflusst positives Selbstbild: Alte Menschen machen die Erfahrung, wenn sie dem Fremdbild entsprechen (gebrechlich, einsam, vergesslich) werden sie mehr umsorgt und erhalten mehr Zuwendung (sekundärer Krankheitsgewinn). Sie verändern ihr Selbstbild.

Positives Selbstbild beeinflusst negatives Fremdbild: Andere alte Menschen pflegen ihr positives Selbstbild und verhalten sich selbstbewusst, aktiv und unabhängig. Wenn dem Fremdbild nicht entsprochen wird, kommt es zu Reaktionen der Umgebung. *„Das tut man nicht ...“.* Die Fernsehserie „*Golden Girls*“, in der vier ältere Frauen in einem Haushalt leben haben durch die Darstellung von Selbstbewusstsein, Aktivität und witzigen Konfliktlösungen zur Veränderung des Fremdbildes von alten Menschen beigetragen.

Das Bild vom alten Menschen verändert sich. Durch den Kontakt mit einem alten Menschen entwickelt sich ein Altersbild. Ein alter Mensch wird als meistens freundlich, selbstständig und interessiert an Ereignissen beschrieben = personalisiertes Altersbild. Dem gegenüber steht das Bild, welches in Witzen, ... von alten Menschen beschrieben wird. Dort werden pauschale Beschreibungen und fest gefügte Vorstellungen (Sterotypen) weitergegeben. Alle alten Menschen sind langsam und vergesslich. Dies wird als generalisiertes Altersbild / sterotypisches Bild bezeichnet (vgl. Stanjek, 2013, S. 172).

2. 1. 3. Demographischer Wandel

Einigkeit herrscht hingegen beim Begriff des demographischen Wandels. KERSCHBAUMER / SCHROEDER, stellen dazu fest, dass der demographische Wandel die

Veränderung gesellschaftlicher Strukturen ist und durch die Faktoren Fertilität, Mortalität und Migration beeinflusst wird (vgl. Kerschbaumer/Schroeder, 2005, S. 44).

Grundsätzlich hat der demographische Wandel keine wertende Funktion, wenngleich diese Assoziation in unseren Breiten gerne getroffen wird, sondern beschreibt er vielmehr die Zusammensetzung und die Altersstruktur einer Bevölkerung (vgl. Länge/Menke, 2007, S. 54).

Ein Beispiel dafür ist die „Bevölkerungspyramide“ von Österreich zum 1.1.2011:

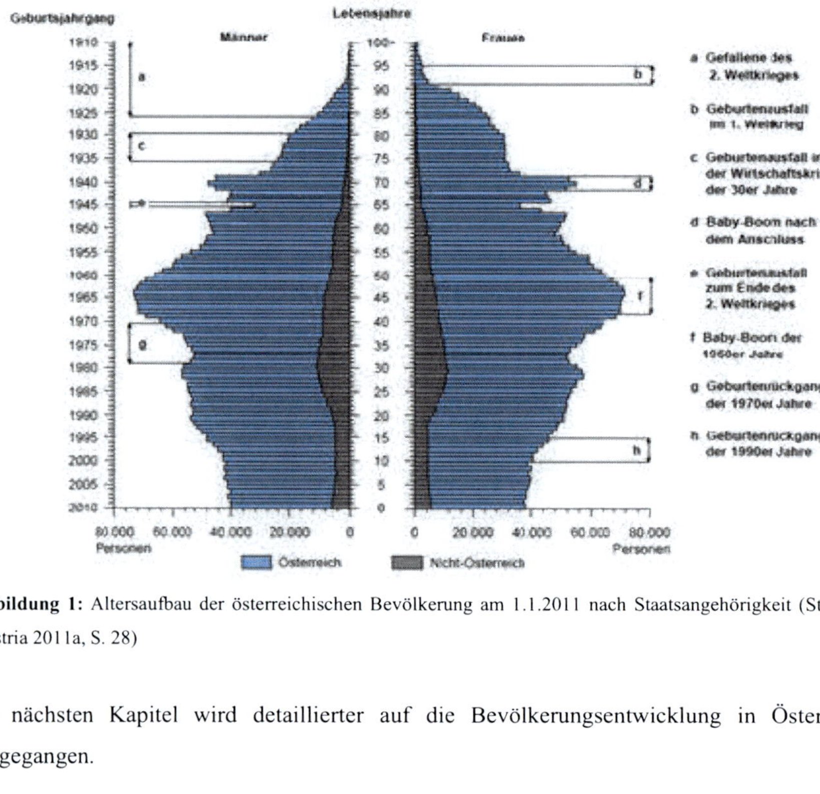

Abbildung 1: Altersaufbau der österreichischen Bevölkerung am 1.1.2011 nach Staatsangehörigkeit (Statistik Austria 2011a, S. 28)

Im nächsten Kapitel wird detaillierter auf die Bevölkerungsentwicklung in Österreich eingegangen.

2. 2. Bevölkerungsentwicklung in Österreich

Die österreichische Bevölkerungsentwicklung wird in dieser Arbeit ab den 1960er Jahren betrachtet. Bedeutsam dafür ist, dass nach den Kriegsjahren zu diesem Zeitpunkt in Österreich eine Wachstumsphase einsetzte. Der Baby-Boom erreichte 1963 mit 135.000 Geburten seinen

Höhepunkt. Gleichzeitig konnten durch die Anwerbung ausländischer Arbeitskräfte ab 1962 die Einwohnerzahl Österreichs innerhalb von nur zehn Jahren um 500.000 Personen gesteigert werden (vgl. Tazi-Preve et al., 1999, S.11f).

Demographische Entwicklung

„Im Jahr 1961 hatte Österreich knapp über 7 Millionen Einwohner. Dem starken Bevölkerungswachstum der 1960er Jahre folgte ein Jahrzehnt der Bevölkerungsstagnation. Auf die stagnierende Bevölkerungsentwicklung der 1970er Jahre folgte wiederum ein Jahrzehnt mit stärkerem Bevölkerungswachstum. Der Bevölkerungsanstieg bis Mitte der 1990er Jahre war einerseits durch die positive Geburtenbilanz und andererseits durch die Wanderungsüberschüsse gegenüber dem Ausland zurückzuführen. Zwischen 1991 und 2001 erhöhte sich die Einwohnerzahl Österreichs um 310.000 Personen. Zu Beginn des 21. Jahrhunderts war Österreich insbesondere durch internationale Migration aus dem Ausland geprägt, was zu einem starken Bevölkerungsanstieg führte“ (Statistik Austria, 2012a).

Während und nach dem Ersten und Zweiten Weltkrieg nahm die Geburtenrate ab. In den 1950/1960 Jahren kam es zu einem Baby-Boom. Die heutige Zeit ist durch sinkende Kinderzahl geprägt

Einen starken Einfluss hat die Einwanderung von nichtösterreichischen Bürgern (Migration – Verdreifachung von 1951 – 2009). Der Bevölkerungsaufbau hatte 1869 noch die klassische Form einer Pyramide, diese wird sich bis 2040, laut Angaben von Statistik Austria (2010), umkehren.

Laut demografischen Berechnungen wird der Bevölkerungsanteil der über 60-jährigen langfristig stark ansteigen. Von derzeit 22,9% 2015 auf 24,1% 2030 auf 31% d.h. im österreichischen Pensionssystem steht jeder fünfte Einwohner im Pensionsalter, 2015 jeder vierte und 2030 jeder dritte Einwohner! Der Bevölkerungsanteil der über 75-jährigen erhöht sich von derzeit 8% auf 11,3% im Jahr 2030 (1,02 Millionen) (vgl. Steidl/Nigg, 2011, S. 18-20).

Obwohl die Lebensdauer nicht unendlich verlängert werden kann, wird von einer maximalen Lebenspanne von 116 bis 120 Jahren gesprochen und die Tendenz der Verlängerung wird bis zum Jahr 2050 anhalten (Gatterer, 2012, S. 451).

Österreich und Europa befinden sich auf dem Weg der „Überalterung". Bedingt ist dies durch sinkende Geburtsraten und ein steigendes Durchschnittsalter der Gesamtbevölkerung (Betagte, Hochbetagte) (vgl. Steidl/ Nigg, 2011, S. 21).

Mit steigendem Lebensalter verringert sich die Zahl der Männer. Frauen leben länger und anders (biologisch höhere Lebenserwartung, weniger Arbeitsunfälle, Aufgaben Pension, bei Partnerverlust – bessere Integration, weniger Einsamkeit/Isolation) (vgl. Stanjek, 2013, S. 158).

Diese gesellschaftliche Entwicklung (Überalterung) führt zu:

- Zunahme der Hochbetagten durch medizinische Leistungen
- Anstieg der Pflegebedürftigkeit
- Trend zur Kleinfamilie
- Höhere Erwerbstätigkeit von Frauen
- Notwendigkeit der beruflichen Mobilität
- Abnahme der familiären Kapazität für Betreuung und Pflege

Ein dichtes Netz an stationären, semistationären und ambulanten Hilfsdiensten/Pflegediensten ist erforderlich. Jedoch wird der enorm wachsende Pflegebedarf nicht allein durch professionelle Hilfe gedeckt werden können (Bedarf Freiwilligkeit). Das Gesundheits- und Sozialwesen ist gefordert neue Konzepte und Überlegungen diesbezüglich anzustellen, um dieser Entwicklung gezielt begegnen zu können (vgl. Steidl/Nigg, 2011, S. 20).

- Primäre Gesundheitsprävention (Erfassung Risikofaktoren, gesunde Lebensführung – Bewegung), sekundäre Gesundheitsprävention (Vermeidung von Komplikationen und Rezidiven bestehender Erkrankungen – Antikoagulation bei VHF), tertiäre Gesundheitsprävention (rehabilitative Maßnahmen im gewohnten Lebensumfeld) (vgl. Gehart, 2012, S. 31).
- Selbstständigkeit und Kompetenzerhaltung zu Hause
- Neue Wohn- und Betreuungsformen für ältere Menschen
- Vermehrte soziale und kulturelle Angebote in Heimen
- Praxisrelevante und finanziell leistbare Pflegekonzepte (vgl. Steidl/ Nigg, 2011, S. 20). Zusammengefasst zeigen sich durch den Wandel in der Gesellschaft Strukturmerkmale des Alterns. Es wird diesbezüglich auch von sozialen Konstrukten des Alterns gesprochen.

WANCATA (2006) schreibt, dass im Jahr 2000 etwa 90.500 Demenzkranke in Österreich lebten, bis zum Jahr 2050 wird sich diese Zahl allerdings auf etwa 233.800 vervielfachen.
„Laut aktuellen Schätzungen sind in Österreich etwa 150.000 Menschen an Demenz erkrankt. Nach Berechnungen der Österreichischen Alzheimer Gesellschaft wird diese Zahl bis zum Jahr 2050 auf 230.000 ansteigen". (Freisleben-Teutscher, 2014,S. 26)
Somit werden Tagesbetreuungszentren, Selbsthilfegruppen, generell Unterstützungsangebote und entsprechende Ausbildungen in diesem Bereich einen immer höheren Stellenwert erhalten.

Die Finanzierbarkeit einer immer älter werdenden Gesellschaft erscheint laut heutigen Prognosen weniger dramatisch als noch vor kurzem angenommen: Heute stehen in Österreich 4,8 Millionen Personen im Alter zwischen 20 und 59 Jahren 2,02 Millionen Personen über 60 gegenüber, also knapp zwei Erwerbstätige für einen Älteren.

2050 sollte wieder eine ähnliche Aufteilung gegeben sein. Dann stehen 5,7 Millionen 20-69-Jährige 2,10 Millionen über 70-Jährigen gegenüber. Das wären fast drei Aktive für einen Älteren, was bedeutet, dass die Finanzierung der betagten Generation sogar etwas leichter fiele. In diesem Zusammenhang ist anzumerken, dass sich das Pensionsantrittsalter schrittweise dem Alter 69 nähern muss (vgl. Barazon, 2014, S. 3).

Die Bevölkerungsentwicklung wird – wie bereits erwähnt – von den drei demographischen Komponenten Fertilität, Mortalität und Wanderungsbewegungen bestimmt, welche nachfolgend näher analysiert werden.

Fertilität

Die Zahl von neugeborenen Kindern (Fertilität) wird einerseits *„durch die Zahl von Frauen im gebärfähigen Alter (Menarche bis Menopause)"* definiert, andererseits wird die Geburtenanzahl durch die Geburtenhäufigkeit von jungen Frauen bestimmt. Die Geburtenhäufigkeit wird durch *„Faktoren wie Heirats- und Familienverhalten, Familienplanung, Kinderwunsch"* bzw. Kosten von Kindern usw. beeinflusst. Dementsprechend ist die Geburtenhäufigkeit *„einer Gesellschaft eng mit ihren sozialen, wirtschaftlichen und kulturellen Rahmenbedingungen verknüpft.*" (Höpflinger, 1997, S. 10)
Die Fruchtbarkeit war 1963 mit 2,81 Kindern pro Frau auf einem Höhepunkt, danach sank sie ziemlich rasch und stetig bis Anfang der 1990er Jahre auf etwa 1,4 und verblieb seither mit

geringen Abweichungen auf diesem Niveau. Zentrales Merkmal ist die Individualisierung der Entscheidung über die eigene Nachkommenschaft, die nun vor allem durch die Frauen getroffen wird. (vgl. Bundesministerium für Wirtschaft, Familie und Jugend, 2010, S. 28) Die Entscheidung für oder gegen ein Kind wird durch unterschiedliche Beweggründe beeinflusst. Diese hängt von ökonomischen und individuellen Aspekten ab (vgl. Bundesministerium für Wirtschaft, Familie und Jugend, 2010, S. 303).

Ökonomische Faktoren werden von einem Drittel der Österreicher als bedeutend angesehen. Hierzu zählen die eigene finanzielle Situation, die eigene Arbeit bzw. die Arbeit des Partners / der Partnerin und die Wohnsituation. Für Frauen spielt die eigene Arbeit im Entscheidungsprozess für oder gegen ein Kind erwartungsgemäß eine größere Rolle. Verständlich ist dies, da in Österreich im Regelfall die Mütter ihre Erwerbstätigkeit für die Kinderbetreuung unterbrechen. Hierbei zeigt sich vor allem, dass das Geburtenverhalten und die Zeit der Mutterschaft vom Bildungsniveau der Frauen abhängen (vgl. Bundesministerium für Wirtschaft, Familie und Jugend, 2010, S. 304-308).

Mortalität

Die Zahl von Todesfällen (Mortalität) hängt zum einen von der Altersverteilung der Bevölkerung ab. „*Andererseits wird die Zahl von Todesfällen durch die Lebenserwartung der Bevölkerung bestimmt. Die Lebenserwartung von Frauen und Männern ist von einer Reihe sozialer, wirtschaftlicher und epidemiologischer Faktoren abhängig und unterliegt sozialen Ungleichheiten, etwa nach Geschlecht oder sozialer Schichtzugehörigkeit*“ (Höpflinger, 1997, S. 10).

Der Anstieg der Lebenserwartung wurde in den letzten 100 Jahren am Anfang vor allem durch den Rückgang der Säuglings- und Kindersterblichkeit erreicht. In den letzten Jahrzehnten trug vor allem die Verringerung der Sterblichkeit im höheren Alter immer stärker zum Anstieg der Lebenserwartung bei. Die Lebenserwartung bei Geburt lag für einen österreichischen Mann im Jahr 2010 bei 77,7 Jahren. Bei Frauen beträgt diese mittlerweile 83,2 Jahre. Der Unterschied von der weiblichen zur männlichen Lebenserwartung hat sich zwar seit dem Höchststand von 7,2 Jahren im Jahr 1982 verringert, liegt aber immer noch bei 5,5 Jahren (vgl. Statistik Austria, 2012c).

Zukünftig wird eine kräftige Steigerung der Lebenserwartung prognostiziert. Für Männer wird ein Anstieg der Lebenserwartung auf 86,0 Jahre und für Frauen auf 90,0 Lebensjahre erwartet (vgl. Bundesministerium für Wirtschaft, Familie und Jugend, 2010, S. 70). Gründe für die Steigerung der Lebenserwartung sind heutzutage vor allem auf die bessere Ernährung der Gesellschaft und die bessere medizinische Versorgung zurückzuführen. Bei der Analyse von national oder regional begrenzten Gebieten wie Österreich, kommt die Komponente der Wanderungsbewegungen bzw. Migration hinzu (vgl. Höpflinger, 1997, S. 10).

Wanderungen

Die Bevölkerung eines Gebietes reduziert sich durch Abwanderungen und erhöht sich durch Zuwanderungen. Insbesondere für kleine geographische Einheiten kann die Bevölkerungsentwicklung primär durch Zu- und Abwanderungsbewegungen bestimmt sein. Dies beeinflusst nicht nur die Bevölkerungsanzahl, sondern auch die soziale Zusammensetzung der Bevölkerung in einer Region. (vgl. Höpflinger, 1997, S. 11)

Ab den 1960er Jahren verzeichnete Österreich eine positive Außenwanderungsbilanz (=internationale Wanderungen). Der Wanderungsüberschuss von 1961 bis 2007 von rund 830.000 Personen erklärt fast zwei Drittel des österreichischen Bevölkerungswachstums in diesem Zeitraum. (vgl. Bundesministerium für Wirtschaft, Familie und Jugend, 2010, S. 31)

Die Auswanderung österreichischer Staatsbürger ist vor allem auf Arbeits- und Bildungsmigration sowie die späte Rückkehr eingebürgerter Österreicher in ihre ehemaligen Herkunftsländer zurückzuführen.

„Die Zuwanderung war bis 1973 durch die Anwerbung von Gastarbeitern geprägt. Danach stand der Nachzug von Familienangehörigen im Vordergrund. In den 1990er Jahren kam es zu einem erheblichen Zuzug von Asylwerbern und Flüchtlingen aus Kroatien, Bosnien, Serbien und Russland. Seit dem Jahr 2000 wird der Zuzug vor allem wieder durch die Zuwanderung von Arbeitskräften als auch durch ausländische Studierende geprägt“ (Bundesministerium für Wirtschaft, Familie und Jugend, 2010, S. 32).

Aufgrund der demographischen Alterung der österreichischen Bevölkerung wird internationale Zuwanderung als möglicher Beitrag zur Bevölkerungsentwicklung bzw. als Ausweg angesichts der voraussichtlich rückläufigen einheimischen Erwerbsbevölkerung angesehen (vgl. Bundesministerium für Wirtschaft, Familie und Jugend, 2010, S. 34).

„Ohne Zuwanderung gäbe es in Österreich bereits ab 2015 Bevölkerungsverluste. 2050 wäre dementsprechend die Einwohnerzahl Österreichs gegenüber dem derzeitigen Bevölkerungsstand bereits um eine Million kleiner“ (Bundesministerium für Wirtschaft, Familie und Jugend, 2010, S. 83).

Regionale Abweichungen

Die Bevölkerungsentwicklung in Österreich unterliegt regionalen Abweichungen. Seit 1960 sind vor allem die Bundesländer Niederösterreich und Oberösterreich sowie Salzburg, Tirol und Vorarlberg gewachsen. Wien konnte nach Jahrzehnten des Bevölkerungsrückgangs erst seit dem Jahr 1999 wieder eine deutliche Steigerung der Einwohnerzahl verzeichnen. In der Steiermark und Kärnten zeigte sich in den letzten Jahrzehnten bloß ein geringes Bevölkerungswachstum. Nur das Burgenland hat heute kaum mehr Einwohner als vor 40 Jahren (vgl. Bundesministerium für Wirtschaft, Familie und Jugend, 2010, S. 22).

Folgende Abbildung stellt diese Entwicklung in den Bundesländern grafisch dar:

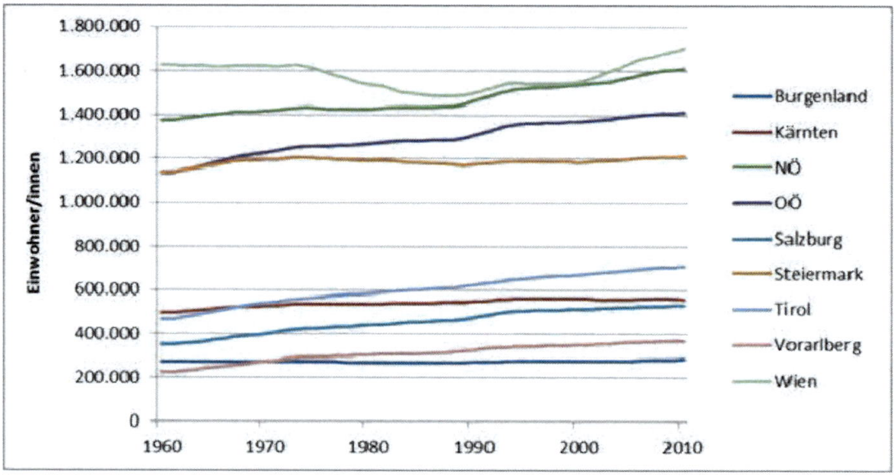

Abbildung 2: Bevölkerungsentwicklung in den österreichischen Bundesländern von 1960-2010. (vgl. Statistik Austria (2012d); eigene Darstellung)

Durch diese demographischen regionalen Unterschiede ist eine Betrachtung der Bevölkerungsentwicklung auf Gemeindeebene notwendig. Infolge der Binnenwanderung wachsen die Einwohnerzahlen in Städten auch weiterhin an, während diese in Gemeinden in strukturschwachen und ländlichen Gegenden dramatisch schrumpfen werden (vgl. Meier/Esche, 2006, S. 6).

Verschiebung in der Altersstruktur

Der Trend hin zu weniger Kindern und mehr älteren Menschen führt zu einer Veränderung in der Altersstruktur. Zur Erklärung dafür bieten sich vielfältige Determinanten der sinkenden Fertilität bei gleichzeitig gestiegener Lebenserwartung an (vgl. Bundesministerium für Wirtschaft, Familie und Jugend, 2010, S. 142).

„Der Erwerb von höheren Qualifikationen führt zu längeren Ausbildungszeiten der jüngeren Generation. Dies verschiebt den Zeitpunkt der Familiengründung in der Lebenslaufplanung nach hinten bzw. wirkt sich das höhere Bildungsniveau generell auf das Geburtsverhalten aus" (Bundesministerium für Wirtschaft, Familie und Jugend, 2010, S. 146).

Bei der Vereinbarkeit von Familie und Beruf werden in Zukunft nicht nur die Kinderbetreuung, sondern auch die Pflege- und Betreuungsbedürfnisse älterer Menschen vermehrt zu berück-sichtigen sein (vgl. Bundesministerium für Wirtschaft, Familie und Jugend, 2010, S. 159).

Die gestiegene Lebenserwartung führt tendenziell zu einer Verlängerung der Lebensarbeitszeit. Hier stellt sich die Frage, was mit der Produktivität passiert, wenn sich das Durchschnittsalter der Erwerbstätigen erhöht und gleichzeitig der Anteil der Älteren an allen Beschäftigten wächst. Diese Frage ist nicht eindeutig zu beantworten. Einerseits sprechen insbesondere Faktoren wie die verringerte körperliche Leistungsfähigkeit für eine Abnahme der Produktivität. Andererseits führt das Altern der Belegschaft in beruflichen Bereichen, die weder mit erheblichem körperlichem Einsatz noch mit starker psychischer Belastung verbunden sind, nicht notwendigerweise zu einer Produktivitätsabnahme der MitarbeiterInnen. Solange die Ausdehnung der Lebensarbeitszeit nicht in ein Alter stattfindet, wo mit dem Rückgang der körperlichen Leistungsfähigkeit auch der Rückgang der geistigen Leistungsfähigkeit einhergeht, kann die Abnahme der Produktivität durch den größeren Erfahrungsschatz älterer Arbeitnehmer aufgewogen werden (vgl. Bundesministerium für Wirtschaft, Familie und Jugend, 2010, S. 77).

Letztendlich ist klar, dass aufgrund der niedrigeren Fruchtbarkeit und der ansteigenden Lebenserwartung eine zunehmende demographische Alterung der österreichischen Bevölkerung zu erwarten ist. Die Zahl und der Anteil der höheren Altersgruppen werden stark ansteigen.

„Der erwartete Zustrom von Migranten wird allerdings dazu führen, dass das Potenzial der Erwerbsfähigen, weniger stark schrumpft, als dies ohne Zuwanderung der Fall wäre" (Bundesministerium für Wirtschaft, Familie und Jugend, 2010, S. 83).

3. ALTE MENSCHEN UND IHRE UMWELT

Älterwerden und Altsein werden nicht nur durch biologische, soziale und epochale Bedingungen beeinflusst, sondern sie unterliegen auch stark dem Einfluss der sozial-räumlichen Situationen und Umgebung, in welche die alltäglichen Lebensabläufe älterer Menschen eingebettet sind. Das Lebensschicksal im Alter ist eng mit den Umweltbezügen des alten Menschen verknüpft.

Nach WICKERT (1984) lassen sich verschiedene Kriterien nennen, durch die sich die Frage nach dem Beginn des Alters erörtern lässt:

Zum einen kann durch *gesellschaftliche Regelungen* der Beginn der Altersphase markiert werden. Mit dem Erreichen eines bestimmten kalendarischen Alters besteht die Möglichkeit, aus dem Berufsleben auszuscheiden und ein Altersruhegeld zu beziehen.

Wollte man durch *biologische Vorgänge* den Beginn des Alters bestimmen, so wäre dies weit schwieriger. Die Muskelkraft eines Menschen ist im 3. Lebensjahrzehnt am größten, im 6. Lebensjahrzehnt atrophiert der Eierstock der Frau und im mittleren Erwachsenalter beginnt die Herzmuskulatur an Masse abzunehmen. Doch der Beginn des Alters kann durch kein derartiges biologisches Ereignis bestimmt werden.

Vom Standpunkt der Psychologie aus könnte man das *subjektive Alterserleben* als Abgrenzungsmerkmal heranziehen. Bestimmte Ereignisse im Lebenslauf wie sich jährende Hochzeitstage oder das Einsetzen körperlicher Beschwerden können zu Auslösern von Empfindungen des Altsein werden. Doch auch hierdurch ließen sich keine eindeutige Abgrenzung finden, denn Lebensereignisse werden interindividuell keine eindeutige Abgrenzung finden, denn Lebensereignisse werden interindividuell sehr unterschiedlich erlebt, so dass ein und dasselbe Ereignis bei verschiedenen Menschen unterschiedliche Empfindungen auslösen kann (vgl. Wickert, 1984).

3. 1. Einige empirische Angaben zur Alltagsumwelt alter Menschen

MOSS / LAWTON (1982) untersuchten das *Zeitbudget* von 535 alten Menschen und fanden, dass der größte Teil eines Tages zu Hause verbracht wurde. Ältere Menschen, die in einem mittelständischen städtischen Wohngebiet in Normalwohnungen lebten, hielten sich nur 2, 5 Stunden von 16 Stunden, die sie durchschnittlich wach waren, außerhalb des Hauses oder der Wohnung auf; 75 % des Tages wurden somit von dieser Personengruppe in der Wohnung bzw. im Haus verbracht. Zählt man hierzu noch die Zeit, die in dem zum Haus gehörenden Garten verbracht wurde hinzu, so waren es 83 % des Tages, die im Haus und dem unmittelbaren Wohnumfeld verbracht wurden. Bei Altenheimbewohnern wurde nur 10% des Tages außerhalb des Heimes verbracht (vgl. Moss/Lawton, 1982).

In die gleiche Richtung weisen die Ergebnisse einer Analyse der *Tageslaufschilderungen* von Altenheimbewohnern. STEPHENS / WILLEMS (1979) konnten zeigen, dass ungefähr 90% aller Aktivitäten von Heimbewohnern innerhalb der Institution stattfanden. Vor allem das eigene Zimmer, in dem sich über 60% aller Aktivitäten vollzogen, erwies sich als Hauptaufenthaltsort der Bewohner (vgl. Stephens/Willems, 1979).

Die beiden bislang genannten Studien lassen vermuten, dass die sozial-räumliche Alltagsumwelt von alten Menschen vor allem im unmittelbaren Wohnbereich angesiedelt ist.

BARKER / BARKER (1961) beschreiben alle *Behavior Settings* einer amerikanischen und einer englischen Gemeinde und schlüsselten auf, welche Altersgruppe an den Settings partizipierten. Zum einen fanden sie, dass innerhalb eines jahres ältere Menschen in der amerikanischen Gemeinde an 19% weniger Settings teilnahmen als Personen im mittleren Erwachsenenalter; in der englischen Gemeinde war es bei älteren Menschen sogar eine um 32% geringere Anzahl. Zum anderen berechneten die beiden Autoren den Partizipationsgrad nach dem zeitlichen Umfang. Sie zählten und summierten die Stunden, die verschiedene Altersgruppen in den Settings der Gemeinden verbrachten. Dadurch könnten sie zeigen, dass hier der Partizipationsgrad bei älteren Menschen nur 1/3 des Partizipationsgrades von Erwachsenen umfasste. Diese Behavior Settings-Studie zeigte deutlich, dass die Nutzung von sozial-räumlichen Gelegenheiten einer Gemeinde bei alten Menschen im Vergleich zu Erwachsenen deutlich eingeschränkt ist (vgl. Barker/Barker, 1961).

Während Barker/Barker (1961) die Lebenssituation von alten Menschen in ländlichen Gemeinden charakterisierten, untersuchten WALSH / KRAUSS / REGNIER (1981) in einer *Nachbarschaftsstudie* das Wissen älterer Menschen über die Umwelt in einer Großstadt und deren Nutzung. Bei einer Befragung von 100 älteren Menschen fanden sie, dass die Nutzung infrastruktureller Einrichtungen und anderer sozial-räumlicher Gelegenheiten außerhalb des Nachbarschaftsgebietes sehr gering war. Obgleich ein gut ausgebautes Angebot an öffentlichen Verkehrsmitteln vorhanden war, wurden nur 16% der monatlichen Wege und Unternehmungen außerhalb der Nachbarschaft unternommen (vgl. Walsh/Krauss/Regnier, 1981).

Zusammengefasst kann gesagt werden, dass mit zunehmenden Alter scheint der räumliche Aktionsradius geringer zu werden. Die Umweltbezüge älterer Menschen schrumpfen auf die Wohnung / Haus und das unmittelbar angrenzende Wohnumfeld zusammen.

3. 2. Theoretische Ansätze in der ökologischen Gerontologie

Ökologische Fragestellungen, welche die Beeinflussbarkeit des menschlichen Verhaltens und Erlebens durch physische oder soziale (institutionelle) Umgebungsmerkmale in den Vordergrund stellen, haben in den letzten Jahren in der Gerontologie zunehmende Bedeutung gewonnen.

Gerontologie beschäftigt sich mit Problemen des Alters. Erkenntnisse und Fragestellungen von Pflege und Medizin werden interdisziplinär (Biologie, Medizin, Pflege, Psychologie, Soziologie) vernetzt – der alte, betagte und hochbetagte Mensch steht im Mittelpunkt (vgl. Steidl/Nigg, 2011, S. 15).

Geriatrie ist ein Teilgebiet der Medizin, diese beschäftigt sich mit dem gesunden Altern, der Vorbeugung (Prävention) von Alterserkrankungen, Problemen der Akutgeriatrie, der Palliativmedizin und der Rehabilitation (Zurück-führung in den Alltag) (vgl. Steidl/Nigg, 2011, S. 16).

Gerontopsychiatrie ist ein Arbeitsgebiet der Psychiatrie und Gerontologie, d.h. diese beschäftigt sich mit den psychischen Erkrankungen alter Menschen. Inhalte der Gerontopsychiatrie sind die Diagnostik, Therapie und Prävention psychischer Erkrankungen.

Minderwertigkeitsgefühl, Scham, Verlustereignisse und Ängste lösen behandlungsbedürftige Reaktionen aus (vgl. Steidl/Nigg, 2011, S. 18).

In Konzeptionen zum Altersprozess wird mittlerweile stark hervorgehoben, dass Altern und Altsein nicht nur durch biologische Faktoren, sondern vor allem auch durch soziale und ökologische Lebensbedingungen beeinflusst werden.

Im folgenden sollen die zentralen Theorieansätze zur Interaktion älterer Menschen mit ihrer Umwelt zunächst einzeln vorgestellt werden.

1) Kompetenzmodell:

Kompetenzmodelle betonen vor allem die Wichtigkeit von Kompetenzen und von Kompetenzverlusten alter Menschen für eine Adaption an herausfordernde Umweltbedingungen im Alter.

Die in der Interaktion mit der Umwelt sich befindende Person wird von LAWTON (1982) nach ihrem Kompetenzgrad beschrieben. Kompetenz wird dabei als ein Merkmal des Individuums konzeptualisiert. Kompetenz soll von den aktuell vorfindbaren äußeren Faktoren relativ unabhängig sein.

LAWTON (1982) definiert als *„Kompetenz einer Person"* die obere *„Grenze ihrer Kapazität im Hinblick auf ihre körperliche Gesundheit, ihre sensorische Wahrnehmungsfähigkeit, ihre motorische Verhalten und ihr Denkvermögen"* (Lawton, 1982, S. 38).

Umweltmerkmale werden von LAWTON (1982) als Anforderungsstrukturen konzeptualisiert. Er interessiert sich vor allem für die motivierende und unterstützende Qualität von Umweltmerkmale. Zusammengefasst lässt sich das Modell auf folgende Weise näher beschreiben.

Kompetenzen der Person und Anforderungsstrukturen der Umwelt bilden die beiden Achsen des Modells. Sowohl die Kompetenzen als auch die Anforderungsstrukturen können in ihrer Ausprägungsgraden von *„niedrig/schwach bis hoch/stark"* variieren. Verhalten und Emotionen eines älteren Menschen sind nach LAWTON's Modell das Resultat *„einer Kombination eines bestimmten Kompetenzgrades der Person und einer bestimmten Anforderungsstruktur, die von der Person wahrgenommen und genutzt wird, oder die auf sie einwirkt"* (Lawton, 1982, S. 44).

LAWTON's Modell unterstellt weiterhin, das *„jedes Individuum, das mit einer Umweltanforderung konfrontiert wird, die Tendenz hat, das Adaptionsniveau zu erreichen, also jene Punkt an dem die Erfahrung einer Stimulierung durch die Umwelt minimal wird. Der Punkt, an dem das Adaptionsniveau erreicht wird, ist beeinflusst sowohl durch die Kompetenzen der Person als auch durch das Ausmaß der Umweltanforderungen"* (Lawton, 1982, S. 45).

Je geringer der Kompetenzgrad einer Person ist desto schwächer kann eine Umweltanforderung sein, um das Adaptionsniveau zu erreichen – in diesem Fall wäre nach LAWTON ein Zustand erreicht, der sich durch adaptive Verhaltensweisen der Person und durch ihre emotionale Ausgeglichenheit auszeichnet(vgl. Lawton, 1982).

Kritik am LAWTON's Ansatz:

Die Vorstellungen von LAWTON zur „environmental docility" und zu einem Kompetenz-Anforderungs-Modell des Alterns haben zahlreiche Autoren in ihren theoretischen und empirischen Arbeiten zum Zusammenspiel von Person und Umwelt im Alter stimuliert und nachhaltig beeinflusst. LAWTON's Ansatz kann als ein äußerst kreativer Beitrag zur Erkundung der Bedeutung von Umweltfaktoren im Alter bewertet werden.

2) Kongruenzmodell

KAHANA (1982) schlägt ein Kongruenzmodell vor, um die Auswirkungen von Umweltvariablen auf das Wohlbefinden, die Einstellungen und die Aktivitäten von älteren Menschen zu erklären. Die zentralen Merkmale dieses Modells sind darin zu sehen, dass Personmerkmal und Umweltmerkmale auf parallelen, inhaltlich miteinander vergleichbaren Dimensionen beschrieben werden und deren Ausprägung auf diesen Dimensionen gemessen wird. Personmerkmale werden von KAHANA im Hinblick auf individuelle Präferenzen und Bedürfnisse klassifiziert (vgl. Kahan, 1982, S. 97).

Das Modell kann auf die folgende Weise näher beschrieben werden: Das Kongruenz-Modell setzt sich aus zwei *Partial-Modellen (2 Teile)* zusammen. Das eine Teil-Modell fokussiert auf die Interaktion von Person und Umwelt im Hinblick auf die Erfüllung von grundlegenden Bedürfnissen *(part 1).* Das andere Teil-Modell unterstellt Zusammenhängen zwischen Person und Umwelt bei der Erfüllung von Wachstumsbedürfnissen *(part 2)* (vgl. Kahan, 1982).

3) Stressmodell

SCHOOLER (1982) zieht eine bereits ausgearbeitete Stresstheorie heran, um Verhaltensweisen von älteren Menschen auf ihre Umwelt erklären zu können. Durch Anlehnung an die Stresstheorie wird stark der Prozesscharakter der Person-Umwelt-Interaktion betont. Individuelle Verhaltens- und Erlebenseffekte werden nicht allein durch die Konfrontation mit (belastenden oder herausfordernden) Umweltbedingungen erklärt, sondern als zentrale Einflussfaktoren werden die kognitiven, behavioralen und emotionalen Formen der individuellen Auseinandersetzung mit diesen Umweltgegebenheiten in Rechnung gestellt(vgl. Schooler, 1982).

KAPITEL II: DEMENZ

4. HISTORISCHE ENTWICKLUNG VON DEMENZ

Menschen mit einer psychischen Erkrankung hatten bis zum *„späten Mittelalter keine organisierte Versorgung. Nur einige religiöse Einrichtungen sorgten durch milde Gaben für ein wenig Unterstützung. Um die Außenseiter wie Behinderte, psychisch Kranke, Prostituierte oder Obdachlose von der Gesellschaft fernzuhalten, wurden diese im 17. und 18. Jahrhundert gemeinsam in „Tollhäusern" verwahrt. Sie mussten dort körperlich schwer arbeiten, Versuche der Heilung oder Betreuung gab es nicht. In Verbindung mit einer „Demenz" wurden zu dieser Zeit Menschen verstanden, die des Verstandes beraubt waren*" (Zimmermann, 2008, S. 5).
Ende des 18. Jahrhunderts wurden die bestehenden „Tollhäuser" aufgelöst und sogenannte „Irrenanstalten" entstanden. Es entwickelte sich *„eine langsame Humanisierung der psychisch Erkrankten"* (Zimmermann, 2008, S. 5).

Der Begriff „Demenz" wurde 1797 vom Arzt Philipp PINEL geprägt und als chronisch verlaufende Erkrankung verstanden. *„Diese sollte durch Zuwendung, Geduld und Milde geheilt werden. Das Eintauchen in kaltes Wasser oder Hungerkuren fanden aber zu dieser Zeit immer noch häufig Anwendung."* Die Betroffenen sollten dadurch *„von der Erkrankung abgelenkt werden"* (Zimmermann, 2008, S. 5).

Einen weiteren Fortschritt brachten Anfang des 19. Jahrhunderts die psychiatrischen Anstalten in England. Erstmals wurde in diesen Einrichtungen mit Beschäftigungsangeboten, sozialen Veranstaltungen sowie regelmäßigem Kontakt der PatientenInnen mit ÄrztenInnen gearbeitet. Zu dieser Zeit definierten Ärzte den Begriff Demenz als ein Nachlassen der kognitiven Fähigkeiten. Die Ursache der Demenz wurde einerseits ausschließlich als psychisch gesehen anderseits wurden in der Wissenschaft auch körperliche Ursachen vermutet.

Den entscheidenden Impuls in der geschichtlichen Entwicklung der Demenzforschung gab *„der deutsche Psychiater und Neuropathologe Alois Alzheimer*". Ende des 19. Jahrhunderts begann er die biologischen Ursachen der Demenz zu ergründen. Er stellte dabei fest, *„dass es verschiedene Formen von Demenzerkrankungen gibt*" (Zimmermann, 2008, S. 5). Aufgrund der geringen Lebenserwartung zu dieser Zeit waren Altersdemenzen aber eine seltene Erscheinung.

Im Jahre 1898 beschrieb ALZHEIMER schließlich die *„Dementia senilis als eine Erkrankung, die erst im höheren Alter auftritt und nicht durch Ischämie oder einen Infarkt verursacht wird“* (Zimmermann, 2008, S. 6).

Alois ALZHEIMER führte zahlreiche Studien an dementen Patienten durch, unter anderem untersuchte er die Gehirne verstorbener Patienten. Er stellte dabei Eiweißablagerungen zwischen den Nervenzellen fest. Er nannte diese Ablagerungen Amyloid-Plaques. Weiteres entdeckte er zwischen den Nervenzellen verklebte Faserbündel. Das Interesse an den Forschungsergebnissen hielt sich unter den Kollegen ALZHEIMERS in Grenzen, dennoch wurde in dieser Zeit erstmals von der „Alzheimer Krankheit“ gesprochen. Nach dem Tod ALZHEIMERS im Jahr 1915 stellte sich die Forschung in diesem Bereich weitgehend ein. Aufgrund der zunehmenden Lebenserwartung und ein damit verbundenes erhöhtes Risiko an Demenz zu erkranken wurden die Forschungen in den 1960er und 1970er Jahren aber wieder intensiviert (vgl. Zimmermann, 2008).

5. DAS DEMENZIELLE SYNDROM

„Einen Menschen, der sich auffallend verhält, hat wohl jeder Erwachsene schon mehr als einmal erlebt. Ist dieser Mensch hochaltrig, vergisst viel und entspricht nicht den Erwartungen seiner Umgebung, wird er schnell als dement bezeichnet, manchmal völlig unabhängig von einer fachärztlichen Diagnose. Demenz ist heute allgegenwärtig, ebenso wie die Angst davor“ (Jasper & Regelin, 2011, S. 9).

War das Erscheinungsbild noch vor einigen Jahren eher ein Tabu, so ist dieser Bann gebrochen. Seitdem sich immer mehr Prominente oder deren Angehörige zu der Erkrankung Demenz bekennen, wird dieses Thema häufiger in der Öffentlichkeit diskutiert.

„Ob Ronald Reagan oder Helmut Zacharias, Rita Hayworth oder Herbert Wehner, Helmut Schön oder Heidi Kabel, sie alle haben dazu beigetragen, dass Menschen offener mit dem Thema Demenz umgehen und eher bereit sind, sich zu informieren und damit auseinanderzusetzen“ (Jasper & Regelin, 2011, S. 9).

Hauptursache für Pflegebedürftigkeit im fortgeschrittenen Alter sind dementielle Erkrankungen. Wie RÖSNER (2007, S. 11) schreibt, wird die Demenz zu der Gruppe der gerontopsychiatrischen Erkrankungen gezählt. Im Zuge der demographischen Verschiebung in den nächsten Jahren wird noch ein Anstieg der Erkrankung angenommen. Frauen neigen zu einer höheren Lebenserwartung, jedoch auch zu einem erhöhten Erkrankungsrisiko. Die problematische Symptomatik im Verlauf der Demenzerkrankung überfordert die pflegenden Angehörigen. Dies ist oft der Grund, warum die Betroffenen, besonders im fortgeschrittenen Stadium, in ein Alten- und Pflegeheim eingewiesen werden.

Demenz verändert den Einzelnen ebenso wie die Gesellschaft in ihrer Gesamtheit. Jeder hat Nachbarn, Freunde, Familie... mit Demenz oder ist vielleicht selbst davon betroffen. Deshalb ist Aufklärung wichtig. Je mehr man sich mit dieser Krankheit auseinandersetzt und man viel darüber weiß, desto mehr verliert man die Angst davor. Man kann frühzeitig aktiv Einfluss auf den eigenen Altersprozess nehmen und so das Risiko einer Demenz möglichst gering halten (vgl. Jasper & Regelin, 2011, S. 9).

Je älter die Menschen werden, desto höher ist das Demenzrisiko

Demenz ist eine Erkrankung, die hauptsächlich im fortgeschrittenen und hohen Lebensalter auftritt. Auf eine kurze Formel gebracht, heißt das so viel wie, je höher das Lebensalter, desto höher das Risiko, eine demenzielle Erkrankung zu entwickeln. Die Krankheitshäufigkeit steigt altersbedingt linear an. Immer gesündere Lebensbedingungen und stetig verbesserte medizinische Versorgung in Deutschland führen dazu, dass immer mehr Menschen ein hohes Alter erreichen. Dieser Trend setzt sich rasant fort. So ist für die Zukunft ein deutlicher Anstieg der Anzahl von Menschen mit Demenz zu erwarten. Jede zweite Frau und jeder dritte Mann in Deutschland müssen Prognosen zufolge damit rechnen, im hohen Alter dement zu werden. Das Risiko für Männer ist geringer. Dies lässt sich nach heutigem Kenntnisstand wahrscheinlich mit ihrer um einige Jahre niedrigeren Lebenserwartung begründen.

„ExpertInnen schätzen, dass weltweit im Jahr 2010 rund 35,6 Millionen Menschen an Demenz leiden – diese Zahl soll sich in den nächsten zwanzig Jahren verdoppeln. In Europa gibt es schätzungsweise 9,9 Millionen demenzkrankte Menschen, der Großteil leidet an Morbus Alzheimer. (vgl. Jahresbericht 2010 von „Alzheimer's Disease International" in: Volkshilfe – Demenzhilfe Österreich, 2015).

„In Österreich gibt es rund 130.000 demenzkrankte Menschen. Rund 80.000 Menschen leiden an einer mittelschweren oder schweren Demenz, etwa zwei Drittel an Morbus Alzheimer (vgl. Demenzreport 2010 in: Volkshilfe – Demenzhilfe Österreich, 2015). Prognosen gehen davon aus, dass im Jahr 2050 rund 240.000 Menschen in Österreich an Demenz leiden. Demenz zählt zu den häufigsten psychiatrischen Erkrankungen" (vgl. Demenzreport 2010 in: Volkshilfe – Demenzhilfe Österreich, 2015).

Der Anteil der von Demenz betroffenen Menschen an der Gesamtbevölkerung würde sich damit innerhalb von 50 Jahren mehr als das verdoppeln, sofern keine wirksamen Möglichkeiten der Vorbeugung und Heilung gefunden werden. Die Zahlen basieren zum Großteil auf Schätzungen, da nicht alle Demenzen tatsächlich diagnostiziert werden. Manchmal wird das Erscheinungsbild einfach mit anderen Bezeichnungen belegt, in vielen anderen Fällen suchen Betroffene keinen Arzt auf.
Experten sprechen vom so genannten Eisbergphänomen. Das bedeutet so viel, „wie beim Eisberg" nur die Spitze, in diesem Fall die schweren Demenzen, zu sehen sind und diagnostiziert werden. Die eigentliche Gefahr liegt „unter Wasser", also eine große Anzahl an Menschen mit beginnenden und mittleren Demenzen. Bei frühzeitiger Erkennung der Krankheit könnte man mit Therapie insbesondere auch mit Bewegung sehr viel erreichen. (vgl. Jasper & Regelin, 2011, S. 13)

5. 1. Begriffsdefinition Demenz

Es gibt keine einheitliche, international anerkannte Definition, welche als Grundlage zu Begriff von Demenz herangezogen werden kann. Demenz wird eher als ein Oberbegriff gesehen, unter dem sich eine große Anzahl an unterschiedlichsten Degenerationserscheinungen sammeln. Diese Erscheinungen sind die häufigsten herausfordernden Verhaltensweisen im Alter eines Menschen und haben wesentliche Auswirkungen auf unsere Gesellschaft, was sogar bis zu Unverständnis und Aggressionen führen kann.

„Der Begriff Demenz stammt aus dem lateinischen und bedeutet „Verstand" oder „Geist". Wörtlich bedeutet Demenz „weg vom Geist". Demenz definiert man als Defizit oder einer Kombination von Defiziten in kognitiven, emotionalen und sozialen Fähigkeiten. Das bekannteste Symptom ist die Gedächtnisstörung" (Radenbach, 2011, S. 16).

Leicht verständlich erklärt GATTERER (2008) das Wort Demenz wie folgend. Demenz stammt vom Lateinischen „dementia“ und kann übersetzt werden mit „ohne Geist“ oder „ohne Verstand“. Als Demenz bezeichnet man nach GATTERER Störungen
- der Gedächtnisleistung
- der Sprache
- des Orientierungsvermögens (zeitlich, örtlich, situativ, zur Person)
- des abstrakten Denkens
- der motorischen Handlungsfähigkeiten
- der Lesefähigkeit
- der Rechenfähigkeit
- sowie des (sozialen) Verhaltens,

die so schwerwiegend sind, dass der erkrankte Mensch seinen Aktivitäten des täglichen Lebens nur sehr schwer nachkommen kann. Der Alltag kann nicht mehr selbstständig bewältigt werden. Dies beginnt am Morgen bei der Körperpflege, beim zubereiten des Frühstücks, sowie die Gestaltung des Tagesablaufes. Das Gesellschaftsleben ist schwer beeinträchtigt.

Im Klassifizierungssystem für ***psychische Erkrankungen ICD-10***, laut WHO, wird Demenz den *„psychischen Störungen und Verhaltensstörungen“* und deren Untergruppen, den *„organischen, einschließlich symptomatischen psychischen Störungen“* zugeordnet. Definiert wird das Syndrom Demenz *„ als Folge einer meist chronischen oder fortschreitenden Krankheit des Gehirns mit Störung vieler höher kortikaler Funktionen“* (Echer, 2006, S. 2).

Diagnostische Kriterien für eine ***Demenz nach ICD – 10*** sind (vgl. Kaiser, 2010)

- Störung des Gedächtnisses
- Störung des Denkvermögens (Ideenflusses, Urteilsvermögens)
- Störung der Orientierung
- Störung der Auffassung
- Störung des Lernens und Rechnens sowie der Sprache
- Störung des Urteilsvermögens
- **keine** Störung des Bewusstseins
- Symptomatik bzw. Zustand muss mindestens sechs Monate andauern.

In Österreich wird vom Bundesministerium für Gesundheit BMG dazu die ICD-10

BMG 2014 herangezogen (vgl. Med Austria - ICD 10 Code, 2000). Für ein gutes Verständnis des Begriffs Demenz auf Basis der ICD-10 ein vereinfachte Darstellung:
Demenz ist keine Krankheit, sondern die Bezeichnung von mehr als fünfzig Krankheitsbildern, mit unterschiedliche Ursachen und Krankheitsverläufen. Sie ist eine wesentliche Beeinträchtigung des Gedächtnisses, dem logischen und kritischen Denken, dem planenden Handeln und der Steuerung von Emotionen und Sprache. Die Störungen sind so schwer, dass die Alltagsaktivitäten wesentlich beeinträchtigt sind und nicht selbständig durchgeführt werden können. Die Symptome sollten mindestens sechs Monate vorhanden sein (vgl. Med Austria - ICD 10 Code, 2000).

Definition der ***Demenz nach DSM-IV:***

„Eine Demenz wird diagnostiziert, wenn mehrere kognitive Defizite vorliegen, die sich zeigen in: Gedächtnisbeeinträchtigung plus mindestens eine der folgenden Störungen

- *Aphasie: Störung der Sprache*
- *Apraxie: beeinträchtigte Fähigkeit, motorische Aktivitäten auszuführen*
- *Agnosie: Unfähigkeit, Gegenstände zu identifizieren bzw. wieder zu erkennen*
- *Störung der Exekutivfunktionen, d.h. Planen, Organisieren, Einhalten einer Reihenfolge*

Diese kognitiven Defizite verursachen eine signifikante Beeinträchtigung der sozialen und beruflichen Funktionen und stellen eine deutliche Verschlechterung gegenüber einem früheren Leistungsniveau dar. Die Defizite treten nicht als Teil einer rasch einsetzenden Bewusstseinstrübung (=Delir) auf. Die Störung kann nicht einem anderen primären psychischen Leiden, wie endogene Depression oder Schizophrenie, zugeschrieben werden"(Härter, 2014).

Unterschiede zwischen DSM-IV und ICD-10

„Als deutliche Unterschiede der beiden Klassifizierungssysteme können folgende genannt werden: Die DSM-IV enthält Aphasie, Agnosie und Apraxie als volles Demenz-Kriterium. Die ICD-10 hingegen verzichtet auf den Begriff „Kognition" und stellt die Beeinträchtigung des Denkens hinter die Gedächtnisstörung und setzt eine Symptomdauer von sechs Monaten voraus bevor eine Diagnose getroffen werden kann, während die DSM-IV diese vom ersten Auftreten der Symptome als möglich erachtet. Weiters spielt die Beeinträchtigung der

Tätigkeiten des alltäglichen Lebens, wie z.B. das Ankleiden in der Früh, bei der ICD-10 eine Rolle; bei DSM-IV sind es Schwierigkeiten im sozialen Leben und im Umgang mit den Mitmenschen. Von einer einheitlichen Demenz-Definition kann demnach nicht gesprochen werden" (Luckabauer, 2010, S.15).

Demenz ist keine Krankheit, sondern die Bezeichnung von mehr als fünfzig Krankheitsbildern, mit unterschiedliche Ursachen und Krankheitsverläufen. Sie ist eine wesentliche Beeinträchtigung des Gedächtnisses, dem logischen und kritischen Denken, dem planenden Handeln und der Steuerung von Emotionen und Sprache. Die Störungen sind so schwer, dass die Alltagsaktivitäten wesentlich beeinträchtigt sind und nicht selbständig durchgeführt werden können. Die Symptome sollten mindestens sechs Monate vorhanden sein.

Während der letzten Jahre hat man verschiedenste Termini benutzt, um ältere und hochbetagte Menschen zu beschreiben, die Demenz- Symptome zeigen: „späteinsetzende Demenz", „früheinsetzende Demenz", „chronisch hirnorganische Psychosyndrome" und „ Demenz von Typ Alzheimer" wurden in den verschiedensten Krankenakten am häufigsten als medizinische Diagnose aufgeführt (vgl. Feil, 2010, S. 45).

5. 2. Ursachen für Demenz

Wieso jemand aber an Demenz erkrankt, darüber lässt sich bis jetzt nur mutmaßen. Was aber mit Sicherheit gesagt werden kann ist, dass mehrere Faktoren zusammenspielen. Wie diese aber dann zusammenwirken, ist jedoch noch nicht bekannt. Man weiß aber, dass es Nervenzellen gibt, in denen sich krankhafte Substanzen ablagern. Die Folge davon ist dann, dass diese Zellen weniger vom Botenstoff Acetylcholin bilden, der für die Übertragung der Signale von einer Zelle zur anderen benötigt wird. Durch diesen Mangel können Informationen nicht mehr gespeichert und abgerufen werden. Des Weiteren gehen dann ganze Nervenzellen mit den Verbindungen verloren. Die Folge davon ist, dass es zu Störungen der Sprache, des Denkens, der räumlichen Orientierung und auch des planvollen Handelns kommt.

Auch das Glutamat spielt hier eine wichtige Rolle, denn bei DemenzpatientenInnen ist die Konzentration massiv höher, was bedeutet, dass die Nervenzellen unter dauerhafter Erregung stehen. Die Reize können dadurch nicht mehr effektiv weitergeleitet werden. Die Nervenzellen halten dessen aber nicht Stand und sterben dann in weiterer Folge ab. Sehr selten kann die Krankheit vererbt werden, weil nicht nur ein Gen verantwortlich ist sondern mehrere. Aus Untersuchungen ist bestätigt worden, dass Veränderungen der Chromosomen 1,14 und 21 vorliegen. Krankheitsbedingt ist ebenfalls das Apolipoprotein, welches häufig bei AlzheimerpatientenInnen gefunden wird und zu einem erhöhten Cholesterinspiegel führen kann. Das Vorliegen des Down-Syndroms spielt auch eine Rolle, weil es auch hier Veränderungen gibt. Eine geringe Schulbildung kann ebenfalls ein Grund sein. Was noch festgestellt wurde ist, dass Personen, die entzündungshemmende Medikamente eingenommen haben, seltener von einer Demenz betroffen waren. Östrogen kann auch eine Schutzfunktion haben, denn Personen, die in der Menopause Östrogen eingenommen haben, schienen seltener von der Krankheit betroffen zu sein, weil freie Radikale vermindert werden können und dadurch die Zelle schützen. Früher wurde angenommen, dass das enthaltene Aluminium im Trinkwasser schuld ist. Diese Theorie gilt heute nicht mehr (Wißmann, 2004, S. 250).

Neurobiologische Ursachen bei Demenz

Bei der vaskulären Demenz steht bereits fest, dass eine Hirnschädigung vorliegt, dies fehlt bei der Alzheimerkrankheit noch. Bei Alzheimer wird vermutet, dass es sich um zwei Proteine handelt, die die Degeneration der Nervenzellen verändern. Das Amyloid-Beta Protein, es ist ein Spaltprodukt des Zellproteins, das unauffällig ist aber auch als das unauflösliche Protein bezeichnet wird, weil es heimtückisch ist und sich bei den Neuronen einschleicht und dort verweilt. Das Tau-Protein ist ebenfalls unauffällig und lebenswichtig, da es das Eiweiß ist, das vom Körper selber gebildet wird. Es kann aber auch mit den Neuronen verklumpen. Die giftigen Moleküle, die ins Spiel kommen, sind für das Absterben der Hirnzellen verantwortlich.
David SNOWDON hat dazu eine Studie durchgeführt. Er hat das Gehirn von 600 Nonnen untersucht weil aus einer Langzeitstudie schon hervorging, dass es nicht die alleinige Schuld von den Plaques ist an Alzheimer zu erkranken. Er hat also die Gehirne mit einer hohen Anzahl an Plaques ganz genau unter die Lupe genommen und dabei festgestellt, dass fast alle bis an ihr Lebensende intellektuell wach waren. Das Krankheitsbild Alzheimer entwickelten nur jene Personen, die in Verbindung mit einer Gefäßerkrankung oder einer chronischen Entzündung standen. Auch einige Forscher sehen das inzwischen so (vgl. Tügel, H. In: Geo, 2014, S. 144).

BUIJSSEN (2008) bemerkt, dass „*bei etwa 90 Prozent der Menschen, die Erscheinungen von Demenz aufweisen, die Hauptursache im Gehirn liegt.*“ Es ist nur sehr schwer möglich das

Gehirn bei einem lebenden Menschen zu untersuchen, ohne bleibende Folgeschäden zu verursachen. *„Darum ist es immer erst nach dem Tod möglich zu erkennen, ob die Ursache der Demenz im Hirn liegt oder ob andere Faktoren das Gehirn beschädigt haben.“*

Diagnostik der Demenz

Die Diagnosestellung Demenz (lat. dementia = ohne Geist) steht in der Regel für eine chronisch fortschreitende, primär degenerative Hirnschädigung. Diese wirkt sich auf das Gedächtnis, die Sprache, Problemlösungsstrategien, den Antrieb und die Persönlichkeit einer Person aus. Prozentuell am meisten verbreitet sind die degenerativen Demenzen, z.B. Alzheimer-Demenz. Weitere Ursachen können aber auch vaskuläre Demenzen (z.B. Multiinfarkt-Demenz) oder auch entzündliche, übertragbare Erkrankungen (z.B. Aids-Demenz) oder eine Demenz aufgrund eines Schädel-Hirn-Traumas sein.

Eine frühzeitige Diagnose durch einen Spezialisten (z.B.: Neurologe, Psychologe,...) ist entscheidend und unumgänglich. Zu diesem Zweck werden auch bildgebende Verfahren und Blutuntersuchungen eingesetzt. *„Vorsichtigen Schätzungen zufolge beginnt der Alzheimer-Prozess schon zehn bis 15 Jahre vor den ersten klinischen Zeichen – möglicherweise noch sehr viel früher“* (vgl. Nehls, 2014, S.137ff).

Zu den primären Demenzformen, also jenen Formen welche direkt hirnorganische Ursache haben, zählt unter anderem die Alzheimerdemenz - die häufigste Demenzform.
Sekundäre Demenzformen sind bedingt durch andere pathologische Befunde oder physiologische Störungen (vgl. Kitwood, 2008, S. 43). Hierzu zählen unter anderem traumatische Ereignisse, toxische Ursachen (Alkoholdemenz), Infektionen, Stoffwechselstörungen oder etwa O2-Minderversorgung. Die Symptome dieser Demenz verschwinden in der Regel mit erfolgreicher Behandlung der eben erwähnten Ursachen.
„In allgemeinen Diskussionen gilt eine Demenz als leicht, wenn eine Person noch immer die Fähigkeit hat, allein zurechtzukommen. Bei mittlerer Demenz bedarf es gewisser Hilfe bei der Bewältigung der gewöhnlichen Lebensführung, und eine schwere Demenz besteht, wenn dauerhafte Hilfe und Unterstützung erforderlich sind“ (Kitwood, 2008, S. 43).

„Schwere Demenz bedeutet immer Pflegebedürftigkeit. Demenz stellt heute die häufigste Einzelursache für Pflegebedürftigkeit dar“ (Münch & Reitz, 2006, S. 279).

„Der Mini-Mental-Status-Test erlaubt anhand eines einfachen Fragenbogens eine Abschätzung der kognitiven Fähigkeiten eines älteren Menschen. Erfasst werden z.B. Orientierung, Gedächtnis, Aufmerksamkeit und Rechnen, Sprache und konstiktive Praxis"(Döble, 2008, S. 187).

Vor Allem für die Dokumentation und Evaluierung des Verlaufs einer Erkrankung ist der Test gut geeignet

5. 3. Demenzformen

Je nach der Ursache werden Demenzerkrankungen in primäre und sekundäre Demenzerkrankungen eingeteilt

5. 3. 1. Primäre Demenz

Die primäre Demenz macht *„den größten Anteil der Demenzen aus und ist nach heutigem Kenntnisstand unheilbar"* (Radenbach, 2011, S. 19). Unterteilt wird wiederum die Primäre Demenz in die degenerative und vaskuläre Demenz. Was geschehen kann ist, dass *„sich eine degenerative mit einer vaskulären Demenz verbindet, so spricht man von einer gemischten Demenz"* (Radenbach, 2011, S. 19). Bei der bekannten Alzheimer-Krankheit handelt es sich um eine degenerative Demenz. Die Vaskuläre Demenz wird durch Veränderungen der kleinen Blutgefäße im Gehirn hervorgerufen. Diese bezeichnet man häufig als *„Multi-Infarkt-Demenz"* (vgl. Radenbach, 2011, S. 19). Bei den degenerativen Demenzen findet ein Abbau der Nervenzellen im Gehirn statt. In bestimmten Hirnregionen schrumpfen die Zellen (Atrophie) oder sterben ganz ab. Morbus Alzheimer und die Frontotemporale Demenz, auch Morbus Pick genannt, sind typische degenerative Demenzerkrankungen, ebenso die Demenz bei Morbus Parkinson. Der Verlauf bei degenerativen Demenzen ist gekennzeichnet von permanenten Abbauprozessen. Geistige Leistung und Alltagsbewältigung lassen hier weitgehend gleichmäßig nach. Durchblutungsstörungen im Gehirn oder wie bei der Multi-Infarkt- Demenz (MID) viele kleine, aufeinander folgende Hirninfarkte, sind Ursache für vaskuläre Demenzen. Bei diesen gefäßbedingten Erkrankungen ist der Abbauprozess in der Regel stufenförmig, das heißt schubweise. Nach jedem Hirninfarkt treten deutliche Verschlechterungen auf. Danach bleibt der Zustand weitgehend gleich, bis zu einem nächsten Ergebnis. Die vaskuläre Demenzen lassen sich beeinflussen durch Therapie, hinsichtlich der Risikofaktoren wie Bewegungsmangel, Rauchen, Diabetes, arterielle Hypertonie sowie Herzerkrankungen usw.

Mischformen aus „*degenerativen und vaskulären*" Demenzen, die etwa 10 bis „*15% aller primären Demenzen*" ausmachen, treten vor allem im höheren Lebensalter auf (vgl. Jasper & Regelin, 2011, S. 10).

5. 3. 2. Sekundäre Demenz

„*Zurzeit sind bis zu 10% aller Demenzen so genannte sekundäre Formen*" (Jasper & Regelin, 2011, S. 10).

Einen geringen Teil der Erkrankung macht die sekundäre Demenz aus. In den meisten Fällen ist die sekundäre Demenz nur die Folge einer anderen Grunderkrankung. Die auslösende Ursache liegt also nicht wie bei der primären Demenz im Gehirn, sondern es sind häufig „*Ursachen wie zum Beispiel Tumore, Stoffwechselerkrankungen, Depressionen, Vergiftungserscheinungen durch Alkohol-, Drogen- oder Medikamentenmissbrauch die eine sekundäre Demenz auslösen kann*" (Radenbach, 2011, S. 20).

Bei einer sekundären Demenz lässt sich die geistige Leistungsfähigkeit durch eine gezielte Behandlung der Ursache, also der Grunderkrankungen, häufig wieder herstellen oder verbessern (vgl. Jasper & Regelin, 2011, S. 10).

5. 3. 3. Die Pseudo-Demenz

Was auf den ersten Blick aussieht wie eine Demenz, muss nicht immer eine Demenz im eigentlichen Sinn sein. Alte Menschen mit schweren Depressionen entwickeln oft ein Krankheitsbild, das sich zunächst sehr ähnlich darstellt wie eine demenzielle Erkrankung.

Hier können nur differenzialdiagnostische Untersuchungen beim Facharzt Aufschluss geben. Eine genaue Unterscheidung ist wichtig, damit therapeutische Maßnahmen greifen können.

Ist eine Depression Auslöser der Beschwerden, so klagt der Patient in der Regel über seine kognitiven Leistungsverluste, während der an einer Demenz Leidende sie eher bagatellisiert und zu verheimlichen versucht. Außerdem sind bei Depressiven die Klagen schlimmer als die objektiv feststellbaren Leistungsverluste. Der Depressive hat langfristig eine niedergedrückte Stimmung, während der Mensch mit Demenz eher Stimmungsschwankungen unterliegt und schnell umzustimmen ist. Wer an Demenz leidet, neigt dazu, bei Problemen andere zu beschuldigen. Dagegen ziehen sich Depressive eher mit Versagensängsten zurück.

Der Krankheitsbeginn ist bei einer Pseudo-Demenz meist rasch. Dagegen entwickelt sich die Demenz schleichend. Hier liegen erste Krankheitsanzeichen im Rückblick nach erfolgter

Diagnose oft mehr als ein Jahr zurück. Bei der Pseudo-Demenz gibt es zwar Einbußen bei Gedächtnisleistung und Konzentration, aber die Orientierung ist meist gut erhalten. Dagegen erscheint ein Patient mit Demenz oft orientierungslos und Hilfe suchend.
Menschen mit einer Depression als Grunderkrankung schwanken häufig in ihrer Leistung bei Aktivitäten mit gleich bleibendem Schwierigkeitsgrad. Sie zeigen meist wenig Bemühen, auch einfache Aufgaben zu bewältigen. Wer an Demenz leidet, weist dagegen in der Regel gleich bleibende Leistungsminderungen auf und hat Freude an der Bewältigung auch einfacher Aufgaben.
Wird ein Patient medikamentös behandelt mit Antidepressiva, so vermindern sich in beiden Fällen die depressiven Stimmungen. Die Hirnleistungsstörungen reduzieren sich bei vorliegender Pseudo- Demenz parallel, bei echter Demenz bleiben sie bestehen (vgl. Jasper & Regelin, 2011, S. 11).

5. 3. 4. Demenz vom Alzheimer- Typ

Der Morbus Alzheimer ist die häufigste und bekannteste Form der Demenz. Rund 60 Prozent aller an Demenz erkrankten Patienten leiden an einer Demenz vom Alzheimer-Typ (DAT) (vgl. Gatterer, 2003). Im Wesentlichen unterscheidet man bei Alzheimerdemenz zwischen den Typen DAT (Demenz vom Alzheimer Typ) und SDAT (Senile Demenz vom Alzheimer Typ). Diese bezeichnen das zeitliche Eintreten im Alter. DAT bezeichnet den präsenilen Eintrittsbeginn vor dem 65. Lebensjahr und SDAT den senilen Eintrittsbeginn nach dem 65. Lebensjahr.

Bis zum Jahre 1970 wurde die Alzheimerdemenz als seltene Erkrankung angesehen, an der nur Personen unter 65 Jahren erkranken können. Das Auftreten einer verschlechterten Gehirnfunktion nach dem 65. Lebensjahr wurde bis dahin als „senile Demenz" bezeichnet und mit Veränderungen in den Hirngefäßen in Verbindung gebracht (Arteriosklerose). Der Ausdruck „Verkalkung" wurde bis dahin geprägt (vgl. Grutzmann & Zank, 2005).
„Erst die neuropathologischen Arbeiten von TOMLISON (Tomlison, Blessed & Roth, 1970) konnten zeigen, dass Gehirne von Patienten mit „seniler Demenz" die gleichen neuropathologischen Veränderungen aufwiesen, wie die von jüngeren Patienten mit Alzheimer-Demenz" (Grutzmann & Zank, 2005, S. 38).

„Aus heutiger Sicht handelt es sich bei der Alzheimer-Demenz um ein klinisches Bild, das pathologisch gekennzeichnet ist durch eine ausgeprägte Hirnschrumpfung (Atrophie) mit

Erweiterung der inneren und äußeren Liquorräume (Hirnwasserkammern), wobei der Krankheitsprozess beide Hirnhälften gleichermaßen miteinbezieht“ (Grutzmann & Zank, 2005, S. 38).

Wenn Menschen mit Alzheimer Demenz erstmals durch ihr vieles Vergessen auffallen, dann hat ihr Gehirn bereits eine jahrelange schleichende Veränderung hinter sich. Es nimmt jedoch nicht nur das Erinnerungsvermögen ab, sondern es verlieren sich auch die Fähigkeiten Zusammenhänge zu erfassen und von klaren Gedankenzusammenhängen. Auch beim Verhalten kommt es zu Veränderungen. Alltägliches Symptome die ein deutlicher Hinweis auf Alzheimer Demenz sein können sind: Vergesslichkeit im Alltagsleben und im Arbeitsleben, Sprechprobleme, Zerstreutheit bei gewohnten Handlungen, Schwierigkeiten bei der zeitlichen und räumlichen Orientierung, Minderung der Urteilsfähigkeit, eine ausgeprägte Veränderung der Stimmung und Persönlichkeit sowie Verlust der Motivation bei Alltagsarbeiten und sogar an Hobbys.

„Bei der Alzheimer Krankheit werden die Ausläufer der Nervenzellen zerstört und dabei die für die Kommunikation zwischen den Zellen notwendigen chemischen Prozesse beeinträchtigt“ (Buijssen, 2013, S. 23).

Das geschieht unbemerkt und betrifft jene Stellen im Gehirn, welche für das Gedächtnis, die Denkfähigkeit und die Sprache zuständig sind. Dabei zeigen sich neben dem Verlust der Nervenzellen und Synapsen zwei deutliche Veränderungen. Es entstehen Eiweißablagerungen in Form von Klumpen zwischen den Nervenzellen, so genannte Plaques. Diese Eiweißklumpen sind hart und unauflösbar. Die Plaques heften sich an die Nervenzellen und legen die Verbindungen lahm. *„Durch diese Unterbrechung der Reizleitung kommt es zu einer Fehlfunktion und schließlich zum Absterben der Nervenzellen. Zum Zweiten entstehen Faserablagerungen in den Nervenzellen, die so genannten Neurofibrillen oder auch Tangles (aus dem Englischen: Gewirr)“* (Buijssen, 2013, S. 24). Die Tau-Proteine bekommen übermäßig viel Phosphor und dadurch kollabieren die mikrotubularen Strukturen. Die Nährstoffe erreichen ihr Ziel nicht und die Nervenzellen verhungern. Somit ist die Reizleitung unterbrochen.

„Fest steht, dass das Absterben der Nervenzellen im Hippocampus beginnt, jenem Teil des Gehirns, mit dem neue Informationen aufgenommen werden und in dem eine Selektion dessen stattfindet, was ins Langzeitgedächtnis aufgenommen wird. Dies erklärt, warum der Gedächtnisverlust zu den ersten Anzeichen der Alzheimer-Krankheit gehört. Vom

Hippocampus aus verbreitet sich die Krankheit später über die anderen Teile des Gehirns" (Buijssen, 2013, S. 24).

Wenn sich die Alzheimer Demenz über die Hirnrinde verteilt, nimmt auch das Urteilsvermögen ab und es kann zu emotionellen Ausbrüchen kommen. Auch Veränderungen auf biochemischen Ebenen werden beobachtet bzw. die Reduzierung verschiedener Neurotransmitter (Botenstoffe). *„Botenstoffe sind für die Reizübertragung zwischen den einzelnen Nervenzellen zuständig"* (Buijssen, 2013, S. 24). Die Alzheimer Demenz verläuft grundsätzlich in einer Dauer von sieben Jahren, vereinzelt auch wesentlich länger und endet letal.

Eine genaue Diagnose kann mittels klinischer Methoden zurzeit nur mit großer Wahrscheinlichkeit gestellt werden. Nach ICD-10 wird neben dem Fehlen von Hinweisen auf eine andere Krankheitsursache die Erfüllung einer Reihe von Einschlusskriterien verlangt (vgl. Gatterer, 2008). Dazu zählen die Symptome, wie oben unter *„Diagnostische Kriterien für eine Demenz nach ICD-10"* beschrieben, sowie ein schleichendes Einsetzen der Symptomatik und das Fehlen eines plötzlichen Beginns. Es wird ein gleichmäßiger Verlauf angenommen, bei dem es zu längeren Phasen einer stabilen Befindlichkeit (Plateau-Bildung) kommen kann (vgl. Grutzmann & Zank, 2005; Gatter 2008).

Die Diagnose Morbus Alzheimer wird nach GATTERER (2008) weiteres unterstützt durch:

- Progressive Verschlechterung kognitiver Funktionen wie Sprache, Geschicklichkeit etc.
- Gestörte Verhaltensmuster (z. B. des Tagesablaufes)
- Familienanamnese von Morbus Alzheimer
- Laboruntersuchungen (normale Lumbalpunktion, normales EEG, Athrophie im CT mit progressivem Verlauf) (vgl. Gatterer 2008).

Therapie der Demenz vom Alzheimer Typ

Der Morbus Alzheimer kann zum jetzigen Zeitpunkt nicht geheilt werden. Die Therapie ist daher symptomorientiert und konzentriert sich auf die primären Ausfälle, wie Gedächtnisverlust und kognitive Beeinträchtigungen. Die verbleibenden Fähigkeiten sollten neben der medikamentösen Therapie weiter gefördert werden (vgl. Grutzmann & Zank, 2005).

RICHTER und RICHTER (2004) stellen dazu fest, dass die Ziele der ganzheitlichen Behandlung darin liegen sollten,

- den fortschreitenden Verlauf aufzuhalten bzw. zu verlangsamen,
- die kognitiven Funktionen zu erhalten oder zu verbessern,
- Selbstständigkeit der Menschen mit Demenz zu optimieren,
- Lebensqualität der Betroffenen durch optimale Behandlung zu sichern,
- sowie die Pflege durch ein Therapiekonzept zu erleichtern.

Die medikamentöse Therapie bei beginnender bis mäßiger Demenz ist zurzeit von vier Medikamenten geprägt (vgl. Buijssen, 2008). Die Medikamente sind Cholinesterase-Hemmer, bekannt unter den Namen Exelon (Wirkstoff: Revastigmin), Reminyl (Wirkstoff: Galantamin), und Aricept (Wirkstoff: Donepezil). Es sind Medikamente, die bei einer kleinen Gruppe, bei etwa zehn bis fünfzehn Prozent, den Abbauprozess geringfügig verlangsamen, und das auch nur für einen kurzen Zeitraum von cirka neun Monaten (vgl. Buijssen, 2008). Die drei Medikamente haben leider sehr starke Nebenwirkungen, sodass die Therapie oftmals abgebrochen werden muss (vgl. Buijssen, 2008). Das vierte Medikament Ebixa (Wirkstoff: Memantin) wird ausschließlich zur Behandlung schwerer Demenzen eingesetzt. Wie jedes Medikament, kann auch dieses Nebenwirkungen hervorrufen, meist jedoch weniger als die drei zuvor genannten Cholisterase – Hemmer, bemerkt BUIJSSEN (2008) kritisch.

5. 3. 5. Vaskuläre Demenz oder Multi-Infarkt-Demenz (MID)

Vaskuläre Demenz ist die zweithäufigste Form von Demenz. Es wird angenommen, dass ca. 20 Prozent der Demenzpatienten an Multi Infarkt Demenz (MID) leiden, wie diese Form der Demenz auch genannt wird, weil durch häufige Hirndurchblutungsstörungen (Arteriosklerose) kleine Infarkte entstehen, die zu Schädigungen in Hirnarealen führen. GUTZMANN und ZANK (2008) weisen darauf hin, dass in fast allen Fällen eine generalisierte Arteriosklerose vorliegt.

„Die Mult-Iinfarkt-Demenz beruht auf einer Durchblutungsstörung des Gehirns. Zahlreiche kleine bis kleinste Infarkte bewirken neben neurologischer Herdsymptomatik die Entwicklung einer Demenz. Diese Infarkte können gelegentlich im Bereich der Hirnrinde auftreten [...] führen sie zu einer ausgedehnten Schädigung. Da diese Demenzform in der Regel mit einer

Erkrankung der Blutgefäße zusammenhängt, spricht man auch von vaskulären Demenzen. Die Multiinfarktdemenz (früher als arteriosklerotische Demenz, unglücklicherweise auch als Zerebralsklerose bezeichnet) ist mit maximal 20% Anteil an allen Demenzen wesentlich seltener als die Alzheimer-Demenz mit 70%. Mischformen zwischen beiden Demenzen sind möglich" (Hahn, 2015). Diese Form der Demenz wird erst erkannt, wenn bereits gravierende Schädigungen des Gehirns vorliegen (vgl. Echer, 2006).

Eine bereits vorhandene Multi-Infarkt-Demenz ist schwer behandelbar, weil der Hirnschaden, in den betroffenen Regionen irreversibel ist (vgl. Echer, 2006). Im Gegensatz zum Morbus Alzheimer ist der Beginn einer MID abrupt, mit plötzlicher Verwirrtheit, als Folge eines Infarktes. Ist es ein Infarktgeschehen größeren Ausmaßes, so können neben Gehirnschädigungen auch körperliche Beeinträchtigungen zurückbleiben. Die Verwirrtheit kann sich nach dem Abklingen des Infarkts bessern, bis zum nächsten Geschehen (vgl. Echer, 2006). Der Leidensweg für MID–Patienten ist verhältnismäßig schwieriger. Sie sind sich der Verschlechterung ihres Zustandes länger bewusst, weil der Verlauf der Krankheit nicht regelmäßig sondern stufenweise erfolgt (vgl. Buijssen, 2008).

Diese Gewissheit fördert sehr oft auch eine Depression. Zu den organischen Schädigungen kommt nun eine seelische Niedergeschlagenheit, die den Zustand subjektiv noch einmal schlechter erscheinen lässt. Diese Erkenntnis stammt aus Beobachtungen und achtjähriger Berufserfahrung (vgl. Popp 2006).
Wie GATTERER (2008) bemerkt, kann eine Depression im Alter Symptome einer Demenz aufweisen. Bei einer medikamentösen Therapie (Gabe von Antidepressiva) ist eine deutliche Verbesserung der kognitiven Fähigkeiten zu erkennen.

Auffällig ist ein wesentlicher Unterschied im Verlauf von MID zur Alzheimer Demenz DAT. MID zeigt eine stufenweise Verschlechterung, die durch jeden neuerlichen Infarkt eintritt. Im Vergleich dazu zeigt DAT einen kontinuierlichen Verlauf.

<u>Risikofaktoren für MID sind Grunderkrankungen, wie:</u>

- Diabetes mellitus (Zuckerkrankheit)
- Arterielle Hypertonie (Bluthochdruck)
- Hyperlipidämie (erhöhte Blutfette →Cholesterin) (Gatterer, 2008).

Dass die beiden häufigsten Demenzerkrankungen, Morbus Alzheimer und Vaskuläre Demenz, in Kombination auftreten, wird bei etwa 12% der Fälle angenommen, laut GATTERER (2008).

5. 3. 6. Lewy–Body Demenz (Parkinson Syndrom)

Parkinson Syndrome können bei neurogenen Erkrankungen auftreten. Ausgeprägte geistige Störungen werden hauptsächlich bei Formen festgestellt, die im mittleren und höheren Alter auftreten. Eine der degenerativen Demenzformen ist die Demenz mit Lewy-Körperchen (DLK). Sie ist durch Lewy-Körperchen charakterisiert, wie sie bei der Parkinson Erkrankung gefunden werden (vgl. Grutzmann & Zank, 2005).

„Lewy – Körperchen sind Einschlusskörperchen, die sich aus pathologisch phosphorilierten faserartigen Strukturen im Zellplasma der Nervenzelle zusammensetzen und sich in kugeligen Haufen ablagern“ (Grutzmann & Zank, 2005, S. 79).
Bei der Parkinsonkrankheit verursachen die Lewy-Körperchen den Verlust von Neuronen in motorischen Gehirnarealen, was Bewegungseinschränkungen zur Folge hat.
Das Erstauftreten der Krankheit liegt meist zwischen dem 50. und 80. Lebensjahr. Männer erkranken häufiger an Parkinson als Frauen. Ein Demenzsyndrom ist nicht in jedem Fall das vorrangige Symptom bei dieser Erkrankung. Bei einer Minderheit zeigen sich ausschließlich motorische Parkinson – Symptome (vgl. Grutzmann & Zank, 2008).
BUIJSSEN (2008) meint, dass Parkinson und Lewy-Body-Demenz oft in einem Atemzug genannt werden, stellt aber klar, dass es bei der Parkinson Krankheit nicht immer zu einer Demenzerkrankung kommen muss. Rund sechzig bis siebzig Prozent der Parkinsonpatienten erkranken nicht an einer Demenz (vgl. Buijssen, 2008).

Das charakteristische Merkmal dieser Krankheit ist neben den motorischen Symptomen eine schwankende geistige Leistungsfähigkeit. Es treten immer wieder Bewusstseinsstörungen auf. Zwei Drittel der PatientenInnen berichten über visuelle Halluzinationen. Es werden Menschen oder Tiere gesehen, die leise kommen und wieder verschwinden (vgl. Grutzmann & Zank, 2005).

„Klinisch bedeutsam ist eine die Krankheit spezifisch charakterisierende Überempfindlichkeit auf Neuroleptika, die auch bei atypischen Neuroleptika auftreten kann, und zu akinetischen (bewegungsunfähig) Krisen, im Einzelfall auch zum malignen (bösartig) neuroleptischen

Syndrom führen kann. Selbst bei einmaliger Gabe sind solche Komplikationen beschrieben"(Grutzmann & Zank, 2005, S. 81).

Deshalb gestaltet sich die Therapie äußerst schwierig (vgl. Grutzmann & Zank, 2005). Liegen keine Bewusstseinsstörungen vor, werden die motorischen Störungen

- medikamentös → L-Dopa-Therapie, Neuropeptide, Anticholinergika
- chirurgisch → Nervenzellen, Elektroimplantate
- durch Physiotherapie → Koordinationsübungen, Gleichgewichtsübungen, Atemgymnastik, Normabläufe neu, etc.
- psychologisch → Aufrechterhaltung sozialer Kontakte, Krankheitsbewältigung, etc.
- durch Ergotherapie
- mittels Logopädie behandelt (vgl. Schuler & Oster, 2008).

Ist eine Demenz mit Lewy-Körperchen gegeben, so wird mit atypischen Neuroleptika wie Clozapin behandelt. Bei dieser Art der Therapie treten die oben beschriebenen Komplikationen sehr selten auf (vgl. Grutzmann & Zank, 2005).

5. 3. 7. Frontallappen Demenz (Morbus Pick)

In unserer Gesellschaft wird Demenz meist mit dem Schwinden von Gedächtnisleistungen gleich gesetzt. Daher fällt die Demenzform Morbus Pick oder auch Frontotemporale Demenz FTD besonders auf.

„Bei der Frontotemporalen Demenz sterben Nervenzellen zuerst hinter der Stirn und den Schläfen. Frontotemporal bedeutet so viel wie „vorne seitlich". In den betroffenen Hirnregionen merken wir uns beispielsweise Benimmregeln. Dieses Wissen geht mit den Nervenzellen unter" (Bundesministerium für Familien,Senioren, Frauen und Jugend, 2015).

Definition nach ICD – 10: Morbus Pick ist eine progrediente Demenz (fortschreitende Verschlimmerung) mit Beginn im mittleren Lebensalter. Charakteristisch sind die langsam fortschreitende Persönlichkeitsveränderung und der Verlust sozialer Fähigkeiten. *„Es folgt die Beeinträchtigung des Intellekts, des Gedächtnises und der Sprachfunktionen mit Apathie, Euphorie und gelegentlich auch extrapyramidalen Phänomenen"* (Bezeichnung für Störungen des Bewegungsablaufes, die sich nicht aus spastischen oder aus cerebellaren Erscheinungen herleiten lassen) (vgl. Kaiser, 2010).

Vor 100 Jahren hat ARNOLD PICK über PatientenInnen mit Sprachstörungen und dementiellem Erscheinungsbild berichtet. Bei der Autopsie dieser PatientenInnen entdeckte er eine Degeneration des Frontal- und Temporallappens. Diesen Beobachtungen wurde lange Zeit keine Bedeutung beigemessen. Die PatientenInnen mit den beschriebenen Symptomen wurden unter seniler Demenz und später unter Demenz vom Alzheimer Typ eingereiht. Bei einem sehr geringen Teil dieser Patienten wurden sogenannte Pick-Körper gefunden. Das sind kleine Nervenzelleneinschlüsse, die sich mit einer speziellen Silberfärbung darstellen (vgl. Grutzmann & Zank, 2005).
Morbus Pick ist eine seltene Krankheit und man geht davon aus, dass eine Erkrankung mit familiärer Vorbelastung in Zusammenhang steht (vgl. Grutzmann & Zank, 2005).
Der Beginn dieser Krankheit ist schleichend und sie schreitet langsam voran. Die Symptome des Morbus Pick sind drastische Persönlichkeitsveränderungen. Es kommt zu enthemmtem Verhalten. Der Erkrankte kann dem Bedürfnis, Objekte anzufassen, diese in den Mund zu stecken oder zweckentfremdet zu benutzen, nicht widerstehen. Angehörigen fallen oft früh starke Abweichungen im Sozialverhalten auf. Diese Verhaltensformen sind für Familienmitglieder oft peinlich und inakzeptabel. Die Patienten treten in unangemessener Weise oder oft unbekleidet in der Öffentlichkeit auf. Diesem enthemmten Verhalten stehen Angehörige oft hilflos gegenüber. Die Hilfestellung, die von einem Arzt gegeben werden kann, ist bis heute begrenzt. Die genaue Entstehung der Krankheit ist noch ungewiss. Angesichts dessen bekämpft jegliche Therapie nur die Symptome und nicht die Krankheit (vgl. Grutzmann & Zank, 2005).

Morbus Pick ist nicht heilbar, jedoch gibt es verschiedene Maßnahmen für eine Abschwächung bzw. Verzögerung. Dabei werden bei Morbus Pick von den Ärzten auch bevorzugt nicht medikamentöse Therapien angewendet. Dazu zählen beispielsweise Sporttherapien für die Selbstkontrolle als auch Therapien mit Kunst, Musik und Tanz für das Erinnerungsvermögen und für positives Empfinden. Kognitive Therapien werden für die Wahrnehmung, die Selbstkontrolle und das Denkvermögen eingesetzt. Sehr oft ist bei Morbus Pick Erkrankten eine langfristige Unterbringung in einem stationären Bereich notwendig. Aufgrund der ausgeprägten bzw. teils extrem auftretenden Symptome wie Aggressivität, Kriminalität sowie enthemmendes Verhalten, ist auch eine psychotherapeutische Hilfe bei den Angehörigen erforderlich.

5. 3. 8. Chorea Huntington

Definition nach ICD-10 (vgl. Kaiser, 2010):

Chorea Huntington Demenz tritt im Rahmen einer ausgeprägten Hirndegeneration auf. Die Störung ist chromosombedingt erblich. *„Die Symptomatik beginnt im dritten und vierten Lebensjahrzehnt. Langsam fortschreitend führt die Krankheit meist innerhalb von 10 – 15 Jahren zum Tode"* (Stephann & Schmitz, 2009).

Chorea Huntington ist eine vererbbare Nervenkrankheit. Diese Krankheit tritt bei fünf bis zehn Fällen pro 100 000 Menschen auf und ist somit die häufigste neurologische Erbkrankheit. Der Beginn von Chorea Huntington ist meist zwischen dem 35. und 45. Lebensjahr, von diesem Zeitpunkt an treten die ersten Symptome auf (vgl. Stephann & Schmitz, 2009).

Bei der Huntington – Krankheit wird in neurologische und psychische Symptome unterteilt. Je nachdem wie weit die Krankheit bereits fortgeschritten ist, sind die Symptome unterschiedlich stark ausgeprägt.

Neurologische Symptome sind eine Bewegungsunruhe der Arme und Beine, sowie des Kopfes und Rumpfes. Die Unruhe steigert sich im weiteren Verlauf der Krankheit, bis die Muskelbewegungen außer Kontrolle geraten. Die Patienten beginnen Grimassen zu schneiden oder werfen die Arme und Beine unkontrolliert von sich. Sprach- und Schluckstörungen setzen ein. Obwohl im Schlaf die unkontrollierten Bewegungen aufhören, bleibt die Müdigkeit. Der Muskeltonus ist stark erhöht, und die Gliedmaßen können minuten- bis stundenlang in einer Fehlstellung verharren (vgl. Stephann & Schmitz, 2009).

Psychische Beschwerden setzen bei Chorea Huntington meist vor den neurologischen Symptomen ein. Die psychischen Veränderungen im Anfangsstadium sind unbedachtes und impulsives Verhalten. Die Betroffenen zeigen ein enthemmtes Verhalten gegenüber den Mitmenschen (vgl. Stephann & Schmitz, 2009).

Im Spätstadium der Huntington-Krankheit entwickeln die Betroffenen eine Demenz und es kommt zu einer Reduktion ihrer geistigen Fähigkeiten (vgl. Stephann & Schmitz, 2009).

Die Therapie bei Chorea Huntington zielt auf eine Linderung der Symptome ab. Die Beschwerden können sehr unterschiedlich sein, daher soll auch eine angepasste Therapie angewandt werden (vgl. Stephann & Schmitz, 2009).

5. 3. 9. Korsakow Demenz

Bei der Korsakow Demenz, oder auch Morbus Korsakow genannt, handelt es sich um eine Gehirnerkrankung, die großteils auf Grund jahrelangen, intensiven Alkoholkonsums durch die Erkrankten entsteht. Die Gehirnerkrankung äußert sich in Form von Gedächtnislücken.

„*Das Korsakow-Syndrom (auch: amnestisches Syndrom) tritt insbesondere als ausgeprägte Merkfähigkeitsstörung in Erscheinung. Die Betroffenen haben die Fähigkeit verloren, neue Informationen zu speichern (sogenannte [sic] anterograde Amnesie) und entwickeln gleichzeitig die Tendenz, die entstehenden Gedächtnislücken und Orientierungsstörungen mit bisweilen frei erfundenen Geschichten zu füllen (sogenannte [sic] Konfabulation). Vielen Patienten ist dies jedoch nicht bewusst, so dass es sich bei den Konfabulationen nicht um bewusstes Täuschen oder gar Lügen handelt. Vielmehr ist das Korsakow-Syndrom Ausdruck einer schweren, chronischen Schädigung des Gehirns, die vor allem Hirnregionen betrifft, die für die Gedächtnisbildung und die Regulierung der Emotionen zuständig sind. Entsprechend sind viele Betroffene auch in ihrer Emotionalität verändert. Sie können distanzlos oder unangemessen heiter wirken. Die häufigste Ursache des Korsakow-Syndroms ist ein jahrelanger übermäßiger Alkoholkonsum. Es wird jedoch auch als Defektzustand nach Infektionen (Enzephalitis) und Traumen (schwere Kopfverletzungen) beobachtet*“ (Pantel, 2015).

Die Ursache der Korsakow Demenz ist ein Mangel an Vitamin B1, welcher auf Grund einer Mangelernährung entsteht oder bei Menschen, die sich hauptsächlich von alkoholischen Getränken ernähren. Die Demenz zeigt sich in zwei Formen. Dem Vergessen alter Gedächtnisinhalte (Langzeitgedächtnis, retrograde Amnesie) oder der kürzlich erlebten Situationen (Neugedächtnis, anterograde Amnesie). Dabei ist das Vergessen der kurzzeitigen Gedächtnisinhalte stärker ausgeprägt als die langzeitlichen. Erkrankte versuchen oft den Verlust von Gedächtnisinhalten durch erfundene Geschichten auszugleichen, wobei diese objektiv nicht nachvollziehbar sind, vom Erkrankten aber als wahr empfunden werden. Es kommt dabei auch zu einer Vermischung von Wahrheiten und Erfundenem. Gleichzeitig zeigen sich bei den betroffenen Menschen auch Desorientiertheit. Sie meinen in der Vergangenheit zu sein oder an einem anderen Ort und handeln dann auf Basis einer falsch empfundenen Realität.

Die Ursache der Korsakow Demenz ist jedoch nicht ausschließlich ein Vitamin B1 Mangel auf Grund eines langen Alkoholmissbrauches. Diese Demenz kann auch die Folge einer Gehirnentzündung oder einer schweren Kopfverletzung sein.

Die Korsakow Demenz ist eine chronische Erkrankung, welche großteils nicht geheilt werden kann. Es wird versucht, durch Zuführung von Vitamin B1 den Zustand des Erkrankten zu verbessern, jedoch ist das nur erfolgreich, wenn parallel dazu die Alkoholabhängigkeit oder die Essstörungen überwunden werden können.

5. 3. 10. Creutzfeld – Jakob – Krankheit

Definition nach ICD-10: (vgl. Kaiser, 2010)

„Die Creutzfeld-Jakob-Krankheit ist eine progrediente Demenz mit vielfältigen neurologischen Symptomen als Folge spezifischer neuropathologischer Veränderungen, die vermutlich durch einen übertragbaren pathogenen Faktor verursacht werden. Der Beginn ist im mittleren oder höheren Lebensalter. Sie kann jedoch in jedem Erwachsenenalter auftreten. Der Verlauf ist subakut (schwächer verlaufend) und führt innerhalb von ein bis zwei Jahren zum Tod“ (Stephann & Schmitz, 2009).

Der Morbus Creutzfeld-Jakob ist eine noch seltenere Krankheit als die Chorea Huntington. Die Häufigkeit ist weltweit 0,5 bis 1 Fall pro einer Million Menschen pro Jahr (vgl. Stephann & Schmitz, 2009). Es gibt drei Möglichkeiten an Creutzfeld-Jakob zu erkranken: Die Krankheit kann zufällig (sporadisch) auftreten, vererbt werden oder durch Infektion übermittelt werden.

Als Erreger der Creutzfeld-Jakob-Krankheit gelten bestimmte, strukturell veränderte Eiweiße, die Prionen. Prionen zählen nicht zu den üblichen Krankheitserregern. Der Unterschied zu Viren und Bakterien besteht darin, dass sie 100 Grad Celsius, Chemikalien und vielen Desinfektionsmitteln wiederstehen. Prionen können im Boden viele Jahre überleben (vgl. Stephann & Schmitz, 2009).

Der Morbus Creutzfeld-Jakob ist unter normalen Bedingungen nicht ansteckend. Er kann aber durch verunreinigte Operationsutensilien übertragen werden. Eine neue Ansteckungsgefahr wurde festgestellt. Es ist dies der Verzehr von infiziertem Rindfleisch oder anderen

Rindfleischprodukten, besser bekannt unter der Bezeichnung BSE (vgl. Stephann & Schmitz, 2009).

Die ***bovine spongiforme Enzephalopathie (BSE)*** ist eine Erkrankung, die ursprünglich nur bei Rindern auftrat (Rinderwahn). Wenn sie auf den Menschen übertragen wird, führt sie zu einer Variante der Creutzfeldt-Jakob-Krankheit (CJD). Eine sogenannte ***new variant Creutzfeld-Jakob-Disease (nvCJD)*** (vgl. Stephann & Schmitz, 2009).
BSE und CJD gehören zu den *„übertragbaren, schwammartigen Hirnerkrankungen"* (transmissible spongiforme Enzephalopathie → TSE). Die Erreger dieser Krankheiten sind Prionen, daher werden diese Krankheiten auch unter dem Namen Prionenkrankheiten zusammengefasst (vgl. Stephann & Schmitz, 2009).

Die Creutzfeld-Jakob-Krankheit zeichnet sich durch eine rasch fortschreitende Demenz aus. Die Krankheit kann mit Schlafstörungen beginnen, um dann in Wahnvorstellungen, Halluzinationen und im Gedächtnisverlust zu enden. Es können neuropsychologische Symptome auftreten wie:

- Lähmungen
- Zittern von Armen und Beinen oder des Kopfes
- Ausladende Bewegungen
- Unkoordinierter Bewegungsablauf
- Zuckungen in der Muskulatur
- Epileptische Anfälle (vgl. Stephann & Schmitz, 2009).

Eine Therapie für Creutzfeld-Jakob gibt es nicht. Es wird wie bei Chorea Huntington versucht die Beschwerden zu lindern (vgl. Stephann & Schmitz, 2009).

5. 4. Stadien der Demenz

Noch kann man die Krankheit nicht heilen, bis sie diagnostiziert wird, können Jahre vergehen. Das macht sich dann insofern bemerkbar, dass häufig Dinge verlegt werden, oder man sich Namen und Daten nicht mehr merken kann. Im Anfangsstadium wird immer wieder die gleichen Fragen gestellt, im späteren Verlauf werden die geistigen Verluste immer mehr. Das kann soweit führen, dass irgendwann das Hungergefühl weggeht, das Schlucken vergessen wird, Schmerzen können nicht mehr mitgeteilt werden und dass der Patient/die Patientin inkontinent wird. Auch wenn die Körpersignale nicht mehr richtig vorhanden sind, bleibt der Zugang über Berührung und Gefühle bis zum Schluss da und man kann die Menschen damit erreichen. Verlauf und Dauer ist individuell, aber im Schnitt rechnet man 5 - 8 Jahre (vgl. Tügel, H. In: Geo, 2014, S. 44). Der Verlauf einer Demenzerkrankung wird in drei Stadien unterteilt:

- frühes Stadium (leichte Demenz)
- mittleres Stadium (mittelschwere Demenz)
- spätes Stadium (schwer(st)e Demenz) (vgl. Popp, 2006).

5. 4. 1. Frühes Stadium (leichte Demenz)

Es fängt damit an, dass Gegenstände verlegt werden, oder Termine vergessen werden. Noch hinzu kommt die zeitliche, örtliche und räumliche Orientierung, wobei die räumliche Orientierung am längsten erhalten bleibt. Nicht zu vergessen sind die Wortfindungsstörungen. Wegen den verminderten Gedächtnisleistungen soll die Reizüberflutung so gering wie möglich sein. Bei den Aktivitäten des täglichen Lebens treten häufig Fehler auf, doch vor Menschen die nicht regelmäßig zu der an Demenz erkrankten Person kommen, kann die Fassade lange aufrecht erhalten bleiben (vgl. Radenbach, 2009, S. 16).

„Das Frühstadium der Alzheimerkrankheit ist gekennzeichnet durch leichtgradige, zum Teil kaum erkennbare oder oft nur für den Betroffenen selbst wahrnehmbare Symptome. Doch schon diese ersten, leichtgradigen Auffälligkeiten führen zu Beeinträchtigungen im täglichen Leben" (Steurenthaler, 2013, S. 51).

5. 4. 2. Mittleres Stadium (mittelschwere Demenz)

Hier wird die Demenz schon mit der situativen Orientierungslosigkeit begleitet, die zur zeitlichen, örtlichen und räumlichen dazukommt, begleitet von immer wiederkehrenden Fragen, sowie Veränderungen der Persönlichkeit. Es kann bei der Körperpflege und bei Freizeitaktivitäten oft nicht mehr adäquat vorgegangen werden. Das Gesprochene hat oft keinen Zusammenhang mehr und ohne Hilfe von anderen Personen geht es in diesem Stadium nicht mehr. Es besteht die Gefahr, dass Dinge verwechselt werden, wo es um Leben und Tod gehen kann. Damit ist z.B. Fenster und Tür gemeint. Des Weiteren werden Dinge nicht mehr erkannt. Die Betroffenen fühlen, dass etwas mit ihnen nicht in Ordnung ist, können das Ganze aber nicht mehr richtig deuten und haben daher oft ein aggressives Verhalten. Es besteht auch die Möglichkeit, dass in diesem Stadium Mitglieder der Familie nicht mehr als solche erkannt werden (vgl. Radenbach, 2009, S. 17).

„Im fortgeschrittenen Stadium der Krankheit sind die Symptome derart stark ausgeprägt, dass eine selbständige Lebensführung nur noch mit erheblichen Einschränkungen und der

Unterstützung durch andere Menschen, wie Angehörige oder ambulantes Pflegepersonal möglich ist" (Steurenthaler, 2013, S. 52).

5. 4. 3. Spätes Stadium (schwer(st)e Demenz)

In diesem Stadium leben die Menschen mit Demenz in einer sogenannten Traumwelt. Es ist ihnen nicht mehr möglich, einfache Handlungen auszuführen. Der körperliche und geistige Verfall ist bereits sehr massiv. Es wird auch auf das Essen vergessen. Dazu kommt, dass der Muskeltonus (Muskelspannung) erheblich erhöht ist. Durch die gegebene Bewegungsunfähigkeit versteifen auch die Gelenke, als erstes sind Arme, Beine, Kniegelenk und Ellbogengelenk betroffen. Zum Schluss werden nur noch einzelne Laute von sich gegeben. Der Tod durch eine Lungenentzündung, Niereninsuffizienz oder Herzversagen ist oft der Fall (vgl. Radenbach, 2009, S. 17).

„Im dritten Stadium der Alzheimerkrankheit verliert der Patient die letzte selbständige Lebensführung" (Steurenthaler, 2013, S. 53).

5. 5. Demenzstadien nach Barry Reisberg

Die Demenzstadien nach BARRY REISBERG (1988) sind ein Modell um den Krankheitsverlauf der Alzheimer Demenz (DAT) zu veranschaulichen. Dieses Modell für die Alzheimer Demenz wurde deshalb ausgewählt, da diese Demenzform die häufigste und bekannteste aller Demenzkrankheitsbilder ist. Es ist ein Verfahren zur Bestimmung des Schweregrades bei Menschen mit Demenz. Bis zur Feststellung eines Demenz-Stadiums, geht ein zehn bis 30-jähriger Gedächtnisabbau voran.

REISBERG spricht in seinem Modell auch von einer *„Rückentwicklung zur Kindheit"* (Retrogenese). Er verfolgt dabei die Theorie, dass Menschen mit Alzheimer Demenz in einer Rückentwicklung ihre Fähigkeiten verlieren, als diese bei Kindern in ihrer Lebensentwicklung wachsen. Bei den Erkrankten schwinden bei diesem Krankheitsverlauf mehr und mehr ihre Fähigkeiten, bis zu seiner völligen Unselbständigkeit, sodass sie auf die Hilfe und auf die Pflege anderer Menschen angewiesen ist. In den Stadien seines Modells beschreibt REISBERG die Stationen der Fähigkeitsverluste.

Die ***sieben Demenzstadien*** lassen sich in kurzer Form folgendermaßen darstellen:

- ***Stadium 1*** zeigt noch keine kognitiven Leistungseinbußen.

- ***Stadium 2***, es treten erste kognitive Leistungseinschränkungen auf, wie subjektive Vergesslichkeit. Die Ablage von vertrauten Gegenständen wird vergessen.
- ***Stadium 3***, leichte Demenz tritt auf. Geringe kognitive Einbußen treten in Erscheinung. Die Familie und das Umfeld nehmen die Schwierigkeiten wahr. Erkrankte finden sich an fremden Orten nicht mehr zurecht. Das Stadium 3 ist das sogenannte Übergangsstadium, eine milde kognitive Störung (mild kognitive impairment). Die Wahrscheinlichkeit innerhalb von 2 Jahren an einer Alzheimer-Demenz zu erkranken ist 8-Mal erhöht (vgl. Schloffer, 2014, S. 173f.).
- ***Stadium 4*** beschreibt leichte bis mittelschwere Demenz mit mäßigen kognitiven Einbußen. Das Neugedächtnis, die Mobilität und das Rechenvermögen sind eingeschränkt. Ab hier kann man die Demenz diagnostizieren (vgl. Viereckl, 2013, 13). Es ist den Betroffenen nicht mehr möglich komplexe Aufgaben zu lösen. Sie tun sich schwer sich zurechtzufinden. Durch den Verlust der Selbstständigkeit wird die Krankheit oft geleugnet, denn es ist psychisch sehr belastend und es kann eine Depression entstehen. Die vielen Fähigkeiten, die oft noch da sind werden dann überschattet von Dingen die nicht mehr gekonnt werden. Seitens der Familie und Pflegekräften, sowie im Allgemeinen ist ein verständnisvoller Umgang das Wichtigste. Die kognitive Beeinträchtigung ist signifikant.
- ***Stadium 5***, es zeigt sich eine mittelschwere Demenz mit mittelschweren kognitiven Leistungsverlust. Den Alltag alleine zu meistern ist nicht mehr möglich, die Kleidung kann nicht mehr der Situation angepasst gewählt werden, das Erinnern an die Körperpflege ist auch nicht mehr gegeben. Durch die fehlende Orientierung in jeder Hinsicht (Adresse, Telefonnummer, Namen naher Familienmitglieder) tritt eine große Angst auf. Die Personen zeigen dann oft schwierige Verhaltensweisen wie z.B.: Aggressivität. Die kognitive Beeinträchtigung ist mittelschwer.
- ***Stadium 6*** beschreibt eine mittelschwer bis schwere Demenz als auch schwere kognitive Leistungseinbußen. In diesem Stadium ist es so, dass auch einfache Dinge wie waschen nicht mehr alleine gemeistert werden können, weiters kommt hinzu, dass die Kontrolle über die Körperausscheidungen nicht mehr gegeben ist (Inkontinenz). Den betroffenen Personen ist es nicht mehr möglich sich die Namen enger Verwandter zu merken oder sie überhaupt noch zu erkennen. Werden die Probleme in Momenten der Klarheit von der erkrankten Person wahrgenommen, kommen Gefühle von Zorn, Wut oder der Verzweiflung zum Vorschein.

- ***Stadium*** *7* zeigt eine schwere Demenz mit einem sehr schweren kognitiven Leistungsverlust. Beim Erkrankten scheint das Gehirn den Körper nicht mehr steuern zu können. Es zeigen sich Inkontinenz und ein ausgeprägter Sprachverlust (vgl. Reisberg 1988).

Dies soll nur eine Hilfestellung sein, denn wann genau welches Stadium ist, das ist individuell und kann nie mit Sicherheit gesagt werden.

„Desorientierte Menschen sprechen, wenn sie das Gefühl haben, dass jemand zuhört. Sie hören aber auf, sobald sie merken, dass ihnen nicht zugehört wird“ (Feil zit. nach Fenninger, 2014, S. 25).

5. 6. Verhaltensweisen Demenzkranker

Neben Schwierigkeiten, wie komplexe Aufgaben im Beruf und Alltag durchzuführen, verleugnen die Personen ihre Defizite. Das Wissen um diese Phasen hilft uns Trainingskonzepte zu erstellen und einen adäquaten Umgang mit der betreffenden Person zu führen.

Verhaltensauffälligkeiten sind einer der größten Herausforderungen im Pflege- und Betreuungsalltag mit Personen mit Demenz und sind vielfach Thema unserer Gesellschaft. Bei einer Demenz unterscheidet man zwischen kognitiven und nicht kognitiven Symptomen. Nicht-kognitive Symptome werden in der Literatur als Verhaltensstörungen oder BPSD (Behavioral and Psychological Symptoms of Dementia) bezeichnet.

SCHLOFFER et al. (2014, S. 184 ff) untergliedert diese Phase in Depression und Trauer. Personen in diesem Stadium erleben hier erstmals neben dem konkreten Übergriff auch noch die Einmischung der Umgebung in sehr persönliche Bereiche. Das Selbstwertgefühl wird dadurch angegriffen und Abwehrmechanismen wie Verleugnung können auftreten.

Aggressivität

Sie kann verbal oder körperlicher zum Ausdruck kommen. Bei der verbalen Aggression wird ignoriert und bei der körperlichen werden Handlungen verweigert, wie etwa baden oder Kleidung anziehen. Die Menschen sind frustriert, wenn sie so reagieren, meistens ist es nicht bedrohlich und findet oft durch äußere Einwirkungen statt (Auer, 2015, S. 68)

Ängstlichkeit

Die Angst der betroffenen Personen kann sehr vielfältig sein, das kann Angst vor der Dunkelheit sein, sowie vor noch bevorstehenden Ereignissen. Die Personen haben auch Angst auf einmal niemanden mehr zu haben, allein gelassen zu werden und vor dem Gedächtnisverlust. Dies kann folgendermaßen interpretiert werden: die Situation ist beängstigend, man kann helfen, indem man die Gefühle anspricht und darauf achtet, dass immer Betreuung vor Ort ist (Auer, 2015, S. 67).

Affektive Störungen

Die Personen mit Demenz sind weinerlich aber auch depressiv, das kann sich dadurch äußern, dass es heißt: ach, wär ich doch tot. Dies wird wie folgt interpretiert: die Menschen mit Demenz wollen, dass sie Aufmerksamkeit bekommen, es steckt meistens kein realer Suizidgedanke dahinter. Es kann geholfen werden, indem gelobt wird, man Sicherheit vermittelt und für die betroffene Person eine sinnvolle Beschäftigung findet (Auer, 2015, S. 66).

Schlafstörungen

Die betroffenen Personen werden in der Nacht oft wach, was bedeuten kann, dass sie während des Tages, nicht in dem Ausmaß etwas getan haben, um in der Nacht müde zu sein. Es kann helfen, wenn am Tag mehr Bewegung, Aktivitäten stattfinden und die Schlafpausen auf ein Minimum reduziert werden (Auer, 2015, S. 65).

Aktivitätsstörungen

Es wird permanent gegangen, was gemacht wird hat keinen Plan, das Verhalten ist nicht angemessen. Die Interpretation ist: es ist einfach langweilig oder es ist Neugierde im Spiel. Indem beschäftigt und bewegt wird, kann hier geholfen werden. Natürlich unter Beachtung der individuellen Interessen (Auer, 2015, S. 64).

Halluzinationen

Diese können bei allen Sinneswahrnehmungen auftreten. Sie treten selten auf und werden meistens falsch interpretiert. Sie sollen nicht als Lüge abgetan werden, sondern es soll auf diese Fantasien eingegangen werden. Es kann noch hilfreich sein, dem Raum mehr Licht zu geben (Auer, 2015, S. 63).

Paranoide Ideen

Es werden z.B. Dinge gestohlen, dies ist ein Schutzmechanismus, weil die betroffene Person Sachen nicht mehr findet und daher Andere beschuldigt. Dies ist die einzige Möglichkeit zum Selbstschutz. Man kann helfend wirken indem man das Gefühl der Sicherheit erhöht.

Meint der Mensch mit Demenz, dass das Zuhause wo er wohnt nicht das Zuhause ist, kann dies bedeuten, dass der Wohlfühlfaktor in der derzeitigen Situation nicht vorhanden ist. Das Gefühl der Geborgenheit ist hierbei sehr wichtig. Kommt die Situation, dass der Ehepartner nicht mehr als solcher erkannt wird, kann dies mehrere Gründe haben, es können die Personen nicht mehr zeitlich eingeordnet werden oder Menschen aus der Kindheit die nahe standen werden gesucht. Es kann geholfen werden, indem man auf die zeitliche Einordnung eingeht, die Schwierigkeiten bereitet aber auf keinen Fall Überzeugungsarbeit leisten. Glaubt die Person, dass ihre Mutter noch am Leben ist, kann es sein dass die betroffene Person das Gefühl der Geborgenheit braucht. Es kann helfen nur über die Mutter zu reden, auf das Bedürfnis eingehen um dann mit kleinen Schritten auf ein anderes Thema zu kommen (Auer, 2015, S. 59ff.).

5. 7. Der Umgang mit demenziell erkrankten Menschen

„Eine wichtige Basis jeglicher Unterstützungsangebote in der Dementenbetreuung ist, der richtige Umgang mit den Erkrankten. Dafür gibt es kein Patentrezept, weil jede/r Demenzerkrankte anders ist und individuell behandelt werden muss. Allerdings existieren einige Grundregeln für einen adäquaten Umgang, die in diesem Kapitel aufgezeigt werden. BetreuerIn müssen demenzgerecht motivieren und kommunizieren können. Die Motivation des Erkrankten soll aufrechterhalten werden. Gleichzeitig muss der Betreuer erspüren, wenn die Person gerade keiner Aktivität nachgehen möchte. Des weiterem, sollen Betreuer bestimmte Kommunikationsprinzipien einhalten, um eine vertrauensvolle Beziehung mit dem Demenzerkrankten zu führen und Missverständnisse vorzubeugen" (Radenbach, 2011, S. 27).

Demenzerkrankte haben ein verändertes Erleben der Umwelt, sie sind oft irritiert, weil sie eine innerliche Veränderung durchleben. Durch den Verwirrtheitszustand in dem sie sich befinden, sind sie oft sehr emotional und haben ein Abwehrverhalten. Sie können, wenn sie aus Situationen keinen Ausweg mehr finden, aggressiv oder ängstlich reagieren, sie können sich durch Überforderung hilflos fühlen, aber auch die Situation nicht verstehen. Die am

Anfang gegebene Einsicht der Krankheit gibt es im späteren Verlauf der Krankheit nicht mehr, da sie in ihrer eigenen Welt leben (vgl. Mötzing, 2009, S. 62).

Aufgrund der Krankheit geht die Selbstständigkeit weitgehend verloren. Gerade deshalb ist es wichtig, dass die Betreuungsperson nicht alles selber macht, sondern dass darauf geachtet wird welche Ressourcen vorhanden sind und diese dann fördert. Man kann aber durchaus helfend wirken. Weiters sollte man Sicherheit geben und emphatisch sein, da die an Demenz erkrankte Person genau spürt, ob es der Betreuungsperson gut geht oder nicht. Man sollte auch nicht kritisieren und korrigieren, denn die Person kann dann wütend und ängstlich reagieren, weil die Eindrücke zu viel sind (vgl. Schäfer & Rüther, 2004, S.79).

Es gibt eine ganze Reihe an Umgangsempfehlungen für Betreuende von Demenzkranken. Letztlich laufen viele, auf dasselbe hinaus: Wertschätzender Umgang, aktives Zuhören, Empathie und Respekt sowie eine Prise Hintergrundwissen, um die Erkrankung und die „Verhaltensauffälligkeiten“ verstehen und deuten zu können.

„Einfühlungsvermögen schafft Vertrauen. Vertrauen schafft Sicherheit; Sicherheit schafft Stärke – Stärke stellt das Selbstwertgefühl wieder her“ (Feil et al., 2005, S.15).

Kommunikation mit Menschen mit Demenz

Von WATZLAWICK stammt der berühmte Satz: *„Man kann nicht nicht kommunizieren“.* Ob nun verbale oder non-verbale Kommunikation, wir sind immer in Kontakt miteinander. *„Nonverbale Ausdrucksformen [...] begleiten immer das, was wir sagen, und ersetzen es teilweise“* (Schulz von Thun et al., 2012, S. 156). *„Der Mensch braucht beide Sprachen um die zwei Seiten seines Wesens ausdrücken zu können“* (Argyle & Trower, 1981, S. 30).

Friedemann SCHULZ von THUN beschreibt in seinen Arbeiten immer wieder anschaulich die Wichtigkeit der zwischenmenschlichen Kommunikation.

Auch das Eisbergmodell gibt einen Einblick in die Vielschichtigkeit der Kommunikation und hilft, Differenzen und Fehler in der Kommunikation bereits im Vorfeld zu vermeiden. Wenn wir uns bewusst sind, dass weniger als zehn Prozent dessen, was wir sagen, Information ist und der Rest sich auf Mimik, Gestik, Tonfall, Tonlage usw. verteilt wird klar: Es zählt nicht nur was man sagt, sondern vor allem auch wie man es sagt.

Ganz gleich welchen Ratgeber für Angehörige man aufschlägt, es finden sich immer Informationen zur Kommunikation mit demenzkranken Menschen.

Zu Beginn der Erkrankung ist es so, dass die betroffene Person genau mitbekommt, dass etwas nicht stimmt und hat natürlich eine gewisse Scham deswegen. Es fällt den Personen schwer, Worte zu finden. In Folge dessen, werden Kontakte oder Situationen gemieden, wo dies passieren könnte. Bei dem schon weiter fortgeschrittenen Krankheitsbild wird dies immer mehr, deswegen liegt es dann an der Kommunikation vom Umfeld diesen Menschen zu helfen. Wir sollten die fehlerhafte Ausdrucksweise nicht korrigieren. Es soll auch vermieden werden mehrere Sachen auf einmal mitzuteilen. Des Weiteren sollte darauf geachtet werden, was uns die Person mit Demenz nonverbal mitteilt. Noch ein wichtiges Kriterium ist es, dass eine Reizüberflutung während Gesprächen so gut wie möglich vermieden wird (vgl. Schäfer & Rüther, 2004, S. 83).
Bei allen Konzepten und Umgangsempfehlungen mit an Demenz erkrankten Menschen wird die Kommunikation immer als eine Art Schlüsselposition gesehen. Die Validation ist hierbei der wichtigste Vertreter. Gewaltfreien Kommunikation (Rosenberg, 2012) bietet eine weitere, gute und wirksame Möglichkeit, um im Umgang mit den zu betreuenden positive Erfahrungen zu sammeln.

Aktives Zuhören

Aktives Zuhören ist als Prozess zu verstehen. Einerseits das tatsächliche und sinngemäße Zuhören („*Ich bin ganz Ohr!*“) und andererseits ein weiterführender Prozess, der auch im Umgang mit Demenzkranken hilfreich sein kann. Durch aktives Zuhören wird es den Betreuenden ermöglicht, die Inhalte sowohl präzise aufzunehmen als auch das Verstandene zu überprüfen, indem der Inhalt in eigenen Worten wiederholt wird (vgl. Schulz von Thun et al., 2012, S. 12).
„Alte, desorientierte Menschen drücken ihre Bedürfnisse [...] nicht im „Hier und Jetzt“ aus, sie kommunizieren mit Personen und Gegenständen aus der Vergangenheit“ (Feil et al., 2005, S. 36)

Gewaltfreie Kommunikation

Es steht und fällt alles mit der Kommunikation der verschiedenen Handlungspartnern, verbal oder nonverbal, direkt oder indirekt. In der Arbeit mit alten Menschen ist eine wertschätzende Haltung und die empathische Grundhaltung existentiell. Es liegt in unserer Verantwortung so zu kommunizieren, dass Missverständnisse auf ein Minimum reduziert werden, Kommunikation mit Menschen beinhalten Missverständnisse. Das gesprochene Wort ist nicht mehr einzuholen, wir sind verantwortlich für unser Tun, für unsere Aussagen. Nicht verantwortlich sind wir für das Verstehen unserer ausgesprochenen Worte unseres Gegenübers.

Durch Multimorbidität kann es sein das alte Menschen unserer Kommunikation falsch deuten, wahrnehmen und nicht adäquat reagieren. Aktives Zuhören und Verständnis für einander ist der Schlüssel für gewaltfreie Kommunikation.

„Die Gewaltfreie Kommunikation (GFK) ist eine von Marshall Rosenberg (2005) propagierte Form eines guten Miteinander-Umgehens" (Schulz von Thun et al., 2012; 82). In der Gewaltfreien Kommunikation geht es darum, eine einfühlsame Verbindung zu uns selbst und anderen aufzunehmen" (Rosenberg, 2012, S. 10).

GFK beinhaltet eine Schrittfolge von vier Komponenten (Schulz von Thun et al., 2012, S. 83):

- Wertfreie Beobachtung und Beschreibung (Feedback)
- Die eigenen Gefühle benennen
- Das Bedürfnis, welches zu dem Gefühl geführt hat, erkennen und benennen
- Eine konkrete Bitte an den/die andere/n formulieren.
-

„Ein Konflikt ist tragischer Ausdruck eines unerfüllten Bedürfnisses" (Rosenberg, 2012, S. 27). Durch erkennen (und benennen) unserer Gefühle können wir somit unsere eigentlichen Bedürfnisse erfahren. Oft werden Gefühl und Bedürfnis fälschlicherweise gleichgesetzt.

„Eine Bitte ist dann keine Forderung, wenn wir respektvolles Verständnis aufbringen, wenn die andere Person das, worum wir sie bitten, nicht tut, aus welchem Grund auch immer".(Rosenberg, 2012, S. 17).

Auf diese Weise entsteht nicht nur eine gleichwertige, auf Augenhöhe stattfindende, wertfreie und einfühlende Kommunikation und Begegnung, sondern bietet sich die Möglichkeit, sich der eigenen Gefühle klar zu werden. Dies dient somit auch der Selbstreflexion, was wiederum eine positive Auswirkung auf die Betreuenden hat.

Gewaltfreie Kommunikation ist in pflegenden Berufen Voraussetzung für gewaltfreie Pflege und Betreuungsarbeit. Denn ist erst mal die Kommunikation zwischen verschiedenen Handlungspartnern gestört oder respektlos kann Aggression daraus resultieren und ein Nährboden für Gewalt sein.

„Alles was wir tun oder sagen, ist darauf ausgerichtet, unsere Bedürfnisse zu erfüllen oder von anderen erfüllt zu bekommen. Wenn wir hungrig sind, kümmern wir uns um etwas zu Essen. Wenn wir müde sind, erholen wir uns im Schlaf. Manche Bedürfnisse sind an die Mitwirkung anderer Menschen gebunden. Wenn wir uns beteiligen möchten, erzählen wir etwas oder arbeiten mit" (Tupy, 2010, S.42).

Die Kommunikation in der wir mit Mitmenschen in Interaktion treten ist entscheidend ob wir für unsere gemeinsam geführten Interaktionen Wertschätzung und Empathie empfinden. Verhalten und Erleben resultieren daraus und beeinflussen unsere tägliche Arbeit mit Mitmenschen. Um ein Miteinander ohne Gewalt und Frustration zu führen ist die gemeinsame wertschätzende Kommunikation von größter Bedeutung.

Verlässlichkeit

Sobald es, z.B. im Alltag, zu einer Veränderung kommt, wo dann etwa statt Samstag am Freitag gebadet wird, oder statt um 11 Uhr erst um 12 Uhr gegessen wird, dann ruft dies bei den an Demenz erkrankten Menschen eine Verunsicherung hervor, bis hin zur völligen Verweigerung gewisser Situationen und Dinge. Es ist am besten die Routine beizubehalten, auch wenn es uns noch so fad erscheint. Es ist auch eine gute Hilfestellung, einen Zeitplan zu erstellen, Geduld zu haben und wenn der demenziell Erkrankte bei einer Handlung nicht mehr weiter weiß oder vergisst ihm aufgetragene Sachen zu machen, Diese einfach wiederholen oder noch einmal auffordern (vgl. Schäfer & Rüther, 2004, S. 84).

Emotionale Zuwendung

Um einen guten Umgang mit an Demenz erkrankten Menschen zu gewährleisten, ist es unabdingbar, die Krankheit und alle Faktoren die dazugehören, anzunehmen und aushalten zu lernen. Nur so ist ein gutes Miteinander möglich. Der Mensch mit Demenz hat sozusagen seine Welt, die wir nicht verstehen können, aber wir können für ihn da sein, Sicherheit und Geborgenheit vermitteln. Die dementiell erkrankte Person muss das Gefühl haben, dass auf seine Gefühle eingegangen wird. Es soll dies auch angesprochen werden und zu der Person geasgt werden, *„ich bin für dich da"*. Ist die Person mit Demenz beunruhigt, verzweifelt, wütend oder traurig, dann kann körperliche Berührung wahre Wunder wirken. Es darf aber auch mal nur danebengesessen werden und das ganz ohne Worte. Es soll nicht auf das geachtet werden, was nicht mehr gekonnt wird, vielmehr gilt es die Sachen auszuschöpfen die dem Menschen mit Demenz noch möglich sind (vgl. Schäfer & Rüther, 2004, S. 85f).

Die Wichtigkeit der Biografie bei Demenz

Die Biografie ist unabdingbar in der Betreuung von Demenzkranken. Umso mehr man über das Leben der Person weiß, desto leichter ist der Umgang und die Kommunikation mit Menschen mit Demenz. Des Weiteren kann auch besser auf herausfordernde Verhaltensweisen reagiert werden. Es gibt die äußere Biografie, deren Inhalt die konkreten Ereignisse und sozialen Daten aus dem Leben aufzeigt. Zum anderen gibt es die innere Biografie, wo es um die Lebenserfahrung geht, wie Erlebtes verarbeitet wurde und die Bedeutung von Erlebnissen. Je mehr man darüber weiß, desto besser können Handlungen verstanden werden. Man muss immer wieder die Wichtigkeit der Lebensereignisse hinterfragen und zwar die Positiven und Negativen. Damit man das alles herausfindet, werden Gespräche geführt und gezielte Fragen gestellt (vgl. Döbele & Schmidt, 2014, S. 43f.).

Dies war ein Einblick in das Krankheitsbild Demenz, das so umfassend ist, dass es nicht möglich ist, noch ausführender darauf einzugehen. Ich habe die wichtigsten Informationen zusammengefasst. Diese Informationen sind nämlich unabdingbar für das nächste Kapitel, die Beschäftigung bei dementiellen Erkrankungen.

5. 7. 1. Aktivitäten des Alltags

Menschen mit Demenz sollten in alltägliche Verrichtungen einbezogen werden, um den Alltag aktiv miterleben und gestalten zu können. Schwer Erkrankte, die die meiste Zeit im Bett liegen, nicht mehr sprechen und sich kaum bewegen können, sollen trotzdem, mit Unterstützung, einfache pflegerische oder hauswirtschaftliche Tätigkeiten übernehmen. Das bedeutet beispielsweise für die Betreuungskraft, den Arm der Person zu führen, damit sie sich selbst die Haare bürsten kann. Dabei liegen die Hände des Betreuers/der Betreuerin auf den Händen des/der Demenzerkrankten und steuern die Arme bei der Ausführung der Bewegung. Der/die Demenzerkrankte vollzieht die geforderten Bewegungen, der/die Betreuungsperson unterstützt nur.

Demenzerkrankte verlieren wegen ihrer Pflegebedürftigkeit immer mehr an Privatsphäre. Sie fühlen sich autonomer, wenn sie beispielsweise an ihrer persönlichen Körperpflege beteiligt sind. Ihr Selbstbewusstsein wächst. Außerdem erhält der Tag mehr Struktur. Zusätzlich werden Motorik, Kognition und Sinneswahrnehmung gefördert (vgl. Radenbach, 2011, S. 126f).

Erfahrungsgemäß möchten Demenzerkrankte fast immer in Alltagstätigkeiten einbezogen werden. Falls Personen allerdings kein Interesse daran haben, sollten Betreuer diesem entgegenkommen und wie bei allen anderen Angeboten keine Aktivität aufzwingen. Selten haben Angehörige für die Mithilfe des Demenzerkrankten bei hauswirtschaftlichen oder pflegerischen Tätigkeiten kein Verständnis. Die Angehörigen nehmen fälschlicherweise an, dass der Vater oder die Mutter trotz Erkrankung und hohem Alter noch zum Arbeiten genötigt wird. In einer solchen Situation muss das Personal erklären, dass diese Tätigkeiten therapeutisch eingesetzt werden und einer klareren Tagesstrukturierung dienen. Häufig hilft auch zu fragen, welche Tätigkeiten der erkrankte Mensch früher gern ausgeführt hat (vgl. Radenbach, 2011, S. 128ff).

5. 7. 2. Biografiearbeit

Bei der Biografiearbeit ist es von großer Bedeutung, dass es nicht nur um die bloße Aufarbeitung der Vergangenheit geht, sondern es sollte vielmehr eine Verbindung der Vergangenheit zur Gegenwart aufgebaut werden. Die Biografie ist gerade im Bereich der Arbeit für Menschen mit demenzieller Erkrankung ein gutes Werkzeug, weil sie fest im Langzeitgedächtnis verankert ist und – nicht so wie Inhalt des Kurzzeitgedächtnisses – lange in Erinnerung bleibt. Also ist Biografiearbeit auch Erinnerungsarbeit. Diese Gedanken können vor allem durch Erzählungen schöner Erinnerungen noch einmal erlebt werden. Gleichzeitig wirkt natürlich die Arbeit mit alten Erinnerungen auch als Gedächtnistraining. Biografie orientiertes Arbeiten ist ein essentieller Bestandteil der meisten Betreuungskonzepte für Menschen mit Demenz und zielt darauf ab, dass Identitätsgefühl der Personen möglichst lange zu erhalten. Gerade bei einer demenziellen Erkrankung gewinnt die Identität zusätzlich an großer Bedeutung, da der/die Betroffene im Laufe der Demenz immer mehr vergisst, wer er/sie ist und was seine/ihre individuelle Persönlichkeit ausmacht (vgl. Radenbach, 2011, S. 36).

Gesprächsorientierte Biografie

Bei Gruppen- und Einzelgesprächen wird bei dieser Biografie Methode ein vorgegebenes Thema erarbeitet. Insbesondere Anlässe wie Feiertage, Jahreszeiten und Geburtstage können als Impuls für ein biografisches Gespräch genommen werden. Ob man die Biografiearbeit eher in der Gruppe oder doch als Einzelgespräch durchführt, liegt an den Teilnehmern. Manche Senioren brauchen eine Gruppe als Schutz- andere hingegen öffnen sich nur im intimen Rahmen eines Einzelgespräches (vgl. Radenbach, 2011, S. 36).

Aktivierungsorientierte Biografie

Die aktivierungsorientierte Biografiearbeit integriert die Biografie in eine Tätigkeit. Dies kann zum Beispiel eine Tätigkeit sein, die in der Vergangenheit oft gemacht wurde oder auch ein Ausflug zu einem Ort der in der Kindheit von den Menschen mit Demenz öfters besucht wurde (vgl. Radenbach, 2011, S. 37).

5. 7. 3. Validation

„Naomi Feil hat für den Umgang mit desorientierten älteren Menschen die Methode der Validation entwickelt. Die zwischen 1963 und 1980 entwickelte Validation setzt einige Kontrapunkte zum ROT[1]. Feil geht davon aus, dass die anhaltende Konfrontation des Erkrankten mit der gegenwärtigen Realität zu ständigen Verlust und Misserfolgserlebnissen führt" (Hahn, 2010, S. 84).

Die Validation ist eine Kommunikationsmethode bei Demenz. Ihre Gründerin NAOMI FEIL, hat die Ansicht, dass Demenz nicht mit einer Hirnschädigung einhergeht, sondern dass die Menschen mit Demenz den Weg bewusst beschreiten, um sich so aus dieser Welt zu verabschieden und so die Vergangenheit aufzuarbeiten. Es soll Menschen mit Demenz mit Wertschätzung und Anerkennung begegnet werden und sie in ihrer Welt lassen, sie dort begleiten. Ein würdevoller Umgang sollte selbstverständlich sein.

Durch die Methode der Validation werden die Gefühle des Menschen mit Demenz angenommen. Die Kranken spüren, dass es noch jemanden gibt, der seine Welt versteht. Validation bedeutet: *„Mit den Augen des anderen sehen"*. Dieses Gefühl, verstanden zu werden, gibt dem Menschen mit Demenz Geborgenheit, Sicherheit. Durch Validation wird das Selbstwertgefühl wieder hergestellt und Stress wird abgebaut. Ungelöste Konflikte aus

---

[1] ROT = Realitätsorientiertestraining

der Vergangenheit können ausgetragen werden. Die Betroffenen, die validiert werden, brauchen weniger Beruhigungsmittel. Die Kommunikation verbessert sich und der demente Mensch fühlt sich wohler. Wenn Gefühle ausgedrückt, anerkannt und validiert werden, löst sich die Anspannung, unter der die dementen Menschen leiden können (vgl. Feil, 2005).

Was Validation erreichen kann

Validation ist ein Prozess, durch den verwirrte, sehr alte Menschen verbal und nonverbal kommunizieren können, egal was sie gerade auf dem Herzen haben oder wo sie in Gedanken sind.

Ob ein Mensch glücklich an einer Aufgabe arbeitet, die er vermisst, ob er mit einer unvollendeten Lebensaufgabe kämpft oder eine Krise nochmals durchlebt, die er nie überwunden hat. Das Ziel der Validation ist es, den Menschen in seiner eigenen Wirklichkeit so zu begegnen, dass er nicht alleine ist. *„Desorientierte, sehr alte Menschen, reagieren auf Validation. Die Veränderungen im Verhalten erfolgen langsam und fluktuieren von Tag zu Tag, es findet aber eine anhaltende Veränderung statt*“ (Feil, 2013, S. 56).

FEIL begann mit der Entwicklung ihrer Theorien in der Zeit, in der die Ideen von Carl ROGERS (Begründer der klientenzentrierten Gesprächspsychotherapie) gerade sehr populär wurden und sich stark verbreiteten. Ende der 60er, Anfang der 70er Jahre setzte sich bei FEIL die Überzeugung durch, dass der Therapeut bei der „inneren Realität“ der dementiell erkrankten alten Menschen, ansetzen muss. FEIL beschreibt dieses *„Sich Einfühlen in den anderen“* auch als *„in den Schuhen des anderen gehen“* (vgl. Feil, 2005).

Der Ansatz von Carl ROGERS kann als Grundlage der Validation verstanden werden, auf der alle weiteren theoretischen und praktischen Elemente der Validation nach FEIL aufbauen.

Die Anwendung der Validation

Das Wesentliche bei der Anwendung von Validation nach FEIL ist, dass eine bedeutungsvolle Kommunikation mit desorientierten Menschen möglich ist, und zwar unabhängig davon, ob eine Person falsche Dinge behauptet, scheinbar vom Thema abweicht, vermeintlich irrelevante Dinge sagt oder überhaupt nicht mehr interagiert. Kommunikation bedeutet hier nicht, dass der desorientierten Person einfach zugestimmt werden soll. Dies würde bedeuten, weiter auf die unrichtigen Fakten ausgerichtet zu sein. Bei Validation wird weder zugestimmt noch widersprochen. Stattdessen wird sich auf das Gefühl konzentriert, das die Äußerungen und das Verhalten der desorientierten Personen enthalten, und die Menschen werden in ihrer Welt begleitet.

5. 8. Nicht medikamentöse Behandlungen bei Demenz

Der heutige Stand der Medizin zeigt noch keine sichere Grundlage, um die Demenz zu heilen. Daher wurden in den vergangenen Jahren Modelle zur Betreuung und Therapie dementiell erkrankter Menschen entwickelt und angewendet. Die meisten nicht pharmakologischen Methoden gehen von einem personenzentrierten Ansatz aus, wie beispielsweise das Modell Kitwood (Personenzentrierter Ansatz). Dieser Ansatz stellt nicht die Krankheit Demenz in den Vordergrund, wie es beim medizinischen Modell geschieht, sondern schlägt vor, die Menschen mit ihrer Individualität, Besonderheiten, Vorlieben und ihre spezifische Lebensgeschichte in den Vordergrund zu stellen. Der Kontakt mit dem Menschen steht im Mittelpunkt. Dadurch nähert man sich den Menschen mit Demenz und baut zu diesen eine gefühlsmäßige Verbindung auf. Ist diese aufgebaut, kann man emotionellbezogen und individuell auf die Menschen mit Demenz eingehen und reagieren. Auf dieser Basis sowie der Analyse der aufgetretenen Verhaltensstörungen der Menschen mit Demenz, erfolgt durch das Pflegepersonal eine angepasste Gestaltung des Umfeldes, die Planungen des Tagesablaufes und die Art der Betreuung und des Trainings. Dabei hat es sich bewährt, wenn vom Pflegepersonal dazu das ganze Spektrum an verbalen und nonverbalen Maßnahmen und Techniken angewendet werden. Wesentlich dabei ist, nicht, das perfekte Anwenden der Maßnahmen und Techniken, sondern ob auf Grund des individuellen Einfühlungsvermögen das Pflegepersonal dabei ein gutes Gefühl bei der Anwendung hat und die Menschen mit Demenz darauf positiv reagieren (vgl. Humer, 2011, S. 36ff).

Wichtige Elemente solcher nicht medikamentösen Therapieansätze sind angemessene Beschäftigungsformen. Diese berücksichtigen sowohl den Kompetenzverlust als auch die verbliebenen Fähigkeiten der Menschen mit Demenz. Sie zeigen als Ergebnis, dass Verhaltensauffälligkeiten, wie beispielsweise Unruhen, Aggressionen sowie Depressionen reduziert werden können und teilweise sogar verhindert werden können (vgl. Humer, 2011, S. 45).

Ein weiteres Ziel der nicht medikamentösen Behandlung ist die Steigerung der Lebensqualität der Menschen mit Demenz. Es konnte festgestellt werden, dass einerseits dadurch der Verlauf der Demenz verzögert werden konnte. Andererseits hat das auch sehr positive Auswirkungen auf das Pflegepersonal, da für dieses daraus auch eine höhere Arbeitszufriedenheit resultiert. Es kommt zu einem ruhigen und entspannendem Milieu. Es zeigt sich kein gestresstes Pflegepersonal und die Menschen mit Demenz reagieren kaum mit lauten Rufen und Schreien sowie ständig, stereotypischem Wiederholen von Wörtern. Aber nicht nur das Verhalten der Menschen mit Demenz verbessert sich dadurch, sondern es kommt auch zu einer wesentlichen Verbesserung von deren körperlichen Zustand. Somit wird damit eine weitere Basis geschaffen, wo die Möglichkeiten geschaffen sind, empathische Gespräche zu führen, die sozialen Kontakte zu fördern und die Menschen mit Demenz auch zu sinnvollen Beschäftigungen zu motivieren und zu leiten (vgl. Humer, 2011, S. 47).

Nach derzeitigem Stand zeigen medikamentöse Behandlungen keine umfassenden und zufrieden stellenden Ergebnisse. Aus diesem Grund kommt den nicht medikamentösen Behandlungen und Therapien bei Demenz eine besondere Bedeutung zu. Dazu gibt es unterschiedlichste Ansätze die vom Ablauf, im Inhalt und von der Qualität verschieden sind. Grundsätzlich können diese Ansätze unter zwei Aspekten gesehen werden. Jene Behandlungsverfahren, die in das Verhalten der Menschen mit Demenz eingreifen (fördernd) und verändernd wirken sowie die anderen Behandlungsverfahren, welche das bewusst nicht tun (einfühlsam) (vgl. Sulimma, 2003).

Die adäquate Betreuung und Pflege demenziell erkrankter Personen befindet sich in Österreich noch im Aufbau, d.h. es sind nur wenige flächendeckende Demenzbetreuungskonzepte im stationären, teilstationären und extramuralen Bereich vorhanden. Weltweit kommen unterschiedliche Konzepte der Betreuung und Pflege bei Demenz zur Anwendung. Es gibt kein spezielles Konzept für die Betreuung demenziell erkrankter Personen, sondern vorhandene Konzepte werden individuell zusammengeführt und individuell angepasst.

Die nachstehende Grafik soll eine Übersicht über die Modelle der nichtmedikamentösen Behandlungen bei Demenz geben und gleichzeitig auch eine Darstellung wie weit sich diese in die einzelnen Bereiche „fördernd“ und „einfühlsam“ unterscheiden.

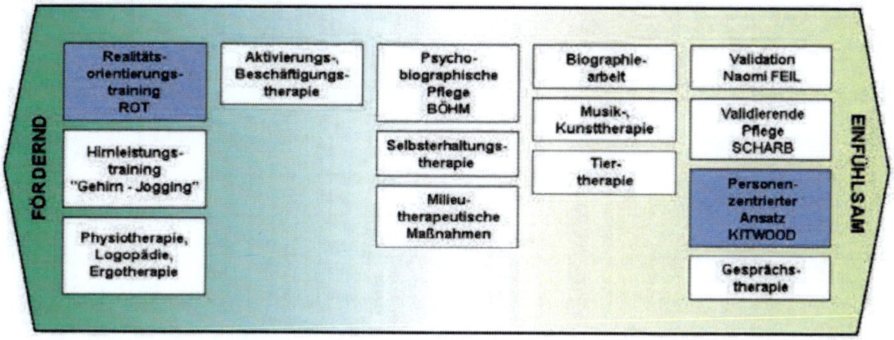

Abbildung 3: Behandlungsmodelle (Eigengrafik 2015)

Nachstehend werden zwei Modelle, welche in der Praxis häufig angewendet werden erläutert. Diese Themen werden auch deshalb gewählt, da es sich um zwei konträre Ansätze handelt, in denen sich große Unterschiede reflektieren.

5. 8. 1. Realitätsorientierungstraining ROT

ROT stammt aus den USA und wurde dort von den Psychiatern FOLSOM und FAULBEE entworfen (vgl. Matolycz, 2011a, S. 244). Durch ständige Informationen (24-Stunden Konzept) über den aktuellen Status der Welt in der der Demente lebt und das Einbeziehen in Alltagsgeschehnisse soll die Orientierungsfähigkeit länger erhalten bleiben. Das Realitätsorientierungstraining ist eine fördernde Therapie bei Demenz. Das bedeutet, dass im Zuge dieses Modells eine Förderung und Aktivierung der Leistungsfähigkeit beim Erkrankten zur Bewältigung und Strukturierung des Alltags durch professionelles Pflegepersonal erfolgt. Damit soll dem Verlust von Fähigkeiten und Rückzugstendenzen entgegengewirkt werde. Der Schwerpunkt des Realitätsorientierungstrainings liegt in der Gegenwart im vierundzwanzig Stunden Alltag. Dieses Modell wurde in den 60er Jahren von den amerikanischen Psychiatern Folsom und Taulbee entwickelt. Ursprünglich wurde sie für die psychische Behandlung und Integration von Kriegs-Veteranen angewendet. Als Basis dienen lernende Prinzipien. Dabei wird davon ausgegangen, dass die wiederholenden Lernprinzipien und Lernformen, welche gezielt eingesetzt werden zu einem entsprechendem Verhalten führen könne. Für Menschen mit Demenz kann dadurch ein orientiertes Verhalten im Alltagsablauf und in einzelnen Alltagssituationen erreicht werden und dieses auch erhöht werden. Somit kann bei einem Demenzerkrankten ein Lebensverhalten gefördert werden, in dem er seinen Alltag zu einem großen Teil selbständig bewältigt (vgl., Steurenthaler, 2013, S. 58).

ROT wird häufig bei Menschen mit beginnender Demenz angewendet, da noch ein großer Teil an Gedächtnisleistung vorhanden ist, die noch nicht von der Demenz betroffen ist. Dadurch kann auf die gesunde Gedächtnisleistung aufgebaut werden und diese für dieses Modell herangezogen und genützt werden. Da jedes Behandlungsmodell und Therapiemodell unter anderem auch sehr pflegepersonalintensiv ist und eine fortgeschrittene Qualifikation des Pflegpersonals erfordert, zeigt sich im Gegensatz dazu das Realitätsorientierungstraining als sehr günstig im Pflegedienst. Es hat als Inhalt sehr viele gleich bleibende und wiederkehrende Abläufe. Somit kann man diese Vorgangsweise standardisieren, wodurch weniger Pflegepersonal notwendig ist, das ohne aufwändige Qualifizierung die Förderung und Begleitung der Menschen mit Demenz übernehmen kann. Wesentlich beim ROT sind realitätsbezogene Hinweise im Alltag, die den Menschen mit Demenz helfen, ihre Fähigkeiten zielgerichtet und orientiert zu verwenden. In der Anfangszeit der ROT-Therapie wurde das ständige Hinweisen überzogen praktiziert, was zu einer Überforderung der Erkrankten geführt hat. Die zu ausgeprägte Strukturierung der Alltagsabläufe führte zu einer Entmündigung von ihnen und aus der Überforderung resultieren Versagensgefühle, Ängste und ihr Rückzug aus dem Alltag und somit von der Therapie (vgl. Steurenthaler, 2013, S. 59ff).

5. 8. 2. Personenzentrierter Ansatz nach Kitwood PZA

Das Modell des personenzentrierten Ansatzes ist im Gegensatz zur fördernden Therapie eine einfühlsame, belassende nichtmedikamentöse Therapieform. Diesem Ansatz liegt eine Abkehr vom traditionellen medizinischen Modell zu Grunde. Tom Kitwood sieht eine Reihe von Widersprüchen im medizinischen Modell, vor allem steht da Medizin im Vordergrund und verdrängt das Erleben der Menschen mit Demenz. Dem Menschen wird dabei nicht wirklich eine Bedeutung beigemessen. Kitwood argumentiert, dass beim herkömmlichen medizinischen Modell ein auffälliges Verhalten eben ein Zeichen der Demenzerkrankung ist, welchem eben mit medikamentösen Mitteln entgegen getreten wird. Das hat auch Auswirkungen auf das Pflegepersonal und Betreuungspersonal, die nicht sich selbst, sondern primär die Medizin als Mittel gegen die Demenz sehen. Daraus kann beim Personal eine Machtlosigkeit bis hin zu Schuldgefühlen resultieren und birgt auch die Gefahr einer gewissen Gleichgültigkeit (vgl. Kitwood, 2000, S. 17f).

KITWOOD wirft die Frage auf, ob nicht einige Symptome, welche Menschen mit Demenz zeigen, ihre Ursache nicht in einem Fehlverhalten beim Umgang, der Pflege und im

Verstehen haben, sondern beim Schwinden der Gedächtnisleistung (vgl. Kitwood, 2000, S. 20).

Der personenzentrierte Ansatz von Kitwood hingegen stellt den an Demenz erkrankten Menschen primär in den Vordergrund und zeigt ein eher von der traditionellen Medizin abgekehrtes Modell, auch in Form einer neuen Demenzpflegekultur. Im Mittelpunkt steht der an Demenz erkrankte, einzigartige Mensch. Ihn gilt es zu beachten und zu würdigen (vgl. Kitwood, 2000, S.18).

Zum vertrauensfördernden, stützenden Umfeld gehört nach Kitwood die Er-füllung nachfolgender Bedürfnisse von Menschen mit Demenz: Liebe, Bindung, Einbeziehung, Beschäftigung, Identität, Trost („Kitwood-Blume“).

Abbildung 4: Bedürfnisse von Menschen mit Demenz nach Kitwood (Köther, 2011, S. 407)

Nach Kitwood besteht das Problemfeld der Demenz nicht im Dementen, sondern in der gestörten Interaktion und Kommunikation zwischen neurolo-gisch eingeschränkten Menschen und Menschen deren „Kulturtechnik“ in-takt ist (vgl. Köther, 2011, S. 412).

Eine Innovation beim PZA bildete das ***Dementia Car Mapping DCM***, die von Tom Kitwood (UK) und Kathleen Bredin (USA) entwickelt wurde. Es ist ein Verfahren nach dem das relative Wohlbefinden von Menschen mit Demenz eingeschätzt wird. Diese Einschätzung erfolgt auf der Grundlage genauer Beobachtung (Mapping) der Dementen durch einen so genannten Mapper. Dieser protokolliert seine Beobachtungen und Wahrnehmungen nach festen Regeln. Dafür stehen im vierundzwanzig Verhaltenskategorien und eine Wohlbefindlichkeitsskala zur Verfügung. Die Beobachtung erfolgt über mehrere Stunden im

Alltag. Nach der Auswertung und Interpretation der Beobachtungsdaten werden die Ergebnisse im Team besprochen und in einem Handlungsplan festgelegt (vgl. Kitwood, 2000, S.21).

Um personenzentriert versorgen, betreuen und pflegen zu können, muss zuerst ein Zugang zu den Menschen mit Demenz gefunden werden. Es ist daher notwendig das *„Personsein"* des dementen Menschen zu entdecken. Jeder Mensch ist etwas Einzigartiges und erlebt auf Grund seiner Persönlichkeitsmerkmale Demenz in individueller Art. Beispielsweise zeigen sich Menschen mit geringer Krankheitseinsicht, was sich dadurch zeigt, dass sie ihre Demenz verleugnen und andere für ihre Fehler und Defizite verantwortlich machen. Nur wenige demente Menschen haben ein hohes Krankheitsbewusstsein ohne Abwehrreaktionen. Sie haben ihre Demenz akzeptiert und leben ihr Leben mit den verbliebenen Fähigkeiten positiv aus (vgl. Kitwood, 2000, S.108ff).

„Der personenzentrierte Ansatz fußt auf einem humanistischen Menschenbild" und *„nicht"* auf die Heilung der Demenz, sondern auf das „Wohlbefinden" der Menschen mit Demenz und der „gelungenen Beziehung" zwischen ihnen und dem behandelnden und pflegenden Personal (Kitwood, 2000, S.108). Die daraus resultierenden positiven Ergebnisse wirken in beide Richtungen, zu den Menschen mit Demenz und dem Personal.

5. 8. 3. Der milieutherapeutische Ansatz

Der Ansatz wurde unter Einfluss der Hamburger Modell Studien diskutiert und von HEEG (2008) Ende der Neunziger Jahre zu einem sozialwissenschaftlichen Modell zur Wahl individuell angemessener Lebensräume für Menschen mit Demenz weiterentwickelt. Der milieutherapeutische Ansatz vereint bauliche und therapeutische Interventionskonzepte.
Die Milieutherapie bildet ein Betreuungskonzept, dass für demenziell erkrankte Menschen entwickelt wurde. Das ursprünglich aus der Psychiatrie stammende Prinzip kann jedoch in abgewandelter Form in vielen Bereichen und Wohnformen angewandt werden (vgl. Zimmermann, 2008).

Grundlage dieses Konzeptes ist die Annahme, *„dass die Primärsymptome der Demenz nur bedingt behandelbar sind und das Hauptaugenmerk auf die Beeinflussung der Sekundärsymptome gelegt werden muss. Dabei werden das Umfeld und der pflegerische*

Umgang den Bedürfnissen der Menschen mit Demenz angepasst, wodurch Verhaltensauffälligkeiten gemindert werden, was wiederum einen positiven Effekt auf die Primärsymptome haben kann.

Das Milieu eines Menschen besteht aus den Räumlichkeiten, in denen er lebt, der Tagesstrukturierung und der Gestaltung der zwischenmenschlichen Interaktion.

Die Milieutherapie versucht vor allem in der stationären Pflege und Betreuung von Menschen mit Demenz, das gesamte Umfeld auf die Bedürfnisse dieser Personengruppe abzustimmen. Im Gegensatz zu anderen Therapien wird hier nicht am einzelnen Menschen angesetzt, sondern an den Bedingungen seiner Umwelt. Der Mensch wird nicht vorwiegend als Kranker behandelt, sondern vielmehr begleitet, unterstützt und durch Beschäftigungsangebote, welche seine Kompetenzen entsprechen, aktiviert" (Moseke, 2007).

6. BESCHÄFTIGUNGEN BEI DEMENZIELLEN ERKRANKUNGEN

Der Mensch ist eigentlich von Natur aus kein Einzelgänger und braucht Aktivität und Beschäftigung und die Zugehörigkeit zur Gruppe. Es ist jedoch individuell von Person zu Person verschieden, wie stark diese Eigenschaften ausgeprägt sind. Auch Erfahrungen und der kulturelle Hintergrund spielen eine wichtige Rolle. Jeder Mensch steht altersunabhängig in Interaktion mit anderen Menschen. Findet eine gezielte soziale Betreuung in Form von Gruppen statt, so kann der/die Gruppenleiter/in unterstützend zur Seite sein. Er/Sie kann Bedürfnisse und Einschränkungen erkennen, soll aber keinesfalls jemanden bevormunden. Dem Menschen ist es grundsätzlich möglich den Interaktionsprozess zu lernen oder weiter auszubauen.

Bei Demenz ist das nicht mehr der Fall. Daher hängt es von der persönlichen Lebensgeschichte ab, wie weit die persönlichen Bewältigungsstrategien ausgebaut sind. In der Regel orientiert sich der Mensch, wenn es um neue Situationen geht, gerne an Anderen. Es wird nachgeahmt, das Verhalten anderer wird übernommen

und da jeder Mensch das Bedürfnis nach Anerkennung und Wertschätzung hat, wird das Verhalten so angepasst, dass er das auch bekommt (vgl. Mötzing, 2009, S. 4).

Bevor mit der Beschäftigung begonnen werden kann, gilt es herauszufinden, welche Ressourcen bei den dementiell Erkrankten, in den jeweiligen Bereichen der Beschäftigung noch vorhanden sind. Hat man das passende Angebot gefunden, ist wiederum zu beachten, dass nicht nur die Beschäftigung stattfindet, sondern der an Demenz Erkrankte auch selber aktiv sein soll. Es ist natürlich nicht so, dass Demenz geheilt werden kann, aber man kann den Verlauf hinauszögern. Man kann versuchen, dass sich diejenige Person besser konzentrieren kann, besser kommuniziert und sich z.B. noch selber das Frühstücksbrot streichen kann. Dabei kann die Feinmotorik länger erhalten bleiben. Bei der Ergotherapie ist es so, dass in jeder Therapiestunde durch den Befundbogen festgehalten wird, wie sich die Person verhält. Bei den Fachsozialbetreuer/innen der Altenarbeit ist es so, dass dieser Prozess mittels Beobachten ermittelt wird. Es gilt auf viele Punkte zu achten. Die Betreuungsperson achtet darauf, ob die Kleidung den Witterungsbedingungen entspricht. Wichtig ist es auch auf das Gemüt und die Mobilität zu achten. Die Motorik und der geistige Zustand spielen auch eine wichtige Rolle. Man soll auch ein Augenmerk darauf haben, was die Patienten noch alles selber können und wie sie sich auswärts verhalten (vgl. Radenbach, 2009, S. 19).

Wie wählt man nun die Beschäftigung aus und welche Ziele ergeben sich?

Vorrangig sollen die Lebensfreude und die Lebensqualität sein. Man kann durch Rituale das Krankheitsbild positiv beeinflussen und die noch vorhandenen Fähigkeiten länger erhalten, aber es muss jeden immer wieder ins Bewusstsein gerufen werden (vgl. Radenbach, 2009, S. 20).

Langeweile kann mit der Umgebung zusammenhängen, wenn keine passenden Beschäftigungsangebote angeboten werden, oder aber auch daran, dass die Umgebung nicht angemessen gestaltet ist. Demenzerkrankten Personen fällt es nach und nach schwerer sich selbst zu beschäftigen und die Gefahr sich zu langweilen ist sehr hoch. Der Abbauprozess von noch vorhandenen Fähigkeiten lässt sich hinauszögern, indem das physische und soziale Umfeld dementsprechend gestaltet wird. Damit ist gemeint, dass zu gewissen Zeiten Musik läuft, aber auch Fernsehsendungen mit beruhigenden Bildern wie etwa Tiere. Man sollte auf gutes Licht achten (nicht zu hell), immer wieder durchlüften und die an Demenz erkrankten Personen bei vielen Dingen mithelfen lassen, wo dies möglich ist. Auch sich mit Haustieren zu beschäftigen wäre eine Möglichkeit. Es können auch Gegenstände zum Einsatz kommen, da auch hier wieder jeder Mensch individuelle Interessen hat, sollte darauf geachtet werden (vgl. Van, 2012, S. 24- 26).

6. 1. Beschäftigungsangebote durch Gedächtnistraining

Dieses Training kann eine Betreuungsperson mit einer dementiell erkrankten Person alleine durchführen, es kann aber auch in der Gruppe stattfinden. Das Training soll den Zweck erfüllen, dass Menschen mit Demenz wieder leichter Worte finden können. Hierfür gibt es dann Karten, auf denen jeweils ein Begriff steht, z.B. Haushaltsgeräte. Es soll nun herausgefunden werden, welche Wörter es zu diesem Begriff gibt. Natürlich kann diese Art von Training in verschiedenen Schwierigkeitsstufen gestaltet werden, je nachdem wie weit die Demenz fortgeschritten ist (vgl. Radenbach, 2009, S. 39).

Da Sprichwörter und Redewendungen früher sehr viel Bedeutung hatten, sind diese bei den meisten alten Menschen gut im Langzeitgedächtnis verankert und erfreuen sich auch bei an demenziell erkrankten Menschen großer Beliebtheit. Situationen können besser zugeordnet werden und jeder kann sich ein Bild darüber machen. Das Ganze funktioniert so, dass man z.B. einen Teil von einem Sprichwort sagt und der andere Teil soll dann ergänzt werden. Auch hier kann wieder individuell, je nach Ausprägung der Krankheit gehandelt werden (vgl. Radenbach, 2009, S. 39f.).

6. 2. Erinnerungs- und Wahrnehmungsübungen

Werden gemeinsam Fotoalben oder auch Erinnerungsstücke angesehen, kann man möglicherweise einen guten Zugang zu Menschen mit Demenz finden, denn meistens reden sie dann drauf los, je nachdem, welches Thema oder Erfahrungen sie dann aufgreifen. Darauf kann man dann näher eingehen und so kann ein anregendes Gespräch entstehen. Es können auch so genannte Alltagsmuseen angewandt werden, was wie folgt aussieht: Man nehme zu einem gewissen Thema, wie etwa der Schulzeit, mehrere Dinge von Früher, die typisch waren für den Unterricht und gibt sie in eine Stofftasche. Der Mensch mit Demenz kann daraus einen Gegenstand herausnehmen und es kann dann darüber gesprochen werden. Dies kann natürlich auch mit Putzutensilien usw. gemacht werden (vgl. Mötzing, 2009, S. 71).
Es können hierfür verschiedenste Bilder, wie etwa von Tieren, z.B. auf der Mitte vom Tisch verteilt werden und es kann die persönliche Assoziation zum jeweiligen Bild genannt werden. Darüber kann dann zusammen gesprochen werden (vgl. Mötzing, 2009, S. 223).
Erlebnisse von Gerüchen, die wir haben, werden im Langzeitgedächtnis und nicht im Kurzzeitgedächtnis gespeichert; daher können sie erfolgreich bei Menschen mit Demenz zum Einsatz kommen.

6. 3. Beschäftigungsangebote durch Kreativität und Handwerk

Hiermit kann das Selbstwertgefühl von Menschen mit Demenz gehoben werden und auch der taktile Sinn (Wahrnehmung der Reize über die Haut) wird hiermit gefördert. Man sollte auch hier wieder auf die Biografie des Einzelnen achten und herausfinden, was die Person wirklich interessiert; sonst kann es schnell zu Frustration kommen. Es soll auch darauf geachtet werden, dass keine Über- oder Unterforderung stattfindet. Solche Tätigkeiten könnten sein: etwas ausmalen, dann ausschneiden, es können Dinge geklebt werden, es gibt auch eine spezielle Masse zum Kneten (vgl. Mötzing, 2009, S. 75).

Als erstes gilt es herauszufinden, welches Material und welche Technik angewandt werden. Bei einigen Techniken muss man feinmotorisch gut sein, wie z.B.: wenn etwas von einem Blatt Papier ausgeschnitten wird. Es gibt aber auch andere Techniken, bei denen nicht so genau gearbeitet werden muss, wie z.B.: gewisse Flechttechniken. Je nach Können und Interesse soll dann das Ganze gestaltet werden. Bei anderen Techniken wiederum kann der Grad der Schwierigkeit individuell bestimmt werden. Es soll immer darauf geachtet werden, dass bei der Auswahl vom Material und von der Technik, die dann zur Beschäftigung verwendet wird, nicht zu viel Hilfe nötig ist, weil dann Frustration entsteht und das nicht Sinn der Sache ist (vgl. Mötzing, 2009, S. 247).

Maltechnik

Bei dieser Technik, gilt es vorab eine Motivationsarbeit durchzuführen, denn alte Menschen haben früher nicht gemalt. Sie kann für jede Person mit Demenz individuell gestaltet werden. Es soll natürlich auch hier wieder auf einen wertschätzenden Umgang geachtet werden, es sollte fixe Zeiten geben, und es wäre gut, wenn jede Stunde mit einem gewissen Ritual beendet würde, was z.B. durch ein Lied erfolgen kann. Die Umgebung soll angenehm sein, man soll an die Orientierung, Aktivierung und an die Biografie anknüpfen (vgl. Mötzing, 2009, S. 247).

Mandalas

Mandalas haben ihren Ursprung in der Religion. Es sind Kreise, deren Ausrichtung immer auf die Mitte erfolgt. Es gibt sogenannte Malbücher in verschiedenen Schwierigkeitsstufen dazu (z. B. Rüdiger Dahlke, Mandalas der Welt, Wilhelm Heyne Verlag). Als einfache Form werden Farbstifte oder Aquarellstifte verwendet. Soll es etwas schwieriger sein, werden Wasserfarben empfohlen. Durch Mandalas kann die momentane Gefühlslage zum Ausdruck kommen und es kann auch eine Meditation sein, die als Entspannung empfunden wird und beruhigt (vgl. Mötzing, 2009, S. 248).

Malen nach Vorlage:
Diese Form bietet sich an, wenn sich jemand nicht zutraut zu malen. Besonders von an Demenz erkrankten Menschen wird diese Art zu malen gut angenommen. Dazu benötigt man nur Bunt- und Wachsmalstifte. In weiterer Folge kann zum freien Malen gewechselt werden (vgl. Mötzing, 2009, S. 250).

6. 4. Beschäftigungen im Alltag

Dies funktioniert so, dass Tätigkeiten von früher so abgeändert werden, dass sie der an Demenz erkrankte Mensch ausüben kann.

„Um sie (gemeint die Patientin) zu beschäftigen, müssen einfachere Variationen früherer Tätigkeiten entwickelt werden: Statt zu bügeln, faltete Mutter die Gästehandtücher zusammen. Zum „Stopfen" boten wir ihr alte Socken an, in die wir Löcher geschnitten hatten. Weil das Stricken nicht mehr ging, gaben wir ihr ausrangierte Pullover zum aufribbeln. Als sie beim Tischabwischen zu viele Pfützen hinterließ, verlagerten wir solche Tätigkeiten auf den Balkon, wo Gartenstühle abgewaschen werden konnten. Auch für altbekannte Spiele mussten wöchentlich neue Regeln gefunden werden. Als Mutter noch gesund war, hatte sie mit ihren Kindern und Enkeln häufig und gern gespielt. Auch während ihrer Krankheit ließ sie sich gern auf Spiele ein. Schwierige Spiele ersetzten wird nach und nach durch Spiele für 2- bis 3-jährige Kinder. Bei anderen konnte man die Spielregeln ändern... es machte ihr Spaß, einen Ball über den Tisch zu rollen und zu fangen, im Garten Blumen zu gießen, in einer Illustrierten zu blättern, Spaziergänge zu unternehmen, Kindern beim Spielen zuzusehen, Melodien zu summen oder einfach nur neben einer vertrauten Person auf dem Sofa zu sitzen und ihre Nähe zu spüren" (Götte & Lackmann, 1997; zit. nach Schäfer & Rüther, 2004, S. 86).

Das Haus und Hausarbeit kann sehr vielfältig zum Einsatz kommen und macht einen Großteil aus. Es kann sich um Gartenarbeiten handeln, sowie kochen, backen oder das zubereiten von Mahlzeiten. Auch Haustierversorgung und handwerkliche Tätigkeiten die einfach gehalten werden sollen gehören dazu (vgl. Mötzing, 2009, S. 286).

Bei Menschen mit Demenz ist das Thema backen sehr wichtig weil hierbei die Wahrnehmung und die Erinnerung aktiviert werden. Backen war etwas nicht Alltägliches und wird verbunden mit dem Kuchen am Sonntag, mit besonderen Anlässen wie Weihnachten, Ostern oder mit dem Geburtstag. Wird das Gebackene nur gerochen, kommen sofort die positiven Erinnerungen zum Vorschein. Auch Männer sind oft mit Freude und Begeisterung dabei (vgl. Mötzing, 2009, S. 287).

Bei Gartenarbeiten werden alle Sinne angeregt und die Natur wird hautnah miterlebt. Dies ist gerade bei an Demenz erkrankten Personen sehr wichtig, weil dadurch die jahreszeitliche Orientierung gefördert wird. Es kommen die noch vorhandenen Ressourcen zum Einsatz, die Lebensqualität wird gesteigert und die Gemeinschaft wird gefördert. Beim Gärtnern wird das Langzeitgedächtnis angeregt. Tätigkeiten wie umtopfen von Pflanzen, oder ein Beet bepflanzungsbereit zu machen, dieses Wissen kommt wieder zum Vorschein. Aber auch die Verwendung von Kräutern. Die Beschäftigung im Garten ist vielfältig. Es können verschiedene Gemüsesorten angebaut und viele Blumen angebracht werden. Des Weiteren fallen aber auch Arbeiten wie rechen, jäten und Blumen gießen an. Ist es Personen nicht mehr möglich in der Natur zu arbeiten, kann man in Kübel verschiedenste Gemüsesorten ansetzen und auf die Fensterbank stellen. Die Gartenarbeit ist ein tolles Erlebnis für Menschen mit Demenz, weil das selbst angebaute probiert werden kann, es wird aber auch gefühlt. Der Duft der verschiedenen Kräuter wird wahrgenommen und ganz nebenbei werden auch die verschiedensten Geräusche gehört und Dinge gesehen (vgl. Mötzing, 2009, S. 294).

Es finden sich zuhause allerhand Dinge, die zur Beschäftigung genutzt werden können. Befindet sich die Person, bei der die Beschäftigung angewendet werden soll, am Anfang einer Demenz, kann man etwa eine Zeitung und ein Klebeband nehmen und daraus eine Kugel formen, da ihnen Gegenstände aus dem Alltag durchaus bekannt sind. Am Anfang werden die dementiell erkrankten Menschen etwas erstaunt sein, aber nach einer kurzen Zeit der Eingewöhnung, werden sie mit Freude mitmachen oder es selbst probieren. Ist die Demenz schon fortgeschritten, sind die Menschen nicht mehr so gehemmt und probieren ihnen nicht bekannte Dinge einfach aus, wie etwa aus alltäglichen Gegenständen etwas ganz untypisches zu machen. Es ist Menschen mit Demenz nicht mehr möglich, zuzuordnen welche Verwendung der jeweilige Gegenstand hat und sie sind deswegen sehr neugierig (vgl. Radenbach, 2009, S. 67).

6. 5. Musik und Demenz

Angeboren ist uns sozusagen der Rhythmus und Musik wird nicht im Kurzzeitgedächtnis, sondern im Langzeitgedächtnis gespeichert und kann dabei bei an Demenz erkrankten Menschen sehr gut eingesetzt werden. Bei einer Vielzahl an Menschen mit Demenz sind gesangliche und musikalische Dinge positiv behaftet und lösen Glücksgefühle aus. Es können sowohl Volkslieder als auch Marschmusik eingesetzt werden. Aber auch einfache Walzerschritte und Instrumente können zum Einsatz kommen (vgl. Mötzing, 2009, S. 70).

„Musik begleitet uns ein Leben lang. Stetig sind wir bewusst und unbewusst musikalischen Elementen ausgesetzt. Unser ganzes Leben ist ein einziger Rhythmus, beginnend vom Schlaf-Wach-Rhythmus hin zum Herzschlag. Jeder Mensch lebt nach seinem eigenen Tempo, hat bspw. eine eigene Ganggeschwindigkeit. Und auch wer von sich behauptet, er könne nicht singen, produziert mit seiner Sprache eine individuelle und einzigartige Melodie. Jeder Mensch kommt in seinem Leben unwiderruflich mit Musik in Berührung. Insbesondere in unserer heutigen modernen Welt sind wir ständig Berieselungen ausgesetzt, es gibt kaum noch ruhige, stille Momente. Aber ein gesunder Mensch kann sich diese stillen Momente suchen und zunutze machen. Ebenso kann er gezielt Musik für sich auswählen, wenn ihm danach ist, das kann ein Mensch mit Demenz nicht" (Kammer et al., 2012, S.14).

Menschen mit Demenz geht das eigene Ich verloren, je weiter die Krankheit fortgeschritten ist. Sie werden sozusagen aus dem inneren Takt und Rhythmus gebracht. Jetzt liegt es an uns, ihnen wieder zu diesen 2 Dingen zu verhelfen. Früher war das Singen als Freizeitbeschäftigung allgegenwärtig, auch die Medien waren noch nicht so präsent wie es heute der Fall ist. Früher lief das Radio nur, wenn etwas Bestimmtes gehört werden wollte und dann auch nur mit der ganzen Familie. Die Lieder haben sie sich daher stark eingeprägt. Heute ist Musik immer und überall verfügbar und hat daher das Besondere verloren. Nach dem Konzept von FEIL bzw. KITWOOD kann die Musik gezielt eingesetzt werden und die Menschen mit Demenz abholen wo sie sich gerade befinden und sie darin bestätigen.

Wichtig ist herauszufinden, welche Musik die betroffene Person früher gehört hatte und zu welchen Liedern gesungen wurde. Mit Musik kann die Vergangenheit in Erinnerung gerufen werden, dadurch stärkt man die Geborgenheit und die Verwurzelung. Eine Frau sucht nach ihren Eltern die schon 30 Jahre lang tot sind, aber sie kann noch perfekt alle Strophen eines ihr bekannten Liedes aus der Kindheit. Hiermit kann man die verborgenen Ressourcen wieder zum Leben erwecken. Es wird kommuniziert, aber auf eine neue Art und Weise, verbal und nonverbal. Musik spiegelt sozusagen die eigene Identität und kann diese wieder stärken (vgl. Kammer et al., 2012, S.14ff.). Auch wenn die betroffene Person früher nicht musikalisch war, ist dies kein Hindernis es nicht mit Musik zu versuchen. Aufgrund der vielen Arbeit und dem knappen Geld war es vielen Menschen einfach nicht möglich, Instrumente zu erlernen oder ein Konzert zu besuchen. Wünsche und Sehnsüchte können mit Musik geweckt werden und es kann sein, dass sie noch erfüllt werden (vgl. Kammer et al., 2012, S.18f.).

6. 6. Spiele und Demenz

Noch vorhandene Ressourcen kommen ans Tageslicht und es kann daher versucht werden, diese zu erhalten und zu fördern. Der Mensch hat das Gefühl lebendig zu sein (vgl. Stöhr, 2007, S. 30).

„Mit spielerischen Impulsen kommt Bewegung in die Gehirnzellen. Die Förderung und Entwicklung von Fähigkeiten geschieht durch Sinnesreize" (Stöhr, 2007, S.. 28).

Bewegungsspiele:

Bewegungsspiele können den Menschen mobilisieren und die noch vorhandenen Ressourcen stärken, diese sind natürlich wieder individuell und es gibt viele Spielangebote. Findet das Ganze in der Gruppe statt, ist das motivierend, es ist sozusagen ansteckend und man kann es auch in Verbindung mit Musik machen, denn da geht es oft noch leichter. Bewegungsspiele wirken vitalisierend (vgl. Stöhr, 2007, S. 33f.). Es können hierzu Schwungtücher verwendet werden. Des Weiteren benötigt man dazu: Tücher, Bälle, Rollen usw. Es stehen sich hierzu zwei Menschen gegenüber, halten jeweils das Tuch und befördern dann einen genannten Gegenstand über das Tuch, dass dabei geschwungen wird (vgl. Stöhr, 2007, S. 57).

Entspannungsspiele:

Bei Demenz ist die Integration oft schwer und die Thematik der Isolation ist ebenfalls gegeben. Sie sind in ihrer Welt, in der sie Unterstützung, Liebe, Verständnis und auch das Gefühl der Zusammengehörigkeit brauchen. Die Wahrnehmung ist eingeschränkt. Aber man kann demente Menschen durch die Sinneskanäle erreichen, die noch da sind. Da sie durch das Spiel abgelenkt sind, wird das Gefühl des Wohlfühlens gestärkt und ein Zustand der Unruhe und Angst kann sich sogar auflösen. (vgl. Stöhr, 2007, S. 34)

Kommunikationsspiele:

Kommunikation ist allgemein schwierig, aber besonders für Menschen mit Demenz. Sie haben nicht so wie wir die Möglichkeit, nach Lust und Laune unter Menschen zu gehen und zu kommunizieren, da sie meistens in ihrem gewohnten Umfeld sind. Ist Kommunikation durch die Sprache nicht mehr gut möglich, so bleiben noch Gesten und Laute. Es werden Impulse vom Umfeld benötigt. Es soll vor den Kommunikationsspielen, nach Möglichkeit der demente Mensch miteinbezogen werden, denn dann kommen Fantasien und Ideen zum Vorschein und es kann gemeinsam gehandelt werden (vgl. Stöhr, 2007, S. 35).

Orientierungsspiele:

Da bei Demenz der Orientierungssinn auf jeder Ebene nach und nach abnimmt, brauchen sie Hilfe und Sicherheit. Handelt es sich um ein ungewohntes Umfeld ist es noch wichtiger. Es kann über das Leben, Kleidung oder auch Bilder gesprochen werden. Orientierungsspiele können hierbei helfen und es kann sich auch ein Zufriedenheitsgefühl einstellen (vgl. Stöhr, 2007, S. 36).

Gedächtnisspiele:

Krankheiten wie Demenz führen zum Abbau des Gedächtnisses, das sich im größten Organ, dem Gehirn befindet. Sind die Menschen am Anfang einer Demenz, erreicht man sie anders, wie wenn die Demenz schon stark ausgeprägt ist. Hier befinden sie sich schon im Langzeitgedächtnis. Es gilt hier darauf acht zu geben, wer was benötigt und das gilt es dann zu fördern (vgl. Stöhr, 2007, S. 36f).

Konzentrationsspiele:

Menschen mit Demenz sind verwirrt, haben Angst, werden oft nicht verstanden und sind dadurch sehr verletzlich. Früher waren sie darauf konzentriert ein gemeinsames Leben zu führen, auf die Arbeit, aber was passiert wenn diese Dinge wegfallen auf was können sich dann die Menschen mit Demenz konzentrieren? Die Betreuungsperson soll herausfinden was die Person mit Demenz geprägt und was ihr Leben ausgemacht hat. Liegt hierbei die Konzentration kann man die Angst der Betroffenen reduzieren (vgl. Stöhr, 2007, S. 37-38).

6. 7. Die positive Folge einer aktiven Lebensgestaltung

Ein praktisch ausschließlich positiver Aspekt einer aktiven Lebensgestaltung ist, dass im Zusammenhang mit der gebotenen Arbeitsleistung Menschen im höheren Alter Wertschätzung erfahren, welche für den Einzelnen einen Zuwachs an subjektiv empfundener Lebensqualität bedeutet (vgl. Kruse & Wahl, 2010, S. 377).

Ein glückliches Leben im fortgeschrittenen Alter wird laut US-Familientherapeutin und Buchautorin VIRGINIA SATIR von einem erfolgreichen Übergangsprozess begleitet, der darin besteht, sich von dem, was bisher war, zu verabschieden und das was sein wird, zu begrüßen (vgl. Satir, 2004, S. 435). Wenn Lebensbereiche der jüngeren Jahre abgeschlossen werden (z. B. Familienplanung, Erwerbstätigkeit...), wird Energie frei gesetzt, welche das Ergreifen neuer Chancen ermöglicht.

Leopold ROSENMAYR, Professor für Soziologie, spricht in seinem Buch „*Noch einmal leben*" von einem neuen Anlauf in einem bereits gelebten Leben. Die Möglichkeiten und Angebote für ein erfülltes Leben im Alter sind gegeben. Jede/r Einzelne muss sich selbst daran beteiligen, den Weg durch das Alter zu finden und Chancen zu nutzen (vgl. Rosenmayr, 2011, S. 3).

Aktiv trotz Einschränkungen

Eine Vielzahl an Erkrankungen kann im höheren Alter die Lebensqualität beeinträchtigen. Ist von geriatrischen Erkrankungen die Rede, so stehen diese im Zusammenhang mit dem biologischen Alter eines Menschen. Das biologische Alter sagt aus, wie der altersbedingte, körperliche und geistige Zustand eines Menschen ist.

Ein fortgeschrittenes biologisches Alter ist oftmals durch „*Multimorbidität, Polymedikation, Rehabilitationsbedarf, Bedrohung durch intellektuellen Abbau*" sowie soziale Einschränkungen gekennzeichnet. Neben einer Vielzahl an somatischen Erkrankungen treten vermehrt psychische Erkrankungen, wie z. B. demenzielle Erkrankungen, in den Vordergrund. Neben dem Abbau kognitiver Fähigkeiten kommt es oftmals zu Orientierungs- und Persönlichkeitsstörungen. Im Endstadium führt die Erkrankung meist „*zu Bettlägerigkeit, einer Beeinträchtigung der Nahrungsaufnahme und der persönlichen Hygiene*" und dadurch zu einer wesentlichen Einschränkung der Lebensqualität von Betroffenen (Likar et al., 2005, S. 89).

Da jedoch ein körperlich geschwächter Zustand eines Menschen keinesfalls auf geistig - seelische Defizite schließen lässt, ist es von großer Bedeutung, die individuellen Potenziale eines Menschen ganzheitlich zu betrachten (vgl. Kruse & Wahl, 2010, S. 361).

Gemäß den Erkenntnissen des Neurologen und Psychiaters VIKTOR FRANKL erscheint es als (über)lebenswichtig, Hoffnungen und Perspektiven im Leben zu haben. Während seiner eigenen Aufenthalte in verschiedenen Konzentrationslagern zur Zeit des zweiten Weltkriegs, stellte er fest, dass Mitinsassen, welche sich innerlich aufgegeben haben, sehr schnell das Leben verloren haben. Andere Gefangene hingegen fanden einen Grund dafür, das Leid zu ertragen und die Hoffnung nicht aufzugeben. Diese Menschen hielten fast alles aus. Darin lag für Frankl die Bestätigung, dass Perspektiven und Ziele im Leben emotionalen Halt geben und auch körperlich widerstandsfähiger machen (vgl. Eberle, 2014, S. 55f).

KAPITEL III: WOHNEN UND DEMENZ

7. WOHNFORMEN IM ALTER

Das Wohnen hat für alle Menschen, aber besonders für alte Menschen eine große Bedeutung. Entgegen der Vorstellungen der Öffentlichkeit lebt nur ein geringer Teil der alten Menschen über 65 Jahre in Pflegeeinrichtungen. Die meisten alten Menschen werden in Österreich zu Hause versorgt. Die eigene Wohnung/das eigene Haus wird nicht gerne aufgegeben, denn die gewohnte und vertraute Umgebung gibt Sicherheit. Alte Menschen möchten solange als möglich dort wohnen bleiben (vgl. Bruckler, 2013, S. 21). Daraus ergeben sich Anforderungen an die Gestaltung der Wohnsituation, wie z.B.:

- Altersgerechte Wohnungen
- Anschluss an Notrufsysteme
- Kleine Geschäfte zur Deckung des täglichen Bedarfs
- Gut erreichbare Arztordination/Apotheke
- Beruhigte Straßen
- Ruhezonen (Park, Anlagen, …) (vgl. Stanjek, 2013, S. 166).

Bei älteren Menschen ist der Trend zur Singularisierung („Vereinzelung“, Alleinleben) beobachtbar. Das Leben in Ein-Personen-Haushalten betrifft vor allem Frauen. Diese Wohnform ergibt sich als „soziales Schicksal“ (Tod Partner, Trennung, Scheidung) oder ist selbst gewählt. Diesbezüglich ergibt sich der Rückgriff auf Freunde/Familie (Tochter/Sohn/Schwiegertochte), Nachbarn, Besuchsdienste (Kirche), Freizeitangebote, Mittagstisch, ...). Bis nach dem Tod des Partners neue Netze geknüpft oder alte aktiviert sind, entsteht eine Leere (= Isolation). Anstelle des Partners treten Medien (Radio, Fernseher, Telefon). Das Alleinleben muss aber nicht Einsamkeit und Isolation nach sich ziehen. Personen, welche diese Wohnform gewählt haben berichten von Vorteilen: Gestaltung der Wohnung, Tagesstrukturierung, Unabhängigkeit, Beziehungen (vgl. Stanjek, 2013, S. 166).

In einer Gesellschaft der Vereinzelung und Entwurzelung wird nach neuen Modellen des Wohnens gesucht: Wohnen in sozialer Eingebundenheit und gesicherter Privatsphäre, ein Miteinander mehrerer Generationen und dies zu einem bezahlbaren Preis. Sowohl für den Verbleib im eigenen Heim, als auch in einem Altenheim oder einer Wohngruppe besteht Bedarf.

Nach Eintritt von Krankheit und Pflegebedürftigkeit ist die Unterstützung durch Familie, Freunde, Nachbarn, ambulante Dienste und Betreuungsnetze (Notrufsystem, Essen auf Rädern, Heimhilfe) notwendig. Häufig ist auch eine Wohnraumanpassung (Bad, Küche, Bewegungsmelder, Türrahmenverbreitung, Treppenlift, Haltegriffe, Handläufe, Stolperquellen entfernen, Schwellenfreiheit in der Wohnung und schwellenfreier Zugang) notwendig, um lebensbedrohliche Komplikationen – Stürze, zu verhindern (vgl. Stanjek, 2013, S. 166f.). Wichtig ist es in jüngeren Jahren Kontakt mit verschiedenen Generationen zu schließen (vgl. Bruckler, 2013, S. 30).

Alten Menschen in der Stadt steht eine bessere Infrastruktur als auf dem Land lebenden alten Menschen zur Verfügung. Auch am Land macht sich der Zerfall der Familie (Scheidung, Beruf) und der Infrastruktur (Geschäfte, Arzt, Fachärzte, Erreichung öffentlicher Verkehrsmittel) bemerkbar (vgl. Bruckler, 2013, S. 29).

7. 1. Grundversorgungsarten alter Menschen

Zu Hause (Primäre Grundversorgung) – Angehörigenpflege in der Familie: Vor allem Frauen übernehmen den Hauptanteil der häuslichen Versorgung von Familienangehörigen. Die Pflege daheim ist immer noch der überwiegende Normalfall. Die Bereitschaft Pflege zu Hause zu übernehmen hängt vom Verhältnis zum alten Menschen in der Kindheit und in gesunden Tagen ab (vgl. Breuer, 2013, S. 188f.).

Unterstützung durch mobile Dienste/extramurale Dienste (Sekundäre Grundversorgung): Diese sollen ein selbstbestimmtes Leben daheim ermöglichen und die Angehörigen entlasten.

- Sozialberatungsstellen (Vermittlung Mobiler Dienste, Unterstützung bei finanziellen Angelegenheiten, Pflegegeld)
- Mobile Altenbetreuung (Haushalt, Körper-, Haar-, und Zahnpflege, Mobilisation, Inkontinenzversorgung, Krankenbeobachtung, prophylaktische Maßnahmen)
- Mobile Hauskrankenpflege (Tätigkeiten aus dem mitverantwortlichen Tätigkeitsbereich - Vorbereitung und Verabreichung von Medikamenten, Injektionen, Wundmanagement, Versorgung von Sonden, Stomaversorgung)

Teilstationäre Betreuungsformen haben gemeinsam, dass der alte Mensch sich dort nur teilweise oder vorübergehend aufhält, d.h. nicht sein Leben dort verbringt (vgl. Matolycz, 2011a, S. 28).

Tertiäre Grundversorgung: Versorgung alter Menschen in einem Krankenhaus, in einem Alten- und Pflegeheim (intramurale Versorgung) und/oder in einem Rehabilitationszentrum. Der lange Aufenthalt in einem Alten- und Pflegeheim macht diese Versorgungsstruktur zum Lebensplatz des Betagten (vgl. Bruckler, 2013, S. 29-33).

Eine allgemeine Kategorisierung von Vor- und Nachteilen verschiedener Versorgungsmöglichkeiten ist schwer vorzunehmen, da immer individuelle Wünsche und Bedürfnisse alter Menschen gedeckt werden müssen. Deshalb ist die Erhebung dieser Wünsche und Bedürfnisse vorrangig, um individuell angepasste Lösungen zu finden (vgl. Bruckler, 2013, S. 35f.). In nachfolgender Tabelle werden mögliche Vor- und Nachteile für alte Menschen in unterschiedlichen Unterbringungsmöglichkeiten vorgestellt.

Einrichtung	Mögliche Vorteile für den alten Menschen	Mögliche Nachteile für den alten Menschen
Zuhause	Vertrauensgefühl durch bekannte Umgebung	Einsamkeitsgefühl durch geringe Sozialkontakte
Tageszentrum	Zusammengehörigkeitsgefühl mit anderen, durch gemeinsamen Austausch und Unternehmungen	Überforderungsgefühl durch täglichen Wechsel der Räumlichkeiten und Umstellung beim Nachhausegehen
Pflegeheim	Zugehörigkeitsgefühl zu einer Gemeinschaft oder Gruppe von Gleichgesinnten	Außenseitergefühl durch die Unfähigkeit Kontakt aufzunehmen
Betreutes Wohnen	Sicherheitsgefühl, dass im Falle bedrohter Selbstständigkeit eine Pflegeperson da ist	Abhängigkeitsgefühl von der Zuverlässigkeit des betreuenden Personals
Spital	Zuversichtsgefühl, dass im Notfall immer jemand da ist, der hilft	Ohnmachtsgefühl (Gefühl des Ausgeliefertseins) gegenüber Ärzten und Pflegepersonen oder gegenüber Angehörigen und Bekannten

Abbildung 5: Mögliche Vor- und Nachteile für alte Menschen in unterschiedlichen Settings (Bruckler, 2013, S. 36)

✚ *Probleme der Grundversorgung*

Aus diesen Grundversorgungsarten ergeben sich Probleme hinsichtlich der Kommunikation der unterschiedlichen Einrichtungen und organisatorische Problematiken (= Schnittstellenproblematik).

Schnittstellen stellen Einrichtungen und Institutionen dar, welche mit der Betreuung und Versorgung von Menschen beschäftigt sind. Probleme ergeben sich, wenn Menschen von einer Institution in eine andere verlegt werden (vgl. Bruckler, 2013, S. 34).

- ***Case-Management***

Case-Management ist die professionelle Antwort, um auf Schnittstellenprobleme zu reagieren. Dies sind zuständige Beratungsstellen („Überleitungs-pflege"), die nicht nur die bestmögliche Versorgung organisieren, als auch den sogenannten „Drehtüreffekt" (nicht adäquate Versorgung nach Unfall/Krankheit, die eine Wiederaufnahme ins Krankenhaus bedürfen) zu verhindern versuchen (vgl. Bruckler, 2013, S. 35).

- ***Übergangspflege nach Erwin Böhm***

Die Übergangspflege beinhaltet Hilfe und Unterstützung für ältere Menschen, welche nach einer Krankenhausentlassung selbstständig zu Hause wieder zurechtkommen wollen. Dieses Konzept stellt eine Möglichkeit zur Behebung von intra- und extramuralen Schnittstellenproblemen dar (vgl. Bruckler, 2013, S. 51f.).

Ziele dieses psychogeriatrisch-rehabilitativen Konzeptes, welches vor allem bei psychisch veränderten Menschen zur Anwendung kommen soll, will diese möglichst schnell wieder in die gewohnte Umgebung zurückbringen.

- ***Tageszentren***

Tageszentren bieten tagsüber individuelle Betreuung von kranken, gebrechlichen und älteren Personen. Voraussetzung für den Besuch eines Tageszentrums ist eine gewisse, wenn auch mögliche eingeschränkte Mobilität. Bettlägrige Personen können nicht versorgt werden. Ein professionell organisierter Transport mit Fahrtendiensten, Taxis oder der Krankenbeförderung von und zum Zentrum erleichtert den Betroffenen die Inanspruchnahme und entlastet pflegende Angehörige. Der Aufenthalt in einem Tageszentrum ist üblicherweise kostenpflichtig, die Beiträge sind zumeist nach Einkommen gestaffelt.
Ziel eines Tageszentrums ist die Integration alter Menschen in Gemeinschaft und Gesellschaft, Förderung von Ressourcen und die Vermeidung von Isolation. Klienten können einen oder mehrere Tage in der Woche im Tageszentrum betreut werden. Ein Tageszentrum bietet wochentags von morgens bis nachmittags bedarfsgerechte Animation und

Beschäftigung (Gedächtnistraining, Bastelgruppen, Musikgruppen, Feste, Feiern, Ausflüge) an. Neben angebotenen Pflegeleistungen (Inkontinenz-versorgung, Kontrollen, kann in manchen Einrichtungen auch mit Unter-stützung ein Bad/Dusche/Haarpflege durchgeführt werden (vgl. Matolycz, 2011a, S. 32).

- ***Betreutes Wohnen***

Menschen können selbstbestimmt in einer barrierefrei gebauten und eingerichteten Wohnung (eigene Wohnhäuser oder innerhalb einer Pflegeeinrichtung) leben. Bei gesundheitlichen Problemen kann Kontakt zu Pflegepersonen hergestellt werden (Rufanlagen Pflegestützpunkte oder zu Rettungsdiensten). Außerdem können Kontakte zu Mitbewohnern Mittel gegen Einsamkeit und Isolation sein (vgl. Bruckler, 2013, S. 21).

- ***Neue Wohnformen***:

- Seniorenwohngemeinschaften: Der Bewohner hat ein eigenes Zimmer und Gemeinschaftsräume (Küche, Wohnzimmer, Badezimmer) werden gemeinsam benutzt (vgl. Breuer, 2013, S. 188f).
- Betreute Wohngemeinschaften: Betagte leben in einer Einrichtung zusammen, weil ein allein leben nicht mehr möglich ist. Unterstützung erfahren diese Personen von sozialen Diensten. Derzeit gibt es nur wenige Nachtbetreuungsangebote (vgl. Matolycz, 2011a, S. 31).
- Wohngemeinschaften, in denen verschiedene Generationen unter einem Dach leben (vgl. Breuer, 2013, S. 188f).

In Österreich sind „neue Wohnformen“ erst in den Anfangsstadien zu finden, z.B. werden betreute Wohngemeinschaften von Caritas Socialis, Wiener Hilfswerk und Wiener Sozialdiensten angeboten. Seit 2008 wird von Caritas Socialis die erste „Rund-um-die-Uhr“ betreute Wohngemeinschaft für demenzkranke Menschen geführt (vgl. Matolycz, 2011, S. 32).

- ***Akutgeriatrie***

Akutgeriatrien sind Abteilungen an Akutkrankenhäusern, welche die medizinische und pflegerische Versorgung von geriatrischen Patienten sicherstellen (somatische und psychische Multimorbidität, Selbstständigkeitsverluste, funktionsfördernde Maßnahmen). Wesentlicher Aufgabenbereich ist die Re-Mobilisation (vgl. Matolycz, 2011a, S. 28f).

- ***Kurzzeitpflege***

Kurzzeitpflege ist ein Angebot für zu Hause pflegende Angehörige in Seniorenheimen/Seniorenzentren/Alten- und Pflegeheimen. Dabei werden pflegebedürftige Menschen für einen vereinbarten Zeitraum, maximal jedoch sechs Wochen, professionell betreut. Kurzzeitpflege kann nach einem Krankenhausaufenthalt, bei kurzzeitig erhöhtem Pflegebedarf oder als Urlaubsbetreuung stattfinden (vgl. Matolycz, 2011a, S. 29).

- ***Stationäre Pflege- und Betreuungsformen***

Ist der Pflegebedarf zu Hause durch mobile Dienste oder durch eine 24-Stunden-Betreuung nicht mehr sichergestellt, muss eine Unterbringung in einer Pflegeeinrichtung angestrebt werden. Heute wird von Einrichtungen der „vierten Generation“ gesprochen. Neue Konzepte sollen den Pflegeheim-Charakter reduzieren und viel Nähe und Lebensnormalität bieten (vgl. Matolycz, 2011a, S. 35).

7. 2. Wohnformen in Pflege- und Altenheimen

Wenn es um geeignete Wohnform in der stationären Betreuung von Menschen mit Demenz geht, taucht immer wieder die Frage auf, ob sie einer Gruppe mit anderen älteren Menschen mit unterschiedlicher Beeinträchtigung (geistig, körperlich) betreut werden können (integrative Betreuungsform) oder ob das Zusammenleben in einer (von Krankheitsbild her) homogenen Gruppe mit anderen Menschen mehr Qualität bietet (segregative Betreuungsform).

7. 2. 1. Integrative Wohnformen

Derzeit ist das integrative Modell am häufigsten anzutreffen – vor allem in Oberösterreich. Integration ist die traditionelle Betreuung von Menschen mit Demenz. Diese Menschen leben mit anderen Bewohnern in Alten- und Pflegeheimen zusammen und werden im Kontext des gesamten Hauses betreut. Obwohl man in diesem Ansatz ein möglichst hohes Maß an „Normalität“ und ein möglichst niedriges Ausmaß an „Ausgrenzung“ erreichen will, ist zu hinterfragen, ob dabei andere BewohnerIn (z. B. mit vorwiegend körperlichen Beeinträchtigungen) nicht oft in die Minderheit geraten und deren Lebensqualität verringert wird – beispielsweis durch das besondere Verhalten der Menschen mit Demenz, das für andere störend sein kann oder die Fokussierung des Pflegepersonals auf die dementen BewohnerIn. Umgekehrt besteht ebenso die Gefahr, dass Menschen mit Demenz, die herausfordernde Verhaltensweise zeigen, nicht die nötige Aufmerksamkeit erhalten. Aus diesem Grund bilden sich immer mehr spezialisierte Wohnbereiche und Pflegeeinrichtungen für die Versorgung dementiell Erkrankter heraus – in Form von teilsegregativen und segregativen Wohnformen (vgl. Brüggemann et al., 2009, S. 150).

7. 2. 2. Teilsegregative Wohnform

Bei einem teilsegregativen Modell haben die Demenzkranken ihren privaten Wohnraum (integriert) in einem Wohnbereich der Pflegeeinrichtung. Tagsüber wird ein spezielles Betreuungsangebot in einer homogenen Gruppe in einem dafür vorgesehenen Aufenthaltsbereich angeboten. Teilsegregation entsteht durch die Tatsache, dass es eine segregative Wohnform in einem Alten- und Pflegeheim gibt. Die im Anfangsstadium an Demenz erkrankten BewohnerInnen und nicht verhaltensauffälligen demenzkranken BewohnerInnen leben aber noch mit gesunden Menschen, oder solchen mit organischen Erkrankungen bzw. körperlichen Defiziten gemeinsam in einer Wohngruppe (vgl. Brügggemann et al., 2009, S. 150-151).

7. 2. 3. Segregative Wohnform

Beim segregativen Modell werden entweder a) einzelne Wohn- Pflegebereiche (teilintegrativ) oder b) ganze Pflegeeinrichtung von Menschen mit Demenz bewohnt (segregativ). Mit Segregation ist eine räumlich getrennte Wohngruppe gemeint, in der Personen mit Demenz wohnen und leben, sowie speziell auf ihre Bedürfnisse abgestimmte Betreuung erfahren (z. B. In einer segregativen Wohngruppe wird auf den Bewegungsdrang der betroffenen Bewohner eingegangen und es gibt genügend Gehwege. Wenn BewohnerIn ein nicht situationsgerechtes Verhalten äußert, wird keine Zurechtweisung durch MitbewohnerIn oder Personal erfolgen. Es gäbe noch viele weitere Beispiel).

Eine Definition für Segregation bei Demenz könnte wie folgt lauten: *„Eine segregative Wohnform ist eine geschützte Wohnform für Menschen mit Demenz um das symptomatisch auffällige Verhalten leben zu dürfen"(Brügggemann et al., 2009, S. 151).*

Aus den bisherigen Forschungsergebnissen kann keine eindeutige Präferenz für eine bestimmte Wohnform abgeleitet werden. Insgesamt wird aber festgestellt, dass alle diese kleinen Organisationseinheiten mit familienähnlichen Strukturen einen positiven Einfluss auf das Wohlbefinden der BewohnerIn und des Pflegepersonal haben dürften (vgl. Brügggemann et al., 2009, S. 150-151).

7. 3. Betreuung, Pflege und persönliche Freiheit

Nicht nur für den älteren Menschen, sondern gerade auch für betreuende Angehörige ist es wichtig, zu entspannen, auf Urlaub zu fahren und einfach die Seele baumeln zu lassen. Die Entscheidung eine Verwandte oder nahen Angehörige zu pflegen erfordert gründliche Überlegung im Vorfeld, Informationen und Ehrlichkeit sich selbst gegenüber.

„Beim Entschluss zur Pflegeübernahme müssen die Lebensgrundlagen unbedingt dazu passen. Sonst ist eine bittere Enttäuschung – auf beiden Seiten – mit großer, ja mit größter Sicherheit zu erwarten" (Möse, 2007, S. 27).

Das Bedürfnis nach persönlicher Freiheit und selbständiger Gestaltung des täglichen Lebens ist ein sehr grundlegendes Bedürfnis und Einschränkungen können zu Problemen führen. Solange der alte Mensch noch einige Zeit alleine zu Hause bleiben kann, ist dies kein Problem. Schwierig wird es dann, wenn der Betreuungsaufwand immer mehr und mehr wird und die Notwendigkeit der täglichen Pflege und Beaufsichtigung hinzukommt. Dafür müssen Wege gefunden werden, die am besten beide Teile zufrieden stellt (vgl. Möse, 2007, S. 27).

7. 4. Wohnen mit Tieren

Der positive Effekt von Tieren auf die physische und psychische Gesundheit wurde bereits in zahlreichen Forschungen gezeigt. Weiteres wird Einsamkeit verhindert und die Lebensqualität des Menschen durch die Anwesenheit von Tieren gewinnbringend beeinflusst. Katzen, Hunde, Kleintiere (Nagetiere – Hamster, Meerschweinchen), Fische, Hasen tragen nicht zuletzt, weil diese auch einer artgerechten Versorgung bedürfen, zur Aktivierung und Tagesstrukturierung zu Hause/im Alten- und Pflegeheim der alten Menschen bei (vgl. Köther, 2011, S. 870f.).

Tiere vermitteln Sicherheit und Geborgenheit und „holen kranke Menschen dort ab, wo sie stehen". Sie spenden Trost, vermitteln Zuneigung, stärken das Selbstvertrauen. Die Anwesenheit eines Tieres bietet immer Gesprächsstoff zwischen Bewohnern und Personal und ermöglicht Erinnerungen an eigene Erlebnisse mit Tieren zu aktivieren. ABER nicht alle Menschen mögen Tiere, es bestehen Ängste oder Allergien (vgl. Köther, 2011, S. 897).

8. DEMENZFREUNDLICHE ARCHITEKTUR – INTERNATIONALE ENTWICKLUNG

Die Architektur von Pflege- und Betreuungseinrichtungen hat „*Einfluss auf das Verhalten und Wohlbefinden der Bewohner. Es gibt zwar konzeptionelle Überlegungen, jedoch noch wenige Erkenntnisse, die auf einer empirischen Grundlage basieren. Bauliche Maßnahmen müssen so gestaltet werden, dass sie dem Bewohner Sicherheit und Orientierung geben*" (Schmieg & Marquardt, 2008).

Ende der 90er Jahre begann in Deutschland die intensive Auseinandersetzung mit Konzepten für kleinräumige Wohnformen. Besonderen Einfluss auf die Entwicklung hatten dabei laut RADZEY et al. (1999) Wohngruppekonzepte, die bereits in anderen europäischen Ländern (Schweden, Frankreich, Niederlande, England) seit einiger Zeit für die Versorgung von Menschen mit Demenz eingesetzt wurden.

Leitgedanke für die Entwicklung derartiger Konzepte war dabei die Idee, ältere Menschen, die primär psychisch erkrankt sind, möglichst lange gemeindenah, „wie zu Hause" zu betreuen. Dadurch sollten die Nachteile einer klinisch geprägten Versorgung vermieden werden. Daher wurde bei diesen Konzepten auf die Normalität des Zusammenlebens in familienähnlichen Gruppen und die gemeinsame Haushaltsführung besonderer Wert gelegt.

In Frankreich entwickelten sich schon sehr früh erste Wohngemeinschaftsmodelle für Menschen mit Demenz. Das Cantou-Konzept hat sich bereits in den 60er Jahren entwickelt. „Cantou" bedeutet Feuerstelle.

Als Gegenpol zu den institutionell geprägten Versorgungsstrukturen in Frankreich wurde das Leitbild einer familienähnlichen Gemeinschaft verfolgt, in der die gemeinsame Haushaltsführung und nicht die Pflege und Betreuung im Vordergrund stand. Der Begründer dieses Konzeptes, Georges CAUSSANEL, strukturierte 1977 in Paris eine klassische Altenhilfeeinrichtung mit 100 Plätze zu mehreren eigenständigen Wohngemeinschaften um. Bei diesen wohngruppenähnlichen Wohnformen spielt die sogenannte „Hausfrau" eine zentrale Rolle. Sie ist sowohl für die Betreuung als auch für die Pflege der Bewohner zuständig. Es besteht eine bewusst „nicht medizinische" Grundhaltung. Eine Gruppe setzt sich meist aus 12 BewohnernInnen zusammen, die ausschließlich entsprechend ihres Bedarfes

Hilfe bekommen. Angehörige und Freiwillige spiele bei diesem Konzept eine bedeutende Rolle, so wird beispielsweise die Alltagsgestaltung vorwiegend durch sie übernommen.
Die bauliche Entsprechung fanden diese Konzepte in Grundrissen, bei denen die jeweils 12 Einzelzimmer und eine offene Wohnküche angeordnet sind (vgl. Radzey et. al, 1999).

In den Niederlanden entwickeln sich vermehrt Versorgungsformen, in denen demenziell erkrankte Menschen zusammen mit ihren selbständig lebenden PartnerIn wohnen. Dabei handelte sich um ein betreutes Wohnmodell, das ein Zusammenleben in häuslicher und überschaubarer Atmosphäre bietet. Ein Wohnbauverein übernimmt dabei die Rolle des Vermieters, die Organisation, Pflege und Betreuung wird durch einen Träger der Altenhilfe erbracht (vgl. Radzey et. al, 1999).

In Schweden wurde die sehr aufwendige ambulante, häusliche Betreuung von demenzbetroffenen Menschen weitgehend durch ein Wohngruppenkonzept ersetzt. Diese sogenannten Group-Living-Facilities zeichnen sich vor allem durch Privatsphäre und Geborgenheit aus. Eine Gruppe besteht dabei gewöhnlich aus 6-9 BewohnerInnen, die in normalen Wohnhäusern rund um die Uhr von Fachpersonal betreut werden. Dieses Konzept des Wohnens ist in Schweden sehr verbreitet, ist jedoch sehr kostenintensiv. Deshalb wurde zuletzt auch eine Veränderung der Konzeption erforderlich. Nunmehr werden derartige Gruppenwohnungen für Menschen mit Demenz fast nur noch in „Service Häusern" eingerichtet. Dabei werden auf einem Geschoss jeweils 2 Gruppen mit je 10 BewohnerInnen nebeneinander angeordnet, was zu einer wesentlich Reduktion der Personalkosten beiträgt (vgl. Lundström, 2007).

Auch in Finnland war eine ähnliche Entwicklung zu beobachten. Ende der 1980er Jahre wurden unter der Parole „Pflegeheime zu Wohnungen" für maximal 7 pflegebedürftige Bewohner räumlich eigenständige Gruppenwohnungen gebaut und in Altenzentren integriert. Wirtschaftliche Gründe führten auch in Finnland dazu, dass betriebliche und bauliche Konzepte gesucht wurden, die eine höhere Effizienz des Personaleinsatzes erlauben, deshalb aber auch institutioneller wirken, als die früheren Konzepte. Die neu gebauten Pflegeheime kennzeichnet eine Gliederung eines Wohnbereichs für 26 Bewohner in 3 Wohngruppen. Diesen ist jeweils eine eigene Aufenthaltszone zugeordnet, gegessen wird aber in einem für alle Gruppen gemeinsamen zentralen Speisebereich (vgl. Siven, 2007).

8. 1. Studie der technischen Universität Dresden

Zur Untersuchung demenzfreundlicher baulicher Strukturen wurden *„30 Pflegeeinrichtungen analysiert und Daten zur Orientierung der dort lebenden Bewohner erhoben"* (Schmieg/Marquardt, 2008). Es wurde unterschieden zwischen leichtem, mittlerem und schwerem Krankheitsgrad.

Untersucht wurden fünf Wege innerhalb des Wohnbereiches, die alltäglich genutzt werden. Die Wege führten zum Ess- und Aufenthaltsbereich, zur Wohnküche, zur Toilette, in den Freibereich und zu weiteren Gemeinschaftsräumen. *„Nach Einschätzung der Pflegekräfte wurde bewertet, ob und wie gut die Bewohner die Wege bewältigen konnten"* (Schmieg / Marquardt, 2008, S. 43).

Es stellte sich heraus, dass Bewohner mit leichter Demenz kaum auf die Gestaltung des räumlichen Umfelds angewiesen sind. *„Bei fortschreitender Demenz sinkt das Orientierungsvermögen und die baulichen Merkmale werden eine wichtige Hilfe sich zu orientieren."*

„Weiteres konnte festgestellt werden, dass geradlinig ausgeführte Wege den Bewohnern eine signifikant bessere Orientierung bieten als Formen mit Richtungsänderungen, wie L- oder U-förmige Flure. Häufige Richtungsänderungen im Wohnbereich, wie ein Rundweg um ein Atrium, schränken das Orientierungsvermögen weiter ein. Diese Ergebnisse überraschten und widersprachen den Erwartungen vor Studienbeginn" (Schmieg / Marquardt, 2008, S. 43).

Das unerwartete Ergebnis dieser Studie machte eine interdisziplinäre Zusammenarbeit mit Gerontopsychiatern des Dresdner Universitätsklinikum notwendig.

„Es wurden magnetresonanztomografische Untersuchungen durchgeführt, die bei Alzheimerpatienten bereits frühzeitig auftretende Stoffwechselminderungen im Bereich des mind's eye (Precuneus), das für die innere Vorstellung von Dingen oder auch Wegen verantwortlich ist, zeigen" (Schmieg / Marquardt 2008 S. 44).

Das Ergebnis bedeutet, Bewohner mit Demenz können sich Orte, Plätze und Wege nur mehr eingeschränkt vorstellen, wenn sie nicht im unmittelbaren Sichtfeld liegen.

Weiteres kann daraus geschlossen werden, dass viele Richtungswechsel geistige Leistung erfordern, die bei Bewohnern mit Demenz ständig abnimmt. Die baulichen Räumlichkeiten sollen für Menschen mit mittelschwerer und schwerer Demenz daher eindeutige, geometrisch einfache und möglichst überschaubare Strukturen haben.

„Neben den baulichen Strukturen für Orientierung gibt es noch andere Schwerpunkte, die berücksichtigt werden müssen, wie zum Beispiel Licht- und Blickbeziehungen ins Freie, die Förderung der Gemeinschaft und Kommunikation“ (Schmieg /Marquardt, 2008).

Sind diese Anforderungen erfüllt, so sind die baulichen Strukturen für eine optimale Betreuung für Menschen mit Demenz gegeben. Im Folgenden sollen einige Beispiele demenzfreundlicher Architektur dargestellt werden.

8. 2. Gradmannhaus in Stuttgart-Kaltental-Deutschland

Das Gradmannhaus wurde 2001 fertig gestellt. Es wurde errichtet, um Menschen mit Demenz bestmöglich zu betreuen. Eine innovative Bauform war und ist es noch bis heute. Das Haus bietet 24 BewohnerInnen Platz, die in zwei Wohngruppen zu je 12 BewohnerInnen untergebracht sind. Zusätzlich gibt es noch eine Tagesbetreuung für 12 Menschen mit Demenz und 18 Seniorenwohnungen, die von nicht dementen Bewohnern bewohnt werden.
Das Haus bietet besondere Betreuung für Menschen mit Demenz an und ist speziell für BewohnerIn eingerichtet, die an mittlerer bis schwerer Demenz leiden (vgl. Heeg, 2007).

Konzept – Gradmannhaus

Der konzeptionelle Rahmen kann in zwei Stichworten charakterisiert werden.
Personenzentrierter und milieuzentrierter Ansatz. Der personenzentrierte Ansatz bedeutet, dass bei der Pflege und Betreuung das Hauptaugenmerk auf die Biographie gelegt wird. Nicht nur für die Umgebung, auch für den Kontakt sind vertraute Elemente wichtig (vgl. Heeg, 2007).
Der milieutherapeutische Ansatz meint, dass die Lebensqualität der Menschen mit Demenz durch Anpassung der Umgebung an die Bedürfnisse der PatientenIn erhöht werden kann. *Was ist damit gemeint?*

Das Befinden der BewohnerIn wird von drei Umwelteinflüssen geprägt (vgl. Heeg, 2007). Zum einen gibt es die baulichen Strukturen und zum zweiten die betrieblichen und organisatorischen Einflüsse (Essenszeiten, Ruhezeiten). Der dritte und wichtigste Aspekt ist das psychosoziale Milieu. Hierbei sind zwei Dinge ausschlaggebend. Zum einen die Einstellung und das Verhalten des Personals und zum anderen die Zusammensetzung der Bewohnerschaft (vgl. Heeg, 2007).

Wie HEEG (2007) bemerkt, gibt es Vorteile einer homogenen Gruppe mit gleichem Krankheitsbild. Die Toleranz gegenüber den herausfordernden Verhaltensweisen in der Gruppe ist höher als bei einer gemischten Gruppe, wie in Alten– und Pflegeheimen üblich. Das Personal kann sich besser auf das Klientel einstellen und muss sich nicht innerhalb kürzester Zeit auf unterschiedliche, oft sich widersprechende, Anforderungen konzentrieren.

8. 3. Pro 8 - Deutschland

Pro 8 ist ein neues Bau- und Raumkonzept für Menschen mit Demenz. (vgl. Görg, 2008). Das erste Haus wurde 2003 in Erkelenz-Kückhoven (Deutschland) eröffnet. Dieses war das erste von vier Häusern. Das Gebäude ist in Form einer 8 gebaut. Das Zentrum des Hauses bildet der Pflegestützpunkt. Dieser liegt in der Mitte, dadurch hat das Personal Einsicht in beide Achterschleifen. Ebenfalls im Zentrum liegt der sogenannte Marktplatz, der Ess- und Aufenthaltsbereich, in dem jegliche Aktivitäten stattfinden.

In der Planungsphase zu Pro 8 wurden europaweit Einrichtungen begutachtet. *„Vor allem niederländische und schwedische Einrichtungen wiesen für deutsche Verhältnisse innovative Raum- und Lichtkonzepte auf, die modifiziert wurden und in die bauliche Gestaltung eingeflossen sind“* (Görg, 2008, S. 319).

Konzept – Pro 8

Die Häuser von Pro 8 stellen für an Demenz erkrankte Bewohner mit Bewegungsdrang ein Gebäude bereit, das unendliche Gehwege ermöglicht. An den Gehwegen, die sich durch die beiden Achterschleifen ergeben, liegen sämtliche BewohnerInnen Zimmern, Aufenthaltsräume und Therapieräume. Am Marktplatz kommen die Bewohnerinnen immer wieder vorbei, wo sie am Gesellschaftsleben teilnehmen können und mit anderen kommunizieren. Im Aufenthaltsbereich ist auch der Ausgang zum Freigelände, das ebenfalls in einer 8er Form angelegt ist (vgl. Görg, 2008).

Betreuungsform

Der Betreuung im Haus Pro 8 liegt das Modell der aktivierenden Pflege zu Grunde. BewohnerInnen werden individuell betreut und zum Vorbereiten der Speisen und zum Decken des Tisches miteinbezogen (vgl. Cranen, 2008).

Die Mehrzahl der PflegemitarbeiterInnen ist geronto-psychiatrisch ausgebildet. Darüber hinaus nehmen alle Mitarbeiter des Hauses an firmeninternen Fortbildungs- und Schulungsprogrammen teil. So ist es auch gelungen, die personenzentrierte Pflege nach Tom

Kitwood bzw. das Konzept Dementia Care Mapping (DCM) fest in den Pflegealltag zu integrieren (vgl. Cranen, 2008). Weiteres steht ein multidisziplinäres Team aus TherapeutenInnen, SozialarbeiterInnen und FachpflegerInnen für die Bewohner zur Verfügung (vgl. Cranen, 2008).

Personenzentrierte Pflege nach Kitwood

Tom KITWOOD ist der Meinung, dass der Prozess der Demenzerkrankung durch personenzentrierte Pflege positiv beeinflussbar ist. Mit personenzentrierter Pflege meint KITWOOD die Erhaltung der personellen Identität. Die optimale Befriedigung der Bedürfnisse an Demenz erkrankter Menschen ist das Ziel (vgl. Kitwood, 2000, Popp, 2006).

Dementia Care Mapping (DCM)

Dementia Care Mapping ist ein Verfahren, das der Qualitätssicherung in der Pflege und Betreuung von Menschen mit Demenz dienen soll. Es ist ein Verfahren, das von Kitwood entwickelt wurde. Nach standardisierten Parametern wird das Wohlbefinden oder Nichtwohlbefinden von Menschen mit Demenz evaluiert. Menschen mit fortgeschrittener Demenz können ihr Befinden nur schwer oder gar nicht mehr äußern, darum soll DCM die subjektive Zufriedenheit erfassen. Personen, die das DCM Verfahren durchführen, werden „Mapper" genannt. Es soll ein Überblick über die aktuelle Pflegequalität erfasst werden. In der Praxis wird bei der Anwendung des DCM–Verfahrens ein/e BewohnerIn mit Demenz beobachtet und in Verhaltenskategorien bewertet. Die Daten werden durch Beobachtungen des Personals ergänzt. Stärken und Schwächen im Betreuungsprozess können so ziemlich genau wiedergegeben und an einer Verbesserung der Pflegequalität gearbeitet werden (vgl. Popp, 2006).

„Es ist eine weitaus stärkere Herausforderung, sich der Realität zu stellen und im Besonderen zu begutachten, was mit den Klienten im Pflegeprozess tatsächlich geschieht" (Kitwood, 2000, S. 163).

8. 4. Pflegeoasen in der Schweiz

Pflegeoasen gibt es im Haus Sonnweid, Wetzikon in der Schweiz. Die Pflegeoase wurde im Haus Sonnweid durch ständiges Beobachten von Bewohnern mit schwerer Demenz entwickelt (vgl. Schmieder, 2004). Pflegeoasen sind ca. 100 Quadratmeter große Räume in denen 7 BewohnerInnen mit schwerer Demenz gepflegt und betreut werden. Vorwiegend nicht gehfähige BewohnerInnen leben in Pflegeoasen. Die Räume sind farblich gestaltet, die

Bettwäsche ist bunt und wirkt nicht steril. Mobile Effekte und Lichteffekte werden eingesetzt um Reize (Input) für die Bewohner mit Demenz anzubieten (vgl. Schmieder, 2004).

8. 5. Pfarrer Brown Haus - Deutschland

Im Pfarrer Brown Haus in Lindlar (Deutschland) wurde das Konzept der Pflegeoase etwas abgewandelt. Es leben hier nur 3 BewohnerInnen in einem Raum (Refugium). Anette PLÜCKNER, die Leiterin des Hauses, fand, dass mehr als drei schwer pflegebedürftige BewohnerInnen in einem Zimmer eine zu große Zumutung für das Pflegepersonal seien. Was die Heimleitung des Pfarrer Brown Hauses, an den Pflegeoasen in der Schweiz beeindruckt hatte, war die ständige Präsenz einer Pflegeperson. Sie befand auch, dass die Bewohner eines Mehrbettzimmers von den Bedürfnissen und Verhaltensweisen her gesehen zueinander passen müssen. Es ist oft sehr schwierig, die richtigen Personen zusammenzuführen.

Die Pflege im Pfarrer Brown Haus ist bestimmt von basaler Stimulation und Snoezelen, um der Reizarmut, der nicht gehfähige Menschen ausgesetzt sind, entgegenzuwirken (vgl. Jonas, 2007).

8. 6. Demenzfreundliche Architektur in Österreich

Es gibt viele Varianten für die Pflege und Betreuung von Menschen mit Demenz und sehr konträre Ansichten dazu, was die beste Form sei.

Lebensqualität ist schwer erfassbar. Sie ist nicht nur für jeden Einzelnen individuell, sondern auch vom Alter und seinen Umständen abhängig. Darum kann man auch nicht von einer Lebensqualität bei Demenz sprechen, unterschiedliche Aspekte und Bereiche des Lebens prägen die unterschiedliche Lebensqualität.

8. 6. 1. Haus für Senioren – Diakoniewerk Wels

„Leben in Hausgemeinschaften bedeutet wohnen in familienähnlicher Atmosphäre auch mit hohem Pflegebedarf. Im Haus für Senioren in Wels leben in sieben Hausgemeinschaften insgesamt 72 Bewohnerinnen und Bewohner, vier weitere Plätze sind für Kurzzeitpflege reserviert. Die besondere heimelige Atmosphäre des traditionsreichen Hauses ist gerade im Wohnbereich angenehm spürbar. Ein Zuhause zum Wohlfühlen, Überschaubarkeit, Geborgenheit und Gemeinschaft sind grundlegende Prinzipien der Hausgemeinschaften. Überschaubare Räume ermöglichen verwirrten älteren Menschen eine wesentlich bessere

Orientierung und bieten mehr Sicherheit, Geborgenheit und Lebensqualität. In jeder Hausgemeinschaft leben zehn bis zwölf ältere Menschen, denen jeweils ein eigenes Zimmer mit Vorraum, Bad und WC zur Verfügung steht. Eigene Möbel können gerne mitgebracht werden. Dazu kommen großzügige Gemeinschaftsflächen wie Wohnküche und Wohndiele, die alle Bewohner gemeinsam nützen. Hier werden alle Mahlzeiten von den Mitarbeiterinnen und Mitarbeitern täglich frisch zubereitet und auch die Bewohnerinne und Bewohner können dabei ihre Fähigkeiten gerne einbringen.
Wohnen vor Pflege lautet der Grundsatz. Pflege und Betreuung orientieren sich an fachlicher Aktualität und Professionalität, treten aber im Tagesablauf mehr in den Hintergrund. Unterstützung bei den alltäglichen Dingen des Lebens – von kleinen Hilfeleistungen bis zur Betreuung rund um die Uhr – ist jedoch jederzeit gegeben“ (Diakoniewerk OÖ 2015).

Jede Hausgemeinschaft hat ein unterschiedliches Flair. Viele alte Möbel und Antiquitäten verleihen diesem Haus eine ganz eigene, besondere Stimmung. Jede Hausgemeinschaft ist für ihre eigene Alltagsgestaltung verantwortlich. Je nach Zeit und Lust der BewohnerInnen und MitarbeiterInnen werden verschiedene Aktivierungen angeboten.

Darüber hinaus gibt es einen Wochenplan, wo außergewöhnliche Ereignisse und Aktivierungen wie Vorlesungen, Messen in der hauseigenen Kapelle oder Bewegungsrunden von eigenen Mitarbeiterinnen und Mitarbeitern oder Ehrenamtlichen beschrieben werden.

8. 6. 2. Wohngemeinschaft für Demenzerkrankte in Wels

„*Im November 2011 wurde in Wels eine Wohngemeinschaft für zehn Menschen mit Demenz eröffnet.*“ Untertags sind immer mindestens eine Fachkraft und ein Zivildiener oder ein Mädchen, das das freiwillige soziale Jahr hier absolviert, anwesend. „*Das Leben in der Wohngemeinschaft orientiert sich an den Lebensumständen in einem Privathaushalt. In dieser überschaubaren Gemeinschaft erleben die Menschen mit Demenz Geborgenheit, Sicherheit und Normalität. Sie können sich im Rahmen ihrer Möglichkeiten an den Erledigungen alltäglicher Aufgaben beteiligen (wie z.B. Kochen, Einkaufen, usw.), wodurch die individuellen Ressourcen und Fähigkeiten besonders gefördert und entfaltet werden.*

Die Betreuungsperson hat dabei die Aufgabe, zum Mitmachen anzuregen und die Menschen mit Demenz in ihren Bemühungen zu unterstützen. Die Menschen verbringen ihre Zeit - wie zu Hause auch - mit spazieren gehen, fernsehen, handarbeiten, Ruhepausen, Musik hören, lesen, spielen, usw" (Magistrat Stadt Wels, 2015).

Dieses Konzept kann man mit dem Konzept der Hausgemeinschaft vergleichen und doch gibt es einige gravierende Unterschiede. *„Pflegeleistungen, die über die vereinbarten Leistungen hinausgehen, werden durch Mitarbeiterinnen und Mitarbeiter der Mobilen Altenhilfe und der Hauskrankenpflege erbracht. Während der Nachtstunden ist ein Bereitschaftsdienst anwesend, der von 22 – 6 Uhr schlafen kann" (Magistrat Stadt Wels, 2015).* Vormittags und nachmittags wird versucht, eine größere Gruppenaktivierung durchzuführen. Je nach Tagesverfassung der Menschen, die dort leben und je nach den zeitlichen und personellen Ressourcen variiert dies. Versucht wird auch, auf jeden Menschen individuell einzugehen (vgl. Magistrat Stadt Wels, 2015).

„Die Angehörigen können und sollen in der Betreuung eine wichtige Rolle spielen. Sie sind herzlich willkommen, sich im Rahmen ihrer Möglichkeiten im Tagesgeschehen einzubringen" (Magistrat Stadt Wels, 2015). Durch gemeinsame Unternehmungen und ein familienähnliches Miteinander wurde ein angenehmes Arbeiten geschaffen, das sowohl von den Mieterinnen und Mietern als auch von deren Angehörigen und den Mitarbeiterinnen und Mitarbeitern der Wohngemeinschaft hoch geschätzt wird.

8. 6. 3. Kursana Residenz Linz

Die Kursana Residenz wurde 1992 erbaut und verfügt über 165 Heimplätze, wobei 115 Plätze als Pflege- und Betreuungsplätze konzipiert sind. Die private Einrichtung war ursprünglich als Hotelanlage mit Appartements für vorwiegend rüstige Senioren geplant, wurde aber im Laufe der Zeit durch zahlreiche Adaptierungen dem vermehrten Betreuungs- und Pflegebedarf der Bewohner angepasst.

Der Bau ist in Form eines „Vierkanters" mit Innenhof (Garten) angelegt und erstreckt sich über 4 Stockwerke. Die Versorgung der Menschen mit Demenz erfolgt durch ein integratives Konzept. Es werden pro Wohnbereich 20 Bewohner gepflegt und betreut (vgl. Kursana Residenz Linz-Donautor, 2016)

8. 6. 4. Bezirksalten- und Pflegeheim Sierning

Das Bezirksalten- und Pflegeheim Sierning (64 Heimplätze) wurde im Jahr 2000 errichtet. Bei der Planung des Hauses war bereits die Errichtung einer kleinen Wohngruppe im

Erdgeschoss beabsichtigt. Aufgrund der stark steigenden Anzahl der Bewohner mit Demenz wurde dieser Bereich bereits in der Anfangsphase als Wohngruppe für 10 Bewohner mit vorwiegend hochgradiger Demenz ausgestaltet.
Der Grundriss des Wohnbereichs ist grundsätzlich u-förmig konzipiert. Zwei Eingangstüren in diesen Bereich stehen jedoch meist offen, sodass den Bewohnern häufig ein Rundweg zur Verfügung steht (vgl. Sozialhilfeverband Steyr-Land, 2016)

8. 6. 5. Selbstorganisierte Wohngemeinschaften

Nicht nur in Deutschland, sondern auch in Österreich wurden Wohneinheiten errichtet, so wurde zum Beispiel in Wien ein Projekt ins Leben gerufen, in dem Wohnungen für Vereinsmitglieder, aber auch für Menschen, die aus einer Haft entlassen wurden, für Behinderte oder auch für ältere Menschen gestaltet wurden. Durch Gemeinschaftsräume, einer eigenen Kapelle und gemeinsame räumliche Angebote wurde das Zusammenleben großgeschrieben (vgl. Magistrat Wien, 2016).

8. 6. 6. Betreutes Wohnen

Da diese Bezeichnung nicht rechtlich geschützt ist, werden eine Vielzahl von Wohn- und Versorgungsformen unter diesem Namen vermarktet. Als einziges Bundesland hat Oberösterreich 1997 diese Idee aufgegriffen und es wurde ein Modell geschaffen, bei dem nicht nur die baulichen Standards, sondern auch ein verbindliches Betreuungskonzept vom Betreiber verlangt wird (vgl. Saup / Eberhard, 2005).

8. 7. Anforderungen an eine Architektur für Menschen mit Demenz

Ältere Menschen mit Demenz sind durch die kognitiven Veränderungen noch mehr als ältere Menschen ohne Demenz umweltabhängig und reagieren bedeutend sensibler auf die konkreten Merkmale der Wohnsituation. Aufgrund der direkten und indirekten Folgen der kognitiven Einbußen fällt es ihnen im Verlauf der Erkrankung zunehmend schwerer, sich in der räumlichen Alltagsumwelt zu orientieren oder die wahrgenommenen Umweltgegebenheiten situationsangemessen zu interpretieren (vgl. Saup / Eberhard, 2005).

Laut HEEG und BÄUERLE (2008) ist die Frage, welche Anforderungen an die bauliche Gestaltung aus den bereits angeführten Interventionskonzepten abgeleitet werden können, im

Zuge der Planung einer Pflegeeinrichtung vorweg abzuklären. Betrachtet man die Hauptintentionen dieser Ansätze, so stellten sich folgenden Fragen:

- Wie kann man den Prinzip der Wertschätzung einen entsprechenden baulichen Ausdruck geben?
- Welche baulichen Mittel sind notwendig, damit Betreuende einen leichteren Zugang zu Menschen mit Demenz finden können?
- Auf welche Art kann die Umgebung unmittelbar zum Wohlbefinden der Bewohner beitragen und zur emotionalen „Heimat" werden?

Wenn bei der Planung einer Pflegeeinrichtung den BewohnerInbedürfnissen eine größere Bedeutung eingeräumt wird als der betrieblich-organisatorischen Optimierung, ist das Ausdruck einer ethischen Grundhaltung. In den letzten Jahren ist vermehrt ein Paradigmenwandel zu beobachten, weg von betrieblich optimierten Pflegeheimen hin zu stationären Einrichtungen, die aus mehreren eigenständigen, auf die jeweiligen Bedürfnisse der Bewohner abgestimmten Wohngemeinschaften bestehen. Diese Entwicklung ist als Ausdruck hoher gesellschaftlicher Wertschätzung für alte hilfsbedürftige Menschen zu sehen. (vgl. Heeg / Bäuerle, 2008).

Die Gestaltung der Pflegeheimumgebung zeigt aber auch unmittelbare Auswirkung auf das Verhalten der betreuenden Personen. Eine häuslich erscheinende Umgebung hat viel eher einen personenzentrierte Umgang zur Folge als eine institutionell anmutende Umgebung, deren vorwiegendes Ziel lediglich die effektive Leistungserbringung ist.
Demenz darf keine Legitimation für einen geringeren Anspruch an Gestaltung des Wohnumfeldes sein.

Das Wissen um die Lebensgeschichte bringt laut HEEG und BÄUERLE (2008) einen leichteren Zugang der Betreuenden zu Menschen mit Demenz mit sich. Aber auch organisatorische Rahmenbedingungen, die es ihnen erleichtern, auf die BewohnerInnen genau dann einzugehen, wenn diese den Kontakt und die Zuwendung auch brauchen. Wichtig ist vor allem, dass die Betreuenden große Abschnitte des Tages mit den BewohnerInnen verbringen. Durch den starken kognitiven Abbau können die Betroffenen ihre Bedürfnisse nach Austausch und Unterstützung nicht mehr über Notruf oder Telefon artikulieren. Baulich gesehen werden deshalb Gemeinschaftsräume benötigt, in denen sich nicht mehr als 15 Menschen gleichzeitig aufhalten können, weil darüber hinaus kaum noch auf Einzelne

eingegangen werden kann. Ob eine Wohnküche einer baulich abgetrennten kleine Wohngemeinschaft oder bei traditionell strukturierten Wohnbereichen, mehrere derartige Kontakt und Empathie fördernde Räume, diese Funktion übernehmen, ist dabei nicht ausschlaggebend.
Bei vorliegender schwerer Pflegebedürftigkeit der BewohnerIn, die mit weitgehender Immobilität verbunden ist, sollte die Gruppe deutlich kleiner sein, weil umso mehr Aufmerksamkeit der Betreuenden notwendig ist, um Bedürfnisse und Bewohner wahrzunehmen (vgl. Heeg / Bäuerle, 2008).

9. RECHTLICHE RAHMENBEDINGUNGEN IN EINEM PFLEGEHEIM

Für Pflegeheime findet sich in der österreichischen Gesetzgebung eine Reihe wichtiger Gesetze, welche Qualitätskriterien für die stationäre Pflege definieren.

Dem Beispiel Deutschland folgend, wo stationäre Pflegeeinrichtungen im Jahr 2002 durch das Pflegequalitätssicherungsgesetz verpflichtet wurde ein ganzheitliches Qualitätsmanagement einzuführen, hat der österreichische Nationalrat in einer Änderung des Bundes-Seniorengesetzes am 14. November 2012 *„Die Förderung eines Nationalen Qualitätszertifikates für Alten- und Pflegeheime in Österreich, kurz NQZ, soll gesetzlich verankert werden"* beschlossen. Dieses Gesetz trat mit 01. 01. 2013 in Kraft (vgl. Bundeskanzleramt Rechtsinformationssystem, 2016)

9. 1. Bundespflegegesetz

Dieses Gesetz regelt die pflegebedingten Mehraufwendungen pauschaliert *„in Form eines Beitrages abzugelten, um pflegebedürftigen Personen die notwendige Betreuung und Hilfe zu sichern, sowie die Möglichkeit zu verbessern, ein selbstbestimmtes bedürfnisorientiertes Leben zu führen. Anspruch auf Pflegegeld besteht, wenn auf Grund einer körperlichen, geistigen oder psychischen Behinderung oder einer Sinnesbehinderung der ständige Betreuungs- und Pflegebedarf voraussichtlich mindestens sechs Monate andauern wird."* (BGBL 110 /1993 idgF) Der ständige Betreuungsaufwand muss laut Einstufungsverordnung monatlich mehr als 50 Stunden betragen. Je nach dem monatlichen Ausmaß der Pflegebedürftigkeit wird das Pflegegeld in sieben Stufen gewährt. Der Pflegebedarf setzt sich aus dem Betreuungsbedarf (Körperpflege, ankleiden,...) und dem Hilfsbedarf (einkaufen,...) zusammen. *„Das Pflegegeld gebührt zwölf Mal jährlich und beträgt monatlich zwischen 154, 20 Euro in der Stufe eins und 1655, 80 Euro in der Stufe sieben"* (Bundeskanzleramt Rechtsinformationssystem, 2016, BGBL 110 /1993 idgF).

Durch das Pflegegeldreformgesetz 2012 wurde die Gesetzgebungs- und Vollziehungskompetenz von den Bundesländern auf den Bund übertragen.
„Die Entscheidungsträger können Maßnahmen zur Qualitätssicherung durchführen. Sie können in Form von Hausbesuchen überprüfen, ob eine den Bedürfnissen der pflegebedürftigen Person entsprechende Pflege gegeben ist und erforderlichenfalls durch Information und Beratung zu deren Verbesserung beitragen" (Bundeskanzleramt Rechtsinformationssystem, 2016, BGBL 110 /1993 idgF).

9. 2. Heimaufenthaltsgesetz

Das Heimaufenthaltsgesetz definiert den Schutz der persönlichen Freiheit und die Achtung der Menschenwürde während des Aufenthaltes in einem Pflegeheim von Menschen die aufgrund ihres Alters, einer Behinderung oder einer Krankheit eines besonderen Schutzes bedürfen. Eine Freiheitsbeschränkung liegt vor, wenn eine Ortsveränderung einer betreuten oder gepflegten Person gegen oder ohne ihren Willen mit physischen Mitteln oder medikamentösen Maßnahmen oder durch deren Androhung unterbunden wird. Eine Freiheitsbeschränkung ist nur zulässig, wenn der Bewohner geistig behindert oder psychisch krank ist und eine Selbst- oder Fremdgefährdung besteht. Die Vornahme einer Freiheitsbeschränkung ist zu dokumentieren und vom Heimleiter der Bewohnervertretung zu melden (vgl. Bundeskanzleramt Rechtsinformationssystem, 2016, BGBL I 11/2004 idgF.).

9. 3. OÖ. Sozialhilfegesetz

Im OÖ. Sozialhilfegesetz hat der Gesetzgeber Vorgaben gemacht, wie Pflege erbracht werden soll. Dabei ist die Individualität und Integrität des Menschen, das Recht auf Selbstbestimmung, die Förderung individueller Fähigkeiten und der Ausgleich nicht behebbarer Beeinträchtigungen, sowie die Befriedung persönlicher, religiöser, familiärer und sozialer Bedürfnisse zu beachten. Hilfe zur Pflege umfasst auch die geeignete Beratung, Schulung und sonstige Unterstützung der pflegenden Personen, welche an der Betreuung der hilfebedürftigen Personen mitwirken (vgl. Bundeskanzleramt Rechtsinformationssystem, 2016, LGBL 82/1998 idgF.).

10. FINANZIELLE ASPEKTE

Es wurde bereits der Begriff Demenz definiert und die Krankheiten die zu Demenz führen, vorgestellt. Das Hauptrisiko für Demenz ist das Alter. Wie bereits festgestellt, wird mit dem Ansteigen des Durchschnittsalters auch die Anzahl der Neuerkrankten steigen. Da die Haupterkrankung Alzheimer–Demenz langsam und schleichend voranschreitet, wird der Bedarf an speziellen Betreuungseinrichtungen in Zukunft steigen.

Die häusliche Pflege wird durch die soziale Entwicklung, wie Ehelosigkeit, bewusste Kinderlosigkeit, Single–Haushalte, als stabile Größe wegbrechen (vgl. Gutzmann & Zank 2005). In Zukunft werden daher große Herausforderungen auf Pflege und Betreuung zukommen. Wie in den vorangegangenen Abschnitten diskutiert, werden Menschen mit mittlerer und schwerer Demenz vermehrt in Alten- und Pflegeheime drängen. Die Ursache ist die nicht aufzuhaltende fortschreitende Demenz und die damit verbundene Überforderung der pflegenden Angehörigen bzw. deren Folgen.

Damit sich Menschen mit Demenz in Pflege- und Betreuungseinrichtungen wohlfühlen, sind bauliche Strukturen nicht das Wichtigste. Das Pflege- und Betreuungskonzept ist ausschlaggebend für das Wohlfühlen des Menschen mit Demenz und dient gleichzeitig der Entlastung des Pflegepersonals.

Es ist extrem schwierig eine Entscheidung zu treffen, wo man hingehen soll, wenn es nicht mehr alleine geht. Sowohl Leben zu Hause, als auch Leben in einem Heim haben sich in den letzten Jahren positiv entwickelt und zu einer höheren Lebensqualität im Alter geführt. Auch die Ansprüche der Menschen, die zu betreuen sind, werden immer höher und somit wachsen die Anforderungen an die Heime.

10. 1. Pflegeversicherung / Pflegegeld

„Pflegeversicherung regelt verschiedene Leistungsansprüche“ (Döbele/Schmidt, 2013, S. 186).

Pflegeversicherung wurde *„um die Betroffenen finanziell zu unterstützen und die Familien bei ihren Aufgaben rund um die häusliche Pflege zu entlasten*“ eingeführt (vgl. Döbele/Schmidt, 2013, S. 186). Bevor man die Leistungen von der Pflegeversicherung in Anspruch nimmt, wird eine Medizinische Begutachtung durch Medizinische Dienst der Krankenkassen durchgeführt und als pflegebedürftig in die entsprechende Pflegestufe eingestuft.

§ 28 Leistungsarten, Grundsätze

Die Pflegeversicherung gewährt folgende Leistungen:

1. Pflegesachleistung (§ 36)
2. Pflegegeld für selbst beschaffte Pflegehilfen (§ 37)
3. Kombination von Geldleistung und Sachleistung (§ 38)
4. Häusliche Pflege bei Verhinderung der Pflegeperson (§ 39)
5. Pflegehilfsmittel und technische Hilfen (§ 40)
6. Tagespflege und Nachtpflege (§ 41)
7. Kurzzeitpflege (§ 42)
8. Vollstationäre Pflege (§ 43)
9. Pflege in vollstationären Einrichtungen der Hilfe für behinderte Menschen (§ 43a)
10. Leistungen zur sozialen Sicherung der Pflegepersonen (§ 44)
11. Zusätzliche Leistungen bei Pflegezeit (§ 44a)
12. Pflegekurse für Angehörige und ehrenamtliche Pflegepersonen (§ 45)
13. Zusätzliche Betreuungsleistungen (§ 45b)
14. Leistungen des Persönlichen Budgets nach § 17 Abs. 2 bis 4 des Neunten Buchs

Abbildung 6: Demenzbegleiter für Betroffene und Angehörige. Pflegeversicherung (Döbele/Schmidt, 2013, S. 186).

In Österreich gibt es seit 1993 ein Pflegegeldgesetz, um den pflegebedingten Mehraufwand abzudecken. Somit kann eine pflegebedürftige Person eine angepasste Betreuung und Hilfe in Anspruch nehmen.

„Das Pflegegeld ist eine zweckgebundene Leistung, um den Mehraufwand von Pflege und Betreuung abzudecken und ist daher kein Einkommensbestandteil. Es ermöglicht den pflegebedürftigen Menschen eine gewisse Unabhängigkeit und einen längeren Verbleib in der gewohnten Umgebung.

Mit dem ab 1. Jänner 2012 in Kraft getretenen Pflegegeldreformgesetz 2012 wurde die Zuständigkeit von den Ländern auf den Bund übertragen. Durch diesen Kompetenzübergang wurden Bezieher und Bezieherinnen eines ehemaligen Landespflegegeldes in den Zuständigkeitsbereich der Pensionsversicherungsanstalt bzw. der Versicherungsanstalt öffentlich Bediensteter übernommen" (Land OÖ, 2015).

Pflegegeld wird je nach Bedarf in sieben verschiedene Stufen eingeteilt und wird zwölfmal im Jahr ausbezahlt. Es soll zur Unterstützung für ein selbstbestimmtes und bedürfnisorientiertes

Leben dienen. Einkommen, Vermögen, sowie Ursache der Pflegebedürftigkeit spielen dabei keine Rolle.

Pflegegeld wird nur gewährt, wenn man einen Antrag einbringt. Die nötigen Formulare bekommt man am Gemeindeamt, Magistrat oder auf der Pensionsversicherungsanstalt selbst. Die Pensionsversicherungsanstalt ist auch die Stelle, wo der Antrag einzureichen ist. Soweit vorhanden sind auch ärztliche Atteste, Befunde eines Krankenhauses oder eines Arztes über den aktuellen Gesundheits- und Pflegezustands, beizulegen.

Personen, die keine eigene Pension beziehen, bringen den Antrag auf Landespflegegeld am besten über die eigene Gemeinde des jeweiligen Bundeslandes ein.
Nach Prüfung, ob die nötigen Voraussetzungen für ein Pflegegeld erfüllt sind, wird ein ärztlicher Schachverständiger beauftragt, ein Gutachten zu erstellen. Der Sachverständige nimmt dann entweder in seiner Praxis oder dem jeweiligen Wohnort der antragstellenden Person einen Befund auf und stellt mit Hilfe eines Fragebogens den monatlichen Pflegebedarf fest.
Aufgrund dieses Gutachtens trifft die zuständige Stelle die Entscheidung, ob und wie viel Pflegegeld ausgezahlt wird. Dies teilt sie mittels eines Bescheides mit. Das Pflegegeld wird dann rückwirkend ab einen Monat nach Antragstellung ausbezahlt. Pflegegeld kann auch auf befristete Zeit beantragt werden (vgl. Möse, 2007, S.157 ff).

Einspruchsmöglichkeiten

Wenn man das Gefühl hat, dass ein Antrag zu Unrecht abgelehnt oder zu gering ein-gestuft wurde, gibt es die Möglichkeit beim zuständigen Arbeits- und Sozialgericht den Antrag nochmals kostenfrei prüfen zu lassen. Unselbständig Erwerbstätige können auch Unterstützung durch die Arbeiterkammer bekommen.

„Bei einer Übersiedlung in ein Pflegeheim sind Sie verpflichtet, die binnen, 4 Wochen der Pflegegeld auszahlenden Stelle zu melden“ (Möse, 2007, S.161).

Pflegestufen

„Stufe 1: 154,20 Euro im Monat, mehr als 65 Stunden Pflege
Stufe 2: 284,30 Euro im Monat, mehr als 95 Stunden Pflege
Stufe 3: 442,90 Euro im Monat, mehr als 120 Stunden Pflege

Stufe 4: 664,30 Euro im Monat, mehr als 160 Stunden Pflege

Stufe 5: 902,30 Euro im Monat, mehr als 180 Stunden Pflege und eine dauernde Bereitschaft einer Pflegerin oder eines Pflegers ist notwendig.

Stufe 6: 1.242,00 Euro im Monat, wenn man mehr als 180 Stunden Pflege braucht und die Betreuung nicht planbar ist oder ständig ist notwendig.

Stufe 7: 1.655,80 Euro im Monat, wenn man mehr als 180 Stunden Pflege braucht und nicht bewegungsfähig ist" (Sozialministeriumservice, 2015).

10. 2. Gesundheits- und Pflegezustand

Wenn man bereits Pflegegeld, einer gewissen Stufe bezieht, und der Gesundheitszustand verschlechtert sich, kann man einen Antrag auf Erhöhung den Pflegegeldes stellen. Jedoch auch Verbesserungen sind zu melden, denn jedes zu Unrecht bezogene Pflegegeld wird zurückgefordert (vgl. Möse, 2007, S 162).

Leider steht jedoch fest, dass für eine langfristige, qualitative Betreuung durch soziale Dienste und fachlich geschulte Personen die meist kleine Rente trotz der Pflegegeldzuschüsse meist nicht ausreicht.

KAPITEL IV: ETHIK

11. CARE ETHIK

Care Ethik entwickelte sich als Gegenströmung zur Gerechtigkeitsethik (Prinzipien: Autonomie, Gerechtigkeit). Care Ethik beinhaltet Fürsorglichkeit und Verantwortung, Beziehung und Emotion sind wichtige Bestandteile (vgl. Conradi, 2003, S. 32).

Carol GILLIGAN nennt die Ethik des Caring als Fürsorglichkeit, Anteilnahme und Aufmerksamkeit. So ist für Care Beziehung und Verantwortung füreinander von großer Bedeutung. Ebenso die Beachtung von Emotionen (vgl. Conradi, 2003, S. 32).

Elisabeth CONRADI formuliert eine Care Ethik der Achtsamkeit. Sie definiert Care folgend: *„... eine Praxis der Zuwendung, Achtsamkeit und Bezogenheit, die durch die daran Beteiligten gemeinsam gestaltet wird. Gemeint ist ein weiter Bereich, der von Selbstsorge über kleine Gesten der Aufmerksamkeit, pflegende und versorgende menschliche Interaktionen bis hin zu kollektiven Aktivitäten reicht" (Conradi, 2003, S. 32).*

12. ETHIK UND MORAL IN DER PFLEGE UND BETREUUNG

Ethische Entscheidungsfindung basiert auf der Reflexion moralischen Handelns. Anlass für eine ethische Entscheidungsfindung ist in der Regel die moralische Intuition, ein spontanes Empfinden, dass „etwas" im Handlungs- oder Planungsablauf stört, ohne dass rational bewusst sein muss, wodurch diese Störung ausgelöst ist. Will jemand rational begründen, warum er etwas als nicht stimmig empfindet, ist es wichtig, den jeweiligen Bezugspunkt der (Un-)Stimmigkeit zu nennen.
Um zu verstehen, was mit ethisch „richtig" handeln gemeint ist, bedarf es der Auseinandersetzung mit Ethik als Wissenschaft, einigen Ethiktheorien und deren Einfluss auf Pflege- und Sozialbetreuungsberufe. Ethisch „richtig" handeln kann nur jemand, der über die entsprechende ethische Kompetenz verfügt.

Jeder Mensch hat in sich Vorstellungen von gerecht, ungerecht, falsch und richtig, das sind die Maßstäbe, nach denen Handlungen von sich selbst und von anderen beurteilt werden. Das Benutzen dieser Maßstäbe oder Werte und das Handeln danach, werden als Moral bezeichnet.

In diese Moral wachsen wir im Laufe unseres Lebens sozusagen hinein. Vorerst findet der Mensch mit der Alltagsmoral, welche vorwiegend vom Elternhaus und dem sozialen Umfeld des Menschen geprägt ist, das Auslangen. Neue Lebensbereiche, wie beispielsweise der Eintritt in das Berufsleben, bedingen Unsicherheit in Handlung und Urteil, die Alltagsmoral reicht dazu nicht mehr aus. In solch neuen, ungewohnten Situationen werden bewährte Handlungsmaßstäbe überprüft und das bisherige und das künftige Verhalten reflektiert, der Gewinn aus solchen Reflexionen fließt wieder in die bereits bestehende moralische Haltung des Menschen ein und erweitert somit dessen moralische Kompetenz.

Über moralisches Handeln in medizinischen Berufen schreibt der Medizinethiker HEUBEL (2005, S. 147): *„(...) denn, in diesem Beruf kommt man Menschen besonders nahe, mit denen man im normalen Leben durch nichts verbunden ist. Das ist eine auch moralisch ungewöhnliche Situation: Nahebeziehungen ohne den Vorlauf gemeinsamen Lebens, wobei eine der Personen von Krankheit betroffen ist.“*

In der Arbeit mit pflegebedürftigen Menschen und deren Beziehungen zueinander stellt sich immer die Frage nach dem richtigen und guten Handeln. Richtig und falsch, ist für jeden einzelnen eine individuelle Angelegenheit. Was für den einen noch vertretbar ist, kann für einen anderen bereits falsch sein, falsch im Sinne von unvertretbar in der Beziehung und der Arbeitsweise mit älteren Menschen.

„Bereits die Frage, welche BewohnerInnen morgens zuerst versorgt werden sollen und welche länger schlafen dürfen, berührt den ethischen Bereich. Es bedarf dabei einer sorgfältigen Abwägung und Entscheidungsfindung“ (Köther, 2007, S.19).

Unser Gewissen das täglich in der Arbeit mit alten Menschen im höchsten Maße gefordert ist, um bei der Verrichtung der zu erfüllenden Vorgaben ethisch und moralisch adäquat zu entscheiden, ist die Instanz um in Situationen die, die Arbeit mit alten Menschen mit sich bringt, richtig zu handeln.

„Die Verbindung zwischen Ethik und Pflege hat eine lange Tradition. Schon Florence Nightingale beschrieb in ihrem Gelübde Normen für die pflegerische Berufsausübung. Der Schwerpunkt der ethischen Reflexion in der Pflege hat sich auf das Nachdenken über das

Handeln mit Menschen verlagert. Pflegeethik wird definiert als Untersuchung von moralischen Aspekten in Pflegeberufen" (Köther, I2007 S.25).

Der Begriff des Wertes stammt ursprünglich aus dem ökonomischen Bereich, er stand für den Kaufpreis, den man für eine bestimmte Sache zu entrichten hatte. Im ökonomischen Bereich bedeutet Wert also, dass es für jede Sache ein Äquivalent gibt, in der ihr materieller Wert ausgedrückt werden kann (vgl. Gruber 2005, S. 29). Im Pflege- und Sozialbereich war und ist auch heute noch nicht eindeutig jeder Handlung ein äquivalenter Wert zugeschrieben. Körperbewirtschaftungszeiten, wie waschen, kleiden, Hautpflege usw. werden in Leistungsnachweisen dokumentiert. Gefühlsarbeit, Aushandlungsarbeit und Informationsarbeit, als Basis pflegerischen Handelns, bleiben unsichtbar und haben somit keinen Wert. Dies hat auch Auswirkung auf den Wert des Berufes in der Gesellschaft.

„Ethische Kompetenz zeigt sich in der Fähigkeit, die eigene Wertehaltung zu benennen, das eigene Handeln über sie zu steuern und auf das Arbeitsumfeld entsprechend Einfluss zu nehmen" (Devrient 2007, S.14). Im Erkennen und Benennen der eigenen Werte sollten Mitarbeiterinnen und Mitarbeiter laufend geschult werden. Ethische Kompetenz wird, wie die Pflegekompetenz, schrittweise in der Praxis erworben.

Mitarbeiterinnen und Mitarbeiter von Pflege- und Sozialbetreuungsberufen müssen begründen können, dass sie mit ihrem Handeln Güter, Werten und Normen verfolgen, die dem Schutz und der Forderung des Menschseins der ihnen anvertrauten Personen dienen. Dies rechtfertigt erst das berufliche Eingreifen in das Leben anderer Menschen, beziehungsweise stellt es in Frage. Angehörige von Pflege- und Sozialbetreuungsberufen unterstützen Menschen mit Pflegebedarf unter anderem darin, mit altersbedingten und/oder gesundheitsbedingten Einschränkungen umzugehen, anstatt sich von diesen beherrschen zu lassen. Es sollen somit die Einschränkungen der sozialen Aktivitäten in ihrem Leben so gering als möglich gehalten werden, um ihrem Leben frei und selbst bestimmt Qualität zu geben.

Moralisch gutes Verhalten wird nicht nur von Angehörigen der Pflege- und Sozialbetreuungsberufe erwartet, dies gilt auch von Menschen mit Pflege- und Betreuungsbedarf gegenüber Pflegenden. Dies zeigt sich besonders deutlich im berufsbedingten Kontakt zu dementiel erkrankten Personen. Die Pflegewissenschaftlerin Ruth SCHWERDT (1998, S. 422) beschreibt, dass auch von solch dementen Personen moralisch gutes Verhalten erwartet werden kann: „*Demente Personen sind oft durchaus in der Lage, z.B. den Schmerz, den sie dem Gegenüber verursachen, oder die Äußerung von Grenzverletzungen dialogisch wahrzunehmen.*“ Nach SCHWERDT sind Angehörige von Pflege- und Sozialbetreuungsberufen mit sehr hoher moralischer Kompetenz und fortgeschrittenem Berufsethos in der Lage, derartiges Verhalten von Menschen mit Pflege- und Betreuungsbedarf wahrzunehmen und dies als Ressource zur Förderung zwischenmenschlichen Verhaltens einzusetzen.

„*Das Gewissen ist die innere ethische Instanz, die Handlungen und Situationen mit Hilfe vom Maßstab der Menschenwürde bewertet*“ (Arend/Gastmans 1996, S. 140).

GRUBER (2005, S. 184) sieht das Gewissen in ethischer Hinsicht als jene Instanz, die den Menschen die Unterscheidung von Gut und Böse nahe legt und ihm befiehlt, das Gute zu tun und das Böse zu lassen. Gewissen hat also immer auch mit Verantwortung zu tun und mit Entscheidung, wobei es sich sowohl um zugeschriebene Verantwortung als auch um übernommene Verantwortung handeln kann. Gewissensbildung unterliegt den Strömungen der Zeit. Die Herkunft des Gewissensbegriffes erklärt GRUBER (2005, S. 167) folgendermaßen: „*Das griechische Wort für Gewissen „syneidesis“ und sein lateinisches Äquivalent conscientia sind ursprünglich gar nicht in der philosophischen Fachsprache beheimatet, sondern in der populären Literatur.*“ „*In der Alltagssprache bedeutet syneidesis zunächst ein bestimmtes Mitwissen des Menschen um das eigene Tun oder das Verhalten anderer.*“

Gewissen drückt das menschliche Selbstbewusstsein oder auch einfach die Gesinnung und tiefere Überzeugung eines Menschen aus. Gewissen ist Entscheidungs- und Kontrollinstanz zugleich. Das Gewissen ist der Träger der moralischen Verantwortlichkeit.

Autorität und Gehorsam

Autorität und Gehorsam findet sich zwischen Menschen mit Pflege- und Betreuungsbedarf und Angehörigen von Pflege- und Sozialbetreuungsberufen genau so, wie zwischen den einzelnen Berufsgruppen im Gesundheits- und Sozialbereich. Bereits Hippokrates autorisierte in seinem heute noch gültigen Eid die Ärztin/den Arzt, nach eigenem Vermögen und eigener Fähigkeit eine Behandlung durchzuführen, ohne dabei die Meinung der Patientin/des Patienten zu berücksichtigen. War die Patientin/der Patient nicht gehorsam, wurde die

Behandlung abgebrochen. Dieser gelernte Gehorsam von Menschen gegenüber der Ärzteschaft ist auch heutzutage noch mancherorts zu beobachten.

Das Wissen über Autorität und Gehorsam ist besonders im Hinblick auf die Mitwirkung durch Angehörige von Pflege- und Sozialbetreuungsberufen in der Zeit des Nationalsozialismus relevant. Hier wurde, abgesehen von den Einflüssen der Macht, blinder Gehorsam geübt, die Verantwortung an anordnende Autoritäten abgegeben und nicht oder kaum hinterfragt. Wie die Geschichte zeigt, kamen viele Pflegende gar nicht auf die Idee, Anweisungen zu hinterfragen.
Pflegende sind besonders gefordert, Werte und Haltungen der eigenen Berufsgruppe gegenüber Dritten zu artikulieren und zu begründen. Das Kennen der eigenen Werte und das Wissen über das Berufsethos gibt nicht nur Sicherheit im Umgang mit Patientinnen und Patienten und deren Angehörigen, sondern auch gegenüber Autoritäten. Es ermöglicht begründetes Handeln, beispielsweise im Ausführen oder Unterlassen von Anweisungen, die nicht dem Berufsethos entsprechen. Die Bewusstheit über den eigenen Umgang mit Autorität und Gehorsam ist Voraussetzung für ethisches Handeln (vgl. Weber 2005).

13. FREIHEITSEINSCHRÄNKENDE MASSNAHMEN

Ein heikles Thema in der Arbeit mit alten Menschen stellen die freiheitsbeschränkenden und entziehenden Maßnahmen dar, das Hochziehen des Bettschutzes auf allen zwei Seiten, so dass die Person daran gehindert wird aus dem Bett zu gelangen weil das Personal der Meinung ist dass diese gesetzte Maßnahme „gut" sei damit der Mensch sich nicht selbst verletzen kann weil er unruhig ist, oder einen „Wandertrieb“ (wiederholende Bewegung als einer der letzten verfügbaren Ressourcen) hat.

Das Fixieren von Rollstühlen, links und rechts eingebremst wird gerechtfertigt mit: *„Das muss sein, weil der BewohnerInnen sonst nicht am Tisch bleibt und nicht essen kann.*“ Solche Eingriffe in die persönliche Freiheit, sind Gewalt, Menschen die solchen Handlungen ausgesetzt sind können sich oft gar nicht selbstständig dagegen wehren, ansonsten würden sie es bestimmt nicht oder nur mit Gegenwehr zulassen. Aus diesen Maßnahmen die von personeller Seite gesetzt werden, entstehen Aggression und eventuell Gewalt. Menschen die so behandelt werden versuchen sich mit ihren letzten verbliebenen Ressourcen zu wehren. Das Bettgitter wird überstiegen oder Gliedmaßen hindurch gesteckt und Verletzungen resultieren daraus. Aus eigenen Beobachtungen konnte ich feststellen, dass dann die Maßnahmen oft nicht entschärft sondern verschärft wurden.

13. 1. Fixierung durch mechanische Vorrichtung

Eine Fixierung kann mithilfe von Bettgittern, Gurtsystemen, Bandagen und Vorsatztischen erreicht werde und ist einer der schwersten Eingriffe in die Grundfreiheit der betroffenen BewohnerIn. Die Pflegeperson ist gefordert, derartige Maßnahmen als Angriff auf die Person und die Würde des alten Menschen zu bewerten (vgl. Guy, 2007, S. 289 – 292).

Faktoren, wie hohes Sturzrisiko, agitiertes und aggressives Verhalten, übermäßige motorische Unruhe, Selbstschädigungs- und Suizidgefahr sowie Gewährleistung von medizinischen Behandlungen zählen zu Indikationen für die Anwendung dieser Art der Freiheitseinschränkung (vgl. Regierung Niederbayern, zit. n. Pienle, 2013, S. 2).

Bevor es jedoch zur mechanischen Fixierung kommt, welche durch die oben genannten Faktoren zugelassen und begründet sein kann, sollte das Gesundheitspersonal die Ursache des jeweiligen Verhaltens oder des Defizites erkennen. Viele Einrichtungen handeln zu voreilig, ohne genügend Alternativmaßnahmen ausgehandelt zu haben. Dabei deuten aggressives Verhalten sowie motorische Unruhe oftmals auf Pflegefehler oder unbefriedigte Bedürfnisse des Bewohners hin. Somit können die Selbst- und Fremdgefährdung weniger durch Fixierung als vielmehr durch Pflegereflexion und bedürfnisorientiertes Handeln reduziert werden.

Das Fixieren löst bei den meisten Menschen Stress aus und führt zu negativen Auswirkungen auf die kognitiven Fähigkeiten. Des Weiteren kommt es zu Muskelatrophien, Dekubitus und erhöhtem Pneumonierisiko. Hier wird die Problematik des Fixierens deutlich. POWELL et. al. (1998) haben festgestellt, dass die Reduktion von Freiheitseinschränkungen bei gleichbleibendem Personalstand zwar zu keinem Anstieg des Einsatzes von Psychopharmaka aber sie Stürzen mit erheblichen Verletzungsfolgen führte. Somit sind häufige Begründungen wie Zeit- und Personalmanagement für unzureichendes Mobilisieren des Bewohners ungenügend. Es findet sich vermehrt Hinweise darauf, dass Stürze nicht wirksam durch freiheitseinschränkende Maßnahmen vermieden werden können. Vielmehr führt die längerfristige Anwendung von Fixierung vermehrt zu Stürzen und Verletzungen. Meist verhindern die Maßnahmen die Eigenbewegung des Bewohners und haben dadurch einen negativen Einfluss auf Gleichgewicht, Muskelkraft und somit auf das Gangbildung des Bewohners.

In den Phasen nach freiheitseinschränkende Maßnahmen haben Betroffene in der Folge sogar ein erhöhtes Verletzungsrisiko. Des Weiteren muss betont werden, dass der Verzicht auf mechanische Fixierung keine nachweisbare Steigerung von Sturzereignissen mit sich führt (vgl. Bruckler, 2013, S. 1-30).

Zu einem ähnlichen Ergebnis kommt die in Frankfurt am Main durchgeführte „ReduFix - Studie" aus Deutschland. Diese beschäftigt sich mit der Frage, ob die Anzahl der fixierten Personen und Fixierzeiten reduziert werden können, ohne dass es zu sturzbedingten Verletzungen sowie zum vermehrten Einsatz von Psychopharmaka kommt. Das Ergebnis zeigt, dass es sowohl für das Personal als auch für die Betreuenden keine Nachteile durch die Reduktion von Fixierung gibt. Über den Zeitraum der Studie (2006 – 2009) kam es zu keinem Anstieg in der Verabreichung von potentiell ungeeigneten Psychopharmaka. Auch folgte eine „tendenzielle Abnahme von Verhaltensauffälligkeiten bei entfixierten Bewohnern" und die Sturz-Verletzungsrate blieb konstant auf 2:2 Frakturen. Durch „kontrolliertes Wissen, Konzepte für geplantes/kompetentes/interdisziplinäres Handeln" sowie durch die Veränderung der Einstellung und Haltung des Pflegepersonals konnte die freiheitseinschränkenden Maßnahmen im Zeitraum der durchgeführten Studie erfolgreich herabgesetzt werden (vgl. Bredthauer, 2012, S. 15 -20).

PIENLE (2013) weist auf genügend Alternativen zu freiheitsentziehenden Maßnahmen hin, welche die Lebensqualität und die Autonomie der PatientenIn bewahren. Durch Kraft-Balancetraining sowie Geh- und Mobilitätstraining wird die Muskulatur gestärkt und es kommt zu keinem durch Bettlägerigkeit verursachten Muskelabbau. Dadurch sinkt das erhöhte Sturzrisiko und der Grund für die Fixierung ist nicht mehr gegeben. Des Weiteren bietet die richtige und dem Alter entsprechende Raumstrukturierung eine gute Fixierprophylaxe (vgl. Regierung Niederbayern, zit. n. Pienle, 2013, S. 3).

13. 2. Medikamentöse Sedierung als Freiheitseinschränkung

„Eine Freiheitseinschränkung durch Medikamente liegt dann vor, wenn diese dazu verwendet werden, den Betreuten an der Fortbewegung in der Einrichtung oder an Verlassen der Einrichtung zu hindern" (Guy, 2007. S. 290). Durch die Anwendung sedierender

Medikamente wie Schlafmittel, Neuroleptika und anderen Psychopharmaka erhoffen sich Einrichtungen eine Erleichterung der Pflege, Ruhe auf der Station oder im Heim und das Verhindern des Verlassens der Einrichtung. Letzteres betrifft vor allem Menschen mit einer demenziellen Erkrankung, da diese Bewohner einen starken Bewegungsdrang entwickeln, aber ein starkes kognitives Defizit aufweisen und dadurch die Selbstgefährdung sowie die Fremdgefährdung bei aggressivem Verhalten steigen. Resultiert eine Bewegungsunfähigkeit jedoch aus der Behandlung von Erkrankungen mit Pharmaka, so fällt dies nicht unter freiheitsentziehende Maßnahmen.

Laut internationalen Studien liegt die Verordnung von Psychopharmaka zw. 34 % - 75 %. Es sind vor allem geriatrische Langzeitpatienten, bei denen problematische Medikamente eingesetzt werden. Es gibt Hinweise darauf, dass die Verordnung von Psychopharmaka auch mit den organisatorischen Abläufen in Einrichtungen zusammenhängt. Oftmals scheint es, dass Sedierung durchaus ein angestrebtes Ziel bei der Verordnung von Psychopharmaka ist. Falsch verordnete Medikation kann jedoch zu überhöhter Sedierung führen und in der Folge ein erhöhtes Sturzrisiko mit sich bringen (vgl. Guy, 2007). Vorsorgliche Schutzmaßnahmen ohne konkrete Gefährdung, wie beispielweise ein erhöhtes Sturzrisiko sind unzulässig. Durch die medikamentöse Sedierung erfolgt eine Zunahme der Bettlägerigkeit, dies führt zum Muskelabbau und das Sturzrisiko steigt bei erneuter Mobilisation. Dies führt zum Verlust von Lebensqualität sowie der Privatsphäre, da selbständige Ortsveränderungen nicht mehr möglich sind. Neben dem Verlust der Gehfähigkeit kommt es des Weiteren zu neurologischen, kardiovaskulären und kognitiv-zerebralen Erkrankungen. Hier wäre neben dem erhöhten Sturzrisiko auch Harnverhalten, Schluckstörungen, Abfall des Blutdrucks, Verwirrtheit sowie Unruhe und Halluzination als Nebenwirkung zu nennen (vgl. Bredthauer, 2012, S. 26 - 27).

Bei aggressivem Verhalten und starker motorischer Unruhe, gerade bei Menschen mit Demenz, ist es wichtig, mögliche Ursachen für das auffällige Verhalten zu finden und nicht den Einsatz von Medikamenten zur Beruhigung zu bevorzugen. Durch Biographiearbeit, Validation und das Erkennen von Bedürfnissen kann die Unruhe minimiert, die Lebensqualität gesteigert und der Einsatz von Medikamenten ausgelassen werden.

13. 4. Selbstbestimmung und Gewalt

„Gewalt ist die Waffe des Schwachen“. So definiert Mahathma GHANDI den Begriff Gewalt für sich. Seiner Meinung nach ist Gewalt nur ein Zeichen der Schwäche, keinesfalls aber das der Stärke oder Überlegenheit.

„Was wir wissen ist ein Tropfen, was wir nicht wissen, ist ein Ozean“. (Sir Isaac Newton)

Die Gesellschaft in der wir Leben ist nicht gewaltfrei. In Sozialberufen wie der Pflege und Betreuung älterer Menschen kommt Gewalt in physischer und ganz besonders auch in psychischer Form vor. Die Tabuisierung von Themen wie Gewalt an alten Menschen welche, die Gesellschaft nicht oder nur wenig öffentlich diskutiert, zwingt alte Menschen die in Einrichtungen leben zu eventuellen Rückzugsverhalten. Dort wo es keine Möglichkeiten gibt dass sich Menschen zurückziehen können um ihrer Bedürfnisse nachzukommen, kommt es zu Aggression und Gewalt. Dies gilt sowohl für zu Pflegende als auch für Pflegende. Brisante Themen wie Gewalt oder Sexualität im Alter sind mit unangenehmen Gefühlen verbunden und deshalb im Heimalltag kaum existent. Gibt es Bedarf in Heimen diese Tabuthemen anzusprechen kann geschultes Personal adäquat reagieren und agieren. Kommunikation zwischen den einzelnen Handlungspartnern und empathisches Vorgehen ist existentiell, um eine professionelle Pflege und Betreuung im Heimalltag zu gewährleisten.

Was hat Gewalt mit Selbstbestimmung zu tun?

Die Bedürfnisse, der Mensch steht in vielen Beziehungen zueinander. Die Familie, die Freunde, die Kollegen, das direkte und indirekte Umfeld. Wir wissen dass es in all diesen Beziehungen um individuelle Bedürfnisse geht! Gerade in unserer Arbeit mit älteren Menschen, insbesondere bei der Betreuung von Menschen die an Demenz erkrankt sind und Menschen die an psychischen Störungen leiden, ist es enorm wichtig einen Weg zu finden, um den Wünschen des individuellen Menschen unter der Berücksichtigung seiner Werte und Bedürfnisse mit Respekt und Wertschätzung zu begegnen.

Die Bedingungen und der Rahmen in dem wir uns vom Gesetzgeber her bewegen müssen, haben wir uns oft nicht selbst ausgesucht, es ist eine schmale Gradwanderung die auch in Graubereiche überfließen kann. Noch immer passiert Gewalt täglich, wir nehmen diese durch Medien, in der Arbeit, durch das Umfeld oder aus Erzählungen wahr und müssen selbst entscheiden was wir an uns heranlassen, zulassen oder was wir nicht an uns heran lassen wollen, um eben nicht ständig an die Gewalt erinnert zu werden die uns täglich umgibt. Wir müssen sensibilisiert an solche Tabuthemen herangehen und dürfen unsere Augen nicht verschließen damit die Qualität und die Zufriedenheit in unseren Heimen, unserem Zuhause, dem entspricht was sich der Mensch unter guter Betreuung vorstellt. Diese Vorstellungen des einzelnen sind seine Bedürfnisse, seine Werte die es unbedingt zu respektieren gilt um Gewalt und Frustration gar nicht erst zu zulassen (vgl. Grond, 1991).

„Wenn ein Depressiver alle Vorschläge mit „Ja, aber..." abweist, macht er den Helfer machtlos, wenn ein dementiel Erkrankter sich gegen das Waschen wehrt, den Pflegenden beschimpft oder angreift, spürt der Helfer eine hilflose Wut, denn Depressive oder Demenzerkrankte sind doch Kranke, gegen die Pflegende nicht aggressiv werden dürfen. Die Aggressivität der Helfer ist nicht nur Folge oder Reaktion auf die Aggressivität der Bewohner, die infolge einer Hirnschädigung unberechenbar sind oder die sich als Verwirrte undurchsichtig verhalten und zu provozierenden Missverständnissen führen, sondern auch Ergebnis, wie Helfer z. B. die Inkontinenz bewerten, als Schwäche und Krankheitssymptom oder böswillig und absichtlich. Die gegenseitige Aggression kann zur Gewaltspirale eskalieren" (Grond, 1991, S.468).

Definitionen von Gewalt

Die Gewalt, ein anscheinend einfacher Begriff, ein Wort das nur kurz erscheint aber große Auswirkungen hinterlässt, aber: was ist Gewalt, wie wird sie definiert, von wem geht sie aus, wer übt sie aus, warum ist sie in unserer Gesellschaft „akzeptiert", toleriert und trotzdem nicht transparent?

Es gibt sehr viele Definitionen zum Wort Gewalt. In der Literatur findet man verschiedenste Ansätze und Erklärungen, doch ist der Mensch individuell und die Formen der Gewalt ebenso! Nur der Mensch welcher der Gewalt ausgesetzt ist kann sie meines Erachtens auch eindeutig Definieren.

„Es ist indes nicht so wichtig, so etwas wie die Definition oder die Typologie zu finden, denn offensichtlich gibt es viele Typen von Gewalt. Vielmehr kommt es darauf an, theoretische signifikante Dimensionen von Gewalt aufzuzeigen, die das Denken, die Forschung und möglicherweise auch das Handeln auf die wichtigen Probleme hinlenken" (Galtung, 1975, S.8).

Von Gewalt wird gesprochen, wenn ein Mensch zum Opfer wird, wenn er daran gehindert wird - vorübergehend oder dauernd - seinen Wünschen, Vorstellungen, Bedürfnissen und persönlichen Idealen nicht mehr nach freiem Willen leben kann. Wenn die Bedürfnisse des Menschen, ausgesprochen oder auch nicht missachtet werden, spricht man von Gewalt.

Der Aggressivität im Umgang mit alten Menschen in unserer Arbeit gehen oft besondere Verhaltensweisen voraus und diese erfordern eine intensive Auseinandersetzung zwischen den HandlungspartnerIn, einzelfallbezogen. MitarbeiterInnen müssen Verständnis für die Ursachen und Wirkungen in der Arbeit mit alten Menschen die physisch erkrankt sind haben, um adäquat zu reagieren und zu agieren.

Unser Empfinden untersagt uns, wehrlosen und hilfebedürftigen Menschen aggressives Verhalten entgegen zu bringen, mehr noch: ethische und moralische Grundhaltungen zwingen uns regelrecht dazu, aus einem einzigen Grund heraus, das Vertrauen und der Unversehrtheit der uns anvertrauten Menschen zu gewährleisten. Unser Empfinden in ethischer, moralischer Hinsicht kann jedoch nicht immer verhindern das es Vertrauensbrüche oder unfaires Verhalten im Arbeitsalltag mit alten Menschen gibt. Aufgezeigt werden die Rahmenbedingungen in der sich MitarbeiterInnen im Heimalltag bewegen sollen und müssen! Die Bedingungen die als Vorgabe der Träger an uns weitergegeben worden sind und die wir verpflichtend in der Arbeitsweise mit alten Menschen umsetztén müssen, verlangen ein genaues Betrachten der Gesamtsituation und im Einzelfall, damit Aggression und Gewalt frühzeitig erkannt wird, damit wir damit umzugehen lernen.

Die offensichtlichste Form ist die physische Gewalt, sie ist körperlich und zeigt sich auch bei Zwangsmaßnahmen, Fremd- und Selbstgefährdung. Meiner Meinung nach ist aber gerade die psychische Gewalt, die versteckter im Heimalltag passiert, mit der körperlichen Gewalt gleichzustellen, es muss genauer beobachtet werden um sie in all ihren Facetten zu erkennen. Jeder Mensch empfindet Gewalt unterschiedlich, verbale Gewalt wird erst ernst genommen wenn daraus sichtbare Beeinträchtigung entsteht.

Frustration in Pflege Beziehungen

Gewalt und Aggressionen können dort entstehen wo Unsicherheit und Überforderung besteht. Strukturen machen es den MitarbeiterInnen oft nur schwer möglich mit den zeitlichen Ressourcen die vorgegeben sind zurecht zu kommen ohne Frustration entstehen zu lassen.

Auch der Pflegeschlüssel kann zu Überforderung und die dadurch resultierende Frustration beitragen.

Ein Frustrationsauslöser: Pflegende und zu Pflegende arbeiten in Wechselbeziehungen zueinander und befinden sich in engen Beziehungen, das Zusammenspiel der Handlungspartner und die gemeinsam geführten Interaktionen können Reibungspunkte in der Zusammenarbeit verursachen. Verhaltensweisen die durch Zusammenarbeit entstehen können, positiv oder auch negativ, sind für die Arbeit mit alten Menschen in besonderer Form zu beachten. Durch strukturelle und personelle Vorgaben können die Handlungspartner in einen stupiden Kreis der Zusammenarbeit geraten. Dieses Durchbrechen der automatisierten Abläufe gelingt nur, wenn die Sichtweise verändert wird und aufgezeigt wird, dass es Alternativen und Wege aus dem starren Arbeitsalltag gibt. Lösungsorientiertes Arbeiten ist nur dann möglich wenn die Bedingungen dafür geschaffen werden. In sehr vielen Fällen gelingt es, dass Interaktionen so geführt werden, dass gewaltfreie Pflege und Betreuung in Heimen bestehen kann. Einzelfälle von Berichten und Erzählungen aus der Arbeit mit alten Menschen zeigen jedoch auf dass in Heimen Handlungsbedarf zu Tabuthemen besteht. Wenn Menschen in Wechselbeziehungen eng zueinander stehen, können eben Frustration, Aggression und Gewalt begünstigt werden.

„Mitarbeiter die frustriert im Arbeitsalltag agieren können durch den Arbeitsprozess zu den Pflegenden mit Aggressionen impliziert werden. Anders ist es im Krankenhaus wo die Kurzeitpflege am Patienten durchgeführt wird, im Gegensatz zu Alten und Pflegeheimen wo Langzeitpflege zu "Endlospflege" wahrgenommen werden kann. Erwartungen von Pflegenden und Hoffnungen, dass eine aktivierende Pflege die Befindlichkeit und den Zustand des zu Pflegenden verbessern kann, können richtig oder falsch sein" (Meyer, 1998, S.70).

Die Ausbildung lässt den Schluss zu, dass MitarbeiterInnen die in Beziehungen mit alten Menschen stehen, mit besonderen Verhaltensweisen wie Aggressionen, Frustrationen oder Gewalt gut umzugehen wissen, dennoch kann Frustration entstehen. Misserfolge in der Pflege oder Betreuung, die durch die Langzeitpflege entstehen können, können auch auf die Tatsache des hohen Durchschnittsalters der HeimbewohnerInnen zurückgeführt werden.

II ABSCHNITT

14. EMPIRISCHER TEIL

Der empirische Teil der vorliegenden Arbeit bilden eine qualitative Experten Interviewstudie und eine Erhebung von quantitativen Daten mittels Fragebogen.

14. 1. Untersuchungsleitende Fragestellung

Wie ist die Situation nun in Österreich? Es gibt in Alten- und Pflegeheimen vereinzelt eigene Wohngruppen für Bewohner mit Demenz. Der Hauptanteil wird aber im integrativen System gepflegt und betreut. Die Belastung der Bediensteten in diesen Bereichen ist subjektiv erkennbar. Wie sieht es mit anderen Wohngruppen aus? Spielt spezifische Ausbildung eine Rolle in der Betreuung von Demenzkranken Menschen?

Die ***Hauptfragestellung*** ist die *„Evaluierung und der Vergleich in der Belastung von PflegerInnen zwischen Segregationswohngruppe, SEmi-Segregationsgruppe und Integrationswohngruppe"*, in denen Demenzkranke Personen in Altenheim betreut werden.

Die zweite Fragestellung ist: *„Inwieweit und welche Zusatzausbildungen hängen mit der Befindlichkeit des Pflegepersonals in den drei Gruppen jeweils zusammen."*

14. 2. Interviewstudie

Die Ergebnisse der empirischen Untersuchung werden durch explorative ExpertenInnengespräche ergänzt. Mithilfe der Gespräche soll Erfahrungswissen gesammelt werden. Die Gespräche wurden in einem Gesprächsprotokoll zusammengefasst und nach erwähnten Kompetenzen durchsucht. Für die Interviews bzw. die Diskussion wurden einige Leitfragen formuliert, insgesamt war die Gesprächsführung aber offen. Die ExpertenInnengespräche wurden in mehreren Etappen durchgeführt:

- Alten- und Pflegeheim Traun. (Heimleitung in einem Haus mit einer Demenz – Wohngruppe).
- Bezirksalten- und Pflegeheim Sierning. (Pflegedienstleitung in einem Haus mit einer Demenz-Wohngruppe, mäeutisches Modell)

• Altenbetreuungsschule Land OÖ, Lehrer, Fort- und Weiterbildung für Personal.

• Demenz-Support Stuttgart – Kompetenzzentrum für angewandte Forschung, Projektberatung und -begleitung

• Pflegeheim Werdenberg, Schweiz (Heimleiter und Pflegedienstleiter, in einem Haus mit zwei Demenz-Wohngruppen und einer Pflegeoase).

• Diskussionsrunde mit Personen, die das Thema „Demenz" aufgrund ihrer Aufgaben aus verschiedeneng Perspektive kennen (Koordinatorinnen für Betreuung und Pflege, Leiterin einer Beratungsstelle, Physiotherapeutinnen, alle die mit dementen Menschen arbeiten).

In diesen Gesprächen wurden folgende Leit-Fragen gestellt:

1. Welche Kompetenzen (Fach-, Methoden, Sozial-, Selbstkompetenzen) werden – Ihrer Erfahrung gemäß- Pflege- und Betreuung von Demenzkranken Menschen benötigt?
2. Welche Weiterbildungsthemen sind relevant?
3. Welche Formen der Weiterbildung haben sich bewährt?
4. Welche Bedeutung hat Kompetenz „x" in der Praxis bzw. Ihrer Erfahrung nach? (Dabei werden einzelne Kompetenzen genannt wie Validation, Mäeutik, Kinästhetik).

14. 3. Messinstrumente

14. 3. 1. Strukturierter Fragebogen

Bei der vorliegenden Studie handelt es sich um eine Befragungsstudie im Querschnittdesign. Für die Befragung dieser empirischen Studie, wurde ein spezifisch zu diesem Thema passender Fragebogen erstellt. Die Fragen wurden in Anlehnung an „Häuslichen–Pflege–kala" von GRÄßEL (2001) und BOSS 1 + 2 von HAGEMANN & GEUENICH (2009) entwickelt.

Die „Häusliche–Pflege–Skala" wurde von GRÄßEL (2001) erstellt, um die subjektive Belastung bei betreuenden oder pflegenden Personen zu erfassen. Die Häusliche-Pflege–Skala besteht aus 28 Aussagen. Jede dieser Aussagen wird in vielen Abstufungen beantwortet. Die Bewertung ist in vier Abstufungen unterteilt:

„stimmt genau" (4), „stimmt überwiegend"(3), „stimmt ein wenig"(2), „stimmt nicht"(1).

Der Fragebogen kann nach GRÄßEL (2001) sowohl auf Item–Ebene als auch auf Gesamtwertebene ausgewertet werden. Durch diese Eigenschaft lässt sich die „Häusliche–Pflege–Skala“ im Bereich der Praxis und der Forschung einsetzten.
Die geeignete Zielgruppe für die „Häusliche – Pflege – Skala“ sind laut Interventionsstudien Pflegepersonen. Eine Anwendung des Fragebogens in einem stationären Bereich ist ebenfalls zulässig und aussagekräftig. (vgl. Gräßel, 2001)

Aufbau des Fragebogens

Der verwendete Fragebogen setzt sich aus soziodemographischen und berufsspezifischen Angaben (Fragen 1-6, S. 189), 2Fragen aus der Skala von GRÄßEL (2001) (Frage 7+8, S. 189-191) und psychische und physische Beschwerden aus BOSS I + BOSS II (Fragen 9-17, S.189-191) zusammen.

Die Untersuchungspersonen werden über die Beschwerden und Belastungen im Beruf befragt. Außerdem wurden sozidemographische und berufsspezifische Variablen erhoben: Alter, Geschlecht, Berufsstand, Zusatzausbildungen, Berufsdauer, Beschäftigungsausmaß und Arbeitsfreude.

Es wurden zwei Fragen aus der „Häuslichen-Pflege-Skala“ genommen. Frage 7 „Glauben Sie, dass Sie, wenn die tägliche Belastung ihrer Arbeit gleichbleibt, diese Tätigkeit bis zur Pension ausüben können?“ und Frage 8 „Haben Sie in letzter Zeit Ihre täglichen Aufgabe mit Freude erledigt?“. (vgl. Gräßel, 2001)

Die Fragen von 9 bis 18 zur körperlichen Beschwerden und Fragen von 19 bis 28 zur psychischen Belastungen wurden von BOSS 1 und BOSS 2 adaptiert. (vgl. Hagemann & Geuenich, 2009)

Im Detail kann der Fragebogen im Anhang siehe Seite 189-191eingesehen werden.

14. 3. 2. Zusatzausbildungen

Zusatzausbildung Validation

Das Pflegepersonal hat die gesetzliche Verpflichtung sich regelmäßig fortzubilden. In den letzten Jahren konnte festgestellt werden, dass Fortbildungen in Validation und Kinästhetics auf großes Interesse stießen. Für diese Studie sollte das Fortbildungsniveau, sowohl in Validation als auch in Kinästhetics, über die Grundausbildung hinausgehend. Es wurde erfasst, wie viele Pflege- und Betreuungspersonen ein fundiertes Wissen in diesen Fachbereichen besitzen.

Validation ist die häufigste Form, um mit Menschen mit Demenz in Kontakt zu treten und eine Beziehung zur erkrankten Person aufzubauen. FEIL (2000) hat diese Art der Betreuung entwickelt. Das Grundprinzip von Validation ist, die Gefühle des dementen Menschen anzunehmen und empathisch auf ihn zuzugehen. Feil meint *„in den Schuhen des anderen gehen, schafft Vertrauen"* (Feil, 2000, S. 11).
Vertrauen schaffen, Sicherheit geben und den Selbstwert stärken ist Teil der Validation. Ein an Demenz erkrankter Mensch mit auffälligem Verhalten ist einer enormen Stresssituation ausgesetzt. Er fühlt sich unsicher, nicht verstanden und alleine gelassen in seiner Situation. Validation soll den Druck und die Emotionen in geregelte Bahnen lenken, ohne Anspruch auf absolute Problemlösung.

Validierende Pflege nach SCHARB (2006) ist ein von Brigitte SCHARB entwickeltes geriatrisches Pflegemodell zur Befriedigung psychosozialer Grundbedürfnisse für Menschen mit Demenz. In diesem Pflegekonzept wird die Bewahrung und Förderung vorhandener Kompetenzen der an Demenz erkrankten Personen dauerhaft unterstützt. Die Basis bietet eine präzise Dokumentation und Biographieerhebung, sowie der Einsatz validierender Techniken bzw. Pflegemaßnahmen nach FEIL (vgl. Scharb, 2006).

Zusatzausbildung Kinästhetics

Das Pflegepersonal ist dahingehend gefordert, ihre Bewegungsangebote (Animation zur Mobilisation) während ihrer alltäglichen Arbeit so zu gestalten, dass aktive Bewegung geschehen soll und neue Bewegungsmuster wieder erlernt werden können. Dieses Angebot sollte dem zu betreuenden BewohnerInnen zugutekommen (vgl. Hatch, Maietta & Schmidt, 1994). Das Grundprinzip von Kinästhetics ist die natürliche Bewegungsabfolge. Es soll dabei auf die Bewegungsmuster der BewohneInnenr Rücksicht genommen werden. Ein weiterer Aspekt von Kinästhetics ist das Rücken schonende Arbeiten. Das physiologische Zusammenspiel von Muskeln und Knochen und die verschiedenen Bewegungsformen ergeben die Gesamtheit von Kinästhetics. Das geschulte Pflegepersonal sollte bei jeder

Pflegehandlung das Bewegungsangebot für die BewohnerIn forcieren und neue Wege eröffnen (vgl. Hatch, Maietta & Schmidt, 1994).

Zusatzausbildung wahrnehmende Pflege

Mit wahrnehmende Pflege und Betreuung ist der wertschätzende Umgang gegenüber Menschen mit Demenz gemeint, aber auch gegenüber anderen Menschen unabhängig von seinem Alter, seiner körperlichen und psychischen Befindlichkeit (vgl. Kitwood, 2000).

Zusatzausbildung Mäeutik

Die Mäeutik wurde von der Krankenschwester und Historikerin CORA VAN DER KOOIJ entwickelt. Das mäeutische Modell („erlösend", „befreiend") verbindet Validation (Abgrenzung in einigen Punkten), ROT, sensorische Verfahren (z.B. Snoezelen, Basale Stimulation) und biografische Ansätze miteinander. Wesentlicher Aspekt ist die Einbeziehung des intuitiven Wissens der Pflegenden, um dieses methodisch und bewusst im Team umzusetzen (vgl. Perrar et al., 2011, S. 254).

Die mäeutische Pflege beruht auf folgenden Grundsätzen:

- Im Rahmen der Pflege stehen die zwei Gefühlswelten des dementiell erkrankten Menschen und die der Pflegeperson in Wechselbeziehung.
- Die Gefühle der Pflegenden sind wichtige Anhaltspunkte im Verstehen der Dementen. Pflegende verfügen über berufliche/private Erfahrungen – intuitives Wissen, welches bewusst gemacht werden muss.
- Wechsel von einer aufgabenorientierten, funktionellen Pflege zu einer emotionalen, individuellen Kultur mit wirklichem Kontakt zum Dementen.
- Bausteine des Modells sind: Beobachtungsbogen (Wahrnehmung, Biografie, Stadium Demenz), Charakteristik mit Umgangsempfehlungen (Verhalten, Erleben, Bedürfnisse; positive Reaktion auf, ...), erlebnisorientierte BewohnerInnenbesprechungen (Reflexion der Beobachtungen/Erfahrungen im Team), Pflegekarte (Pflegehandlungen, Pflegebedarf, Umgangsempfehlungen werden dargestellt), Pflegeplanung (keine Problemorientierung, sondern aktuelles Verhalten/Erleben und Umgang damit stehen im Mittelpunkt), Erfahrungen, intuitives Wissen und Sachkenntnis zur Demenz.
- Umsetzbarkeit beruht auf der Bezugspflege und gutem Teamgeist. Ziel ist die Erreichung eines entspannten Klimas, Wohlbefinden/Zufriedenheit der Pflegenden und der BewohnerInnen, Zeitfaktoren gelten als nebensächlich, die vorhandene Zeit soll zum „wirklichen" Kontakt genutzt werden (vgl. Matolycz, 2011a, S. 264-268).

Sonstige Qualifikationen

Unter sonstige Zusatzqualifikationen wäre gemeint z. B.

- Dementia Care Mapping (DCM) – Beobachtungsverfahren:

Kitwood entwickelte das Dementia Care Mapping (DCM), ein Verfahren, bei welchem sich das Verhalten und Befinden Dementer sowie die Qualität ihrer Beziehungen und der Betreuung darstellen lassen (Dauer: mehrere Stunden/mindestens sechs Stunden). Das Wohlergehen von Menschen mit Demenz ist ein Hauptaspekt für die Pflegequalität (vgl. Kitwood, 2000).

- Psychobiografisches Pflegemodell nach Böhm

Erwin Böhm entwickelte in Österreich das psychobiografische Pflegemodell. Er prägte den Begriff der reaktivierenden Pflege, was die Wiederbelebung der Altersseele bedeutet. Pflegende sollen nicht nur bei der Grundpflege versuchen die Selbstständigkeit des Menschen zu erhalten, sondern die Lebenslust wieder wecken – „Vor den Beinen muss die Seele bewegt wer- den" (vgl. Köther, 2011, S. 413).

- Basale Stimulation und Snoezelen

Basale Stimulation ist ein Konzept, zur Förderung der Wahrnehmung, Bewegung und Kommunikation, um das Körper- und Selbstwertgefühl zu stärken. Ziele der Basalen Stimulation sind Sicherheit vermitteln, vertrauensvolle Beziehung aufbauen, Wahrnehmung fördern, Außenwelt erfahrbar machen, Körperbild wiedererlangen und Autonomie und Geborgenheit erleben (vgl. Kastner/Löbach, 2010, 141f.).

14. 4. Stichproben

In Oberösterreich gibt es 127 Alten- und Pflegeheime, von denen 118 Häuser vom Land Oberösterreich anerkannt sind (vgl. ARGE Oberösterreich, 2016).

Als Stichprobe wurden die Alten- und Pflegeheime in Linz, Wels, Steyr, Linz-Land, Wels-Land, Steyr-Land, Eferding und Kirchdorf ausgewählt. Es wurde erhoben, wie viele Alten- und Pflegeheime eine spezielle Wohngruppe für Menschen mit Demenz anbieten.

Es sollten Personengruppen befragt werden, die in einem speziellen (segregativen) Wohnbereich ihre Arbeit versehen, und Personalgruppen, die in einem konventionellen (integrativen) Wohnbereich arbeiten.

Durch die Annahme, dass in einem Haus mit einer speziellen Wohngruppe für Demenz, daher in den verbleibenden Wohngruppen weniger Bewohner mit Demenz leben, ist eine dritte Gruppe (SEmi-Segregativ) entstanden, die in der Studie euch berücksichtigt wurde.

Um die Ergebnisse vergleichbar zu halten mussten die befragten Personengruppen den gleichen Rahmenbedingungen unterworfen sein. In der Praxis wurde für jedes Alten- und Pflegeheim, das eine spezielle Wohngruppe für Menschen mit Demenz anbietet ein Heim gesucht, das dieselben Strukturen aufweist und vom gleichen Träger ist, aber keine spezielle segregative Wohngruppe betreibt.

Im ersten Schritt wurden die ausgewählten 52 Alten- und Pflegeheime kontaktiert und eine Anfrage gestellt, ob es eine spezielle Wohngruppe für demenzkranke Bewohner gebe.

Die Rückmeldungen der verschiedenen Alten- und Pflegeheime zeigte, dass es beinahe in jedem Haus Überlegungen hinsichtlich Betreuung von Bewohnern mit Demenz gab. Eine große Unsicherheit bestand in der Wahl der Betreuungsform. Es wurden viele Varianten der Betreuung von Bewohnern mit Demenz vorgestellt. Die Palette reichte von segregativen Wohngruppen über Tagesbetreuung in eigenen Tageswohnräumen bis hin zu integrativen Wohngruppen.

Das Ziel dieser Studie ist, eine Diskussion einzuleiten, in welche Richtung Oberösterreich bei der Betreuung von Personen, die an Demenz erkrankt sind, gehen sollte. Über das Problem Demenz und Betreuung von Menschen mit Demenz wird in Fachkreisen viel diskutiert. In Oberösterreich wurden hinsichtlich dieses Themas noch keine Befragungen durchgeführt. Die Gegenüberstellung der Befragungsergebnisse soll einen Rückschluss zulassen, welche Wohngruppen die segregative, eine semi-segregative oder eine integrative Betreuungsform Vorteile aufweisen.

Alten- und Pflegeheime mit segregativer, semi-segragativen und integrativen Betreuung

In 8 Alten- und Pflegeheime in den genannten Städten und Bezirken gibt es eine getrennte Betreuung von BewohnerInnen mit Demenz. Für diese Studie wurde jedes der Häuser besucht und ein Gespräch mit der Heim- bzw. Pflegedienstleitung geführt.

In den Alten- und Pflegeheimen entsteht durch die spezielle Betreuung der BewohnerInnen mit mittlerer und schwerer Demenz eine zweite Wohnform die semi-segregativen Wohngruppen. Hier wurden 16 Alten- und Pflegeheimen gefunden die eine semi-segregativen Wohnform bereits haben. In den restlichen Wohngruppen der Alten- und Pflegeheime wohnen Menschen mit körperlichen Beeinträchtigung und leichter Demenz.

Für die integrativen Betreuungsform wurden 28 Alten- und Pflegeheime ausgewählt, die vom gleichen Träger stammen. Insgesamt konnte in 52 Alten- und Pflegeheime untersucht werden.

14. 5. Pretest

Der Fragebogen wurde auf Verständlichkeit, Eindeutigkeit der Fragen, Zumutbarkeit und der Länge des Fragebogens mit zwei Pflegemitarbeitern besprochen. Um Fehler bei der Befragung ausschließen zu können, wurde eine Probebefragung mit 10 ProbandenInnen im Alten- und Pflegeheim Linz durchgeführt. Durch Rückmeldungen über Verständnis der Fragen konnte festgestellt werden, dass der gesamte Fragebogen gut und richtig verstanden wird.

15. DURCHFÜHRUNG DER BEFRAGUNG

Um eine hohe Compliance zu erreichen, wurden alle beteiligten Personen ausführlich über Ziel und Zweck der Studie informiert werden. Die Datenerhebung erfolgte anonym durch die Heimleitung oder Pflegedienstleitung. Die Fragebogen konnten mit einem vorbereiteten Antwortkuvert zurück gegeben werden. Die Studienleiterin holte die Fragebögen nach 8 Wochen ab.

15. 1. Alten- und Pflegeheime, die an der Befragung teilnahmen

Wie bereits erwähnt, gibt es in den untersuchten Städten und Bezirken 8 Alten- und Pflegeheime mit segregativem Betreuungskonzept für Menschen mit Demenz und 44 Alten- und Pflegeheime mit integrativen und semi-segregativen Betreuungsform. Vier Alten- und Pflegeheimen zogen ihre Zusagen für diese Studie wieder zurück.

15. 2. Durchführung der Befragung

Um ein aussagekräftiges und der Situation entsprechendes Ergebnis zu erhalten, wurde eine hundertprozentige Anonymität der Studie zugesichert. Um die Gruppen der PflegerInnen, die befragt wurden bei der Auswertung unterscheiden zu können, wurden die Fragebögen in verschiedenen Farben ausgegeben.

Bei den Besuchen in den Alten- und Pflegeheimen mit spezieller Wohnform für Bewohner mit Demenz wurden Fragebögen für das gesamte Personal der segregativen Wohngruppe, sowie dieselbe Anzahl von Fragebögen für die teilintegrativen Wohnbereiche ausgegeben. Gleich viele Fragebögen wurden an die Häuser mit integrativem Wohnkonzept verteilt.

Der Durchführungszeitraum der Erhebung erstreckte sich über vier Monate. Von Mitte April 2016 bis Mitte September 2016. Die Gewinnung der Untersuchungspersonen wurde aufgrund der Urlaubszeit erschwert.

Die Auswertung der Daten wurde im Zeitraum von September 2016 bis November durchgeführt.

Es wurde eine Frist von 8 Wochen mit dem Heimleitung bzw. Pflegedienstleitung vereinbart, um die Fragebögen zu beantworten. Nach dieser Frist wurden die Fragebögen eingesammelt und die Daten in den Computer eingegeben.

Für die Berechnungen wurde das Programm SPSS (Statistical Package for Social Sciences) verwendet.

16. ERGEBNISSE

In den folgenden Abschnitten werden die Ergebnisse der Berechnungen zu den einzelnen Fragestellungen und Annahmen detailliert dargestellt. Die Analysen sind im Anhang zu finden.

16. 1. Statistische Auswertung

Bei normalverteilten (Überprüfung mittels Kolmogorov-Smirnov-Test mit Lilliefors-Korrektur, $\alpha < 10$) metrischen Variablen wurde eine univariate Varianzanalyse (Posthoc-Vergleiche mittels GT2 nach Hochberg) bzw. Kruskal-Wallis-Rangvarianzanalysen (Posthoc-

Vergleiche nach Nemeneyi) bei Varianzinhomogenität (Überprüfung mittels Levene-Test) verwendet. Bei nicht normalverteilten metrischen Variablen bzw. ordinalen Variablen wurde eine Kruskal-Wallis-Rangvarianzanalyse (Posthoc-Vergleiche nach Nemeneyi) verwendet.

Bei kategorialen Variablen wurde der exakte Chi-Quadrat-Test berechnet. Der Chi^2 Test prüft ob ein Merkmal in zwei oder mehreren Stichproben proportional verteilt ist.

16. 2. Stichprobenbeschreibung

In den 8 Alten- und Pflegeheimen mit spezieller Wohnform für BewohnerInnen mit Demenz arbeiten 109 Personen. Gleich viele Fragebögen wurden an das Pflege- und Betreuungspersonal in SEmi-segregations- und Integrationswohngruppen ausgegeben.

Die Rücklaufquote der Fragebögen war wie folgt. Rund 56% der Fragebögen wurden von den Segregationswohngruppen ausgefüllt zurückgegeben. In der Teilsegregationswohngruppe waren es rund 62% und in der Integrationsgruppe betrug der Rücklauf ca. 75%.
Die Rücklaufquote Gesamt beträgt exakt 211 (N-Wert für die Berechnungen) das sind rund 65% (siehe Tabelle 1).

	Segregation	Teilsegregation	Integration	**Gesamt**
Personal	109	109	109	**327**
Fragebögen	109	109	109	**327**
Rücklauf	61	68	82	**211**
Prozent	55,96%	62,39%	75,23%	**64,53%**

Tabelle 1: Rücklaufquote der Fragebögen

Die genaue Beschreibung der Stichprobe hinsichtlich soziodemographischer Parameter wurde hier auch in Segregation, SEmi-Segregation und Integration unterteilt.

1. Altersstruktur des Pflegepersonals:

Zur Auswertung von den 211 Pflegepersonen war 102 Personen unter 41 Jahren das entspricht 48,34% und über 41 bis 60 Jahre 109 Personen das sind 51,66 %. Für die

Auswertung wurden 2 Altersklassen gebildet: unter 41 Jahre und über 41 Jahre bis 60 siehe Tabelle 2.

Alter	*N- Wert*	*Personen*	*Anteil*
< 41 Jahre	211	102	48,34 %
> 41 – 60 Jahre	211	109	51,66 %

Tabelle 2: Altersstruktur des Pflegepersonals

Es wurde Kreuztabelle bezüglich Alter in alle drei Wohnbereichen durchgeführt. Es zeigt sich in allen Bereichen ein Altersdurchschnitt über 41 Jahre. Der Altersdurchschnitt war in allen Vergleichsgruppen beinahe gleich.

	Pflegegruppen			
	Segregation	Semi-Segreggat	Integrativ	Gesamt
<40 Jahre	32	33	37	102
>40 Jahre	29	35	45	109
Gesamt	61	68	82	211

Tabelle 3: Pflegegruppen x Altersgruppen

Wie Chi^2 Test zeigt, dass das Alter in den Wohngruppen proportional reflektiert ist. (Chi^2=5,053, p=.537).

In der Korrelationsanalyse kann festgestellt werden, dass es signifikante Zusammenhänge zwischen Geschlecht und Gruppe p = ,001 und Alter und Berufsgruppe p<,001 gibt. Je älter desto länger berufstätig.

- ***Alter und Belastung***

Im Bereich Belastung war ein Altersunterschied zu erkennen: junge Kräfte bis 40 fühlten stärker belastet, ältere Pflegekräfte fühlten sich dagegen durch körperliche und konzentrative Anforderungen belastet. (siehe Anhang)

FB Nr.	**Item**	**Alter in Jahren**	**Stimmt genau**	**Stimmt überwiegend**	**Stimmt ein wenig**	**n=** 100%	p-Wert Chi^2-Test
11	Muskelverspannung	< 40	**40**	41	**10**	211	0,0051
		über 41	**45**	55	**20**	211	

25	Gereizt und überspannt	< 40	**52**	38	19	211	<0,0001
		über 41	**48**	44	10	211	
28	Geduld verlieren	< 40	**32**	45	**55**	211	0,0125
		über 41	**21**	18	**40**	211	

Tabelle 4: Alter und Belastung konkret Chi ^{2} = 10,820, p<0,0001

➢ *Alter und Arbeit bis zur Pension*

Das Alter auf die Beantwortung der Frage, ob die Arbeit bis zum Pension durchgehalten werden kann, gibt Auskünfte darüber, dass jüngere PflegerInnen sich seltener vorstellen können bis zu Pension in diesen Bereich arbeiten zu wollen.

Frage 7: Arbeit bis zu Pension	**< 40 Jahre**	**Über 41 Jahre**	**n**
ja	57	83	140
vielleicht	70	78	148
nein	84	50	134
n (100 %)	211	211	211

Tabelle 5: Alter und momentan vorstellbare Arbeitsdauer (Frage 7) Chi ^{2}=13,501, p<0,0001

Bei Älteren nimmt die vorstellbare Arbeitsdauer zu: Auf die Frage 7 *„Glauben Sie, dass Sie, wenn die tägliche Belastung ihrer Arbeit gleichbleibt, diese Tätigkeit bis zur Pension ausüben können?“* antworteten die über 41-Jährigen viermal so oft mit einem eindeutigen *„ja“* als die unter 30-Jährigen. Mit einem klaren *„nein“* antworteten die jüngeren Kollegen (<30 J.) zu einem Drittel, die älteren (>41 J) dagegen nur zu 13 %.

➢ *Alter und Freude in der Arbeit*

Frage 8: mit Freude Aufgaben erledigen	**< 40 Jahre**	**Über 41 Jahre**	**n = 100**	**p-Wert Chi²-Test**
häufig	**43**	**64**	107	<0,0001
eher häufig	56	57	113	
manchmal	52	54	106	
eher selten / niemals	**60**	**36**	96	
n (100 %)	211	211	211	

Tabelle 6: Alter und Freude am Arbeitsplatz Chi ^{2} = 14,357, *p <0,0001*

Auf die Fragen 8: *„Habe Sie in letzter Zeit Ihre täglichen Aufgaben mit Freude erledigt?"* zeigt sich, dass auch Ältere die Aufgaben mit Freude erledigen. Im Alter zwischen 31 und 40 Jahre ist die Freude nicht so groß.

2. Geschlecht:

Es arbeiten mehr Frauen im Pflegeberuf, in dieser Stichprobe sind das 79,62% (168 Teilnehmerinnen) gegenüber männlichen Pflegern mit 20,38% (48 Teilnehmer) Es zeigt sich, dass Pflegerinnen in allen drei Wohngruppen etwa gleich häufig vertreten sind, männliche Pfleger aber am seltensten in den segregativen Gruppen, etwas häufiger in den semi-segregativen und am häufigsten in den integrativen Gruppen arbeiten.

	Pflegegruppen			
	Segregation	Semi-Segreggat	Integrativ	Gesamt
Frauen	56	55	57	168
Männer	5	13	25	43
Gesamt	61	68	82	211

Tabelle 7: Pflegegruppen x Geschlecht $Chi^2 = 10{,}810$, $p < 0{,}004$

3. Berufliche Funktion

Die 211 befragten ProbandInnen teilten sich auf in: 59 DGKS/P (Diplomgesundheitskrankenschwestern/Pfleger), 143 FSBA (FachsozialarbeiterInnen ‚Altenarbeit'), 6 Heimhilfen und 3 Pflegehelfer. Es zeigt sich, dass in den untersuchten Heimen PflegehelferInnen und Heimhilfe kaum an der Untersuchung teilgenommen haben. Die FSBA ist die dominierende Berufsgruppe in allen drei Wohnbereichen.

	Pflegegruppen			
	Segregation	Semi-Segreggat	Integrativ	Gesamt
DGKS/P	10	22	27	59
FSBA	47	41	55	143
Gesamt	57	63	82	202

Tabelle 8: Pflegegruppen x Berufliche Funktion Chi 2 = 11,586

4. Verweildauer in Beruf

12 Personen gaben an, dass sie unter oder einem Jahr in diesem Beruf tätig sind. Zwischen 1 und 5 Jahren gaben 73 Pflegepersonen bereits diese Arbeit nachzugehen, 5 bis 10 Jahre sind es 62 Pflegepersonen und 64 Personen die über 10 Jahre in der Pflege- und Betreuung arbeiten (Chi^2= 8,892, p=.180). Die Pflegepersonen, die an dieser Untersuchung teilgenommen haben, sind seit durchschnittlich 8,05 Jahren (SD=6.26) in ihrem jeweiligen Heim tätig.

	Pflegegruppen			
	Segregation	Semi-Segreggat	Integrativ	Gesamt
0-1 Jahr	2	5	5	12
1-5- Jahre	28	21	24	73
5-10 Jahre	20	18	24	62
>10.Jahre	11	24	29	64
Gesamt	61	68	82	211

Tabelle 9: Pflegegruppen x Berufsdauer $Chi^2 = 8{,}892$

Die durchschnittliche Berufsdauer wies in den vorhandenen drei Stichproben einen nennenswerten Unterschied auf. Die Unterschiede sind in der Berufstätigkeit von der Gruppe nicht signifikant F(2,210)=1,820, p=.165).

5. Beschäftigungsausmaß x Gruppe

Das Beschäftigungsausmaß wurde in einem Wertebereich von 10 bis 40 Stunden pro Woche angegeben. Der Mittelwert dieser Variable beträgt 30.63 Stunden pro Woche (*SD* = 7.40)

	Pflegegruppen			
	Segregation	Semi-Segreggat	Integrativ	Gesamt
< 30Std.	17	18	20	55
31-40Std	44	50	62	156
Gesamt	61	68	82	211

Tabelle 10: Beschäftigungsausmaß x Gruppe $Chi^2 = 7{,}207$

Teilzeitbeschäftigung wird eher unter 40 Jahren bevorzugt. Vollzeitbeschäftigung wird über 41 Jahre mehr in Anspruch genommen.

	< 40 Jahre	über 41 Jahre	Gesamt
< 30Std.	42	13	55
31-40Std	44	96	140
Gesamt	86	109	195

Tabelle 11: Beschäftigungsausmaß x Alter $Chi^2 = 11,207$

Vollzeitbeschäftigung wird von beiden Geschlechter mehr bevorzugt. Spannend war das trotzdem 8 Männer eine Teilzeitbeschäftigung haben.

	männlich	weiblich	Gesamt
< 30Std.	8	47	55
31-40Std	35	121	156
Gesamt	43	168	211

Tabelle 12: Beschäftigungsausmaß x Geschlecht $Chi^2 = 13,456$

6. Zusatzqualifikation

Die wahrnehmende Pflege, Mäeutik und sonstige Zusatzqualifikationen wurden bei der Datenerhebung gar nicht angegeben. Das bedeutet, dass von 211 befragten Pflegepersonen keiner über diese Zusatzqualifikationen verfügt oder es wurde nicht angegeben.

Eine Kinästhetik-Grundausbildung gaben in Segregationsbereich 24 Personen an, absolviert zu haben, im Integrationsbereich waren es 57 Pflegepersonen und im SEmi-Segregativenbereich 39. Das zeigt, dass das Interesse an diese Zusatzqualifikation sehr groß ist und das der Kinästhetik-Grundausbildung im Integrationsbereich mehr bevorzugt wird als im Segregativenbereich ($Chi^2=12,988$, $p<0.0001$).

	Pflegegruppen			
	Segregation	Semi-Segreggat	Integrativ	Gesamt
Kinästhetik ja	24	39	57	120
Kinästhetik nein	37	29	25	91
Gesamt	61	68	82	211

Tabelle 13: Pflegegruppen x Kinästhetik

Eine Validation Ausbildung haben nur 13,41% des Pflegepersonals im Integrativbereich absolviert. Im SEmi-Segregativen waren es 30,88% und im Segregativenbereich 39,34%. Das heißt, dass eine Validation–Ausbildung signifikant häufiger im Segregativenbereich als in den anderen Bereichen bei den PflegerInnen vorhanden ist (Chi²=13,033, *p*=0.001)Validation stellt eine Erleichterung im Umgang mit demenzkranken Personen dar.

	Pflegegruppen			
	Segregation	Semi-Segreggat	Integrativ	Gesamt
Validation ja	24	21	11	56
Validation nein	37	47	71	155
Gesamt	61	68	82	211

Tabelle 14: Pflegegruppen x Validation

Bezüglich der geschlechterspezifischen Unterschiede in der Zusatzqualifikationen konnten Unterschiede festgestellt werden. Weibliches Pflegepersonal haben öfter eine zu Validation – Grundausbildung als männliches Pflegepersonal (Chi²= 13, 265, *p*= , 001).

	Validation		
	ja	nein	Gesamt
Frauen	43	125	168
Männer	13	30	43
Gesamt	56	155	211

Tabelle 15: Validation - Geschlecht

Der größte Teil des Pflegepersonals verfügt über die berufliche Grundausbildung hinaus noch über eine weitere Zusatzqualifikation und zwar Kinästhetik oder Validation.

Das Pflegepersonal erweitert ihr Fachwissen durch Weiterbildungen ständig. Es war festzustellen, dass der Ausbildungsstand unterschiedlich zwischen den Wohngruppen ist. In der Segregativen Vergleichsgruppe war der Großteil des Pflegepersonals in Validation sehr gut ausgebildet. In den SEmi-Segregativen bzw. Intergrativen Vergleichsgruppen war der Ausbildungsstand in Kinästhetics höher. Ein Vergleich der Segregationsgruppe gegenüber der

Intergrationsgruppe zeigte, dass die Ergebnisse einen signifikanten Unterschied aufwiesen, und die spezifische Ausbildung (Validation) dabei Rolle spielte.

7. Einzel-Items Fragen 7 und 8

Anhand der Auswertung kann gesagt werden, dass im Integrativenbereich 45,12% der PflegerInnen vorhaben dort bis zur Pension zu arbeiten. Im Segregativenbereich sind es 36,07% und im SEmi- Segregativenbereich 26,47%. Hier sind signifikante Unterschiede zwischen den Wohngruppen und Ausübung des Berufes bis zu Pension erkennbar.

	Pflegegruppen			
	Segregation	Semi-Segreggat	Integrativ	Gesamt
Bis Pension ja	22	18	37	77
Bis Pension nein	8	19	23	50
Gesamt	30	37	60	127

Tabelle 16: Pflegegruppen x Tätigkeit bis Pension $Chi^2 = 13{,}501$

16. 3. Ergebnisse zu den Hypothesen

- ***Gruppe, Geschlecht Altersgruppen***

Insgesamt sind mehr Pflegerinnen tätig als Pfleger, wobei der größte Häufigkeitsunterschied im Segregationsbereich besteht. ***Subskalen Körperlichen Beschwerden und Psychischen Beschwerden***

Ziel der Untersuchung war die quantitative Erfassung von körperlicher Beschwerden und psychischer Belastung und deren Zusammenhang mit den Wohngruppen.

Körperlichen Beschwerden (Fragen 9-18) und Psychischen Belastungen (Fragen 19-28)

Die Thematik der körperlichen Beschwerden zeigt, dass die körperliche Belastung in der integrativen Wohnform als höher empfunden wird als auf der segregativen Wohnform.

Auch bezüglich psychische Belastungen zeigen sich signifikanten Unterschiede zwischen den Wohngruppen. Es ist deutlich sichtbar, dass die psychische Belastung im Integrativenbereich höher ist als im Semi-Segragativen oder Integrativenbereich.

Wie man aus der Tabelle 17 entnehmen kann, zeigt sich ein signifikanter Unterschied zwischen Körperlichen Beschwerden $p= .033$ und Psychischen Belastungen $p= .043$ und den drei Wohnbereichen.

	Gruppe
Körperliche Beschwerden	.033**
Psychische Belastungen	.043**

** Die Korrelation ist auf dem Niveau von .01 (zweiseitig) signifikant.

Tabelle 17: Körperlichen Beschwerden und psychische Belastungen - Gruppe

16. 4. Ergebnisse zu den einzelnen Items

Fragen zu körperlichen Beschwerden und psychischen Belastungen

Zu Frage 9 kann gesagt werden, dass 24,39% Pflegepersonals im Integrativenbereich angegeben haben unter heftigen Kopfschmerzen zu leiden. 10,29% waren es im Semisegregativen und 1,64% im Segregativenbereich. Es besteht ein signifikanter Unterschied zwischen den Wohnbereichen.

Auch in Frage 10 zu wiederkehrende Infekte haben 18 Personen im Integrativenbereich mit „Stimmt genau" und 18 „Stimmt überwiegend" angegeben. 2 Pflegepersonen im Segregativenbereich haben *„Stimmt genau"* angegeben und 26 *„Stimmt überwiegend"*. Im Semisegragativen gaben 8 Personen *„Stimmt genau"* und 12 *„Stimmt überwiegen"* häufig an Infekten zu leiden. Ob ein Zusammenhang zwischen den Wohngruppen besteht konnte nicht bestätigt werden.

Zu Thema Muskelverspannungen kann gesagt werden, dass es signifikante Unterschiede zwischen den Wohnbereichen gibt. Im Semisegregativen Bereich wurden die Beschwerden mit *„Stimmt überwiegend"* am häufigsten angegeben mit 30,88% gefolgt von Integrationsbereich mit 12,20% und Segregativenbereich mit 6,56%. In diesen zwei Bereichen (SEmi-Segregativen und Integrativen) wurden die Beschwerden doch häufiger angegeben als im Segregativenbereich.

Die Frage 12 „*Ich leide unter Schlafstörungen*" konnte nicht bestätigt werden. Es gaben nur 1,64% von Pflegepersonen im Segregationsbereich die angegeben haben unter Schlafstörungen zu leiden.

	Frage9:Mich quälen heftige Kopfschmerzen.	Frage10:Ich leide unter häufig wiederkehrende Infekte.	Frage11:Meine Muskeln sind ständig verspannt.	Frage12:Ich leide unter Schlafstörungen.
Chi-Quadrat	4,107	2,051	4,332	9,469
df	2	2	2	2
Asymp. Sig.	,128	,359	,115	,009

Tabelle 18: Chi ^{2} Vergleich der drei Gruppen

Bezüglich Rücken- oder Gelenksschmerzen in Frage 13 gibt es signifikanten Unterschiede zwischen den Wohngruppen. Im Integrationsbereich gaben 19,51% Pflegepersonen an, dass sie Schmerzen im Rücken, Gelenken...leiden. Im Semi-Segregativenbereich gaben 11,76% an an diesen Beschwerden zu leiden und im Segregativenbereich waren es 4,92 %. Es wurde angenommen, dass der Grund für die schwere körperliche Belastung Wohngruppen und ihren Eigenschaften sein könnten.

Bezüglich Atembeschwerden konnte keine klare Aussage gemacht werden. Man findet auch keinen Zusammenhang zwischen Atembeschwerden und die Wohngruppen.

In der Frage 15 konnten signifikante Unterschiede zwischen den Wohngruppen festgestellt werden. Allerdings kann nicht gesagt werden, ob die Allergien in einem Zusammenhang mit dem Arbeitsplatz bzw. Wohngruppen stehen.
Blutdruckwerte haben keinen signifikanten Zusammenhang mit den Wohnbereichen. Jedoch gaben im Integrativenbereich 7,32% des Pflegepersonals an hohen Blutdruckwerten zu leiden.

Im Integrativenbereich gaben 20,73% des Pflegepersonals an Magen-Darm-Beschwerden zu leiden. Auch im Segregativenbereich gaben 13,11% Personen die Beschwerden an. Es besteht ein signifikanter Zusammenhang zwischen den Wohnbereichen und den Beschwerden.

Herzbeschwerden zu haben gaben 7,32% Personen im Integrativenbereich an. Ein signifikanter Unterschied zu den Wohngruppen konnte nicht festgestellt werden.

Bezüglich schlechter Konzentration am Arbeitsplatz, konnten signifikanten Unterschiede zwischen den Wohngruppen festgestellt werden. Im Integrativenbereich kreuzten 10,98% *„Stimmt genau"* und 17,07% *„Stimmt überwiegend"* an und im SEmi-Segregativenbereich 14,71% gaben an schlecht konzentriert in der Arbeit zu sein. Hier kann gesagt werden, dass Wohnbereich wohl einen Einfluss auf die Konzentration hat.

Zu Frage 20 gab es eine klare Antwort. Auch hier besteht der signifikante Unterschied zwischen den Wohngruppen. Im Segregativenbereich gaben 65,57% und SEmi-Segregativenbereich 55,88% des Pflegepersonals sehr motiviert zu sein und arbeitet gerne im jeweiligen Bereich. Im Intergrativenbereich waren es 31,71% an Pflegepersonal die angegeben haben motiviert zu sein.

In Betracht auf Leistungs- und Denkblockade gibt es signifikante Unterschiede zwischen den Wohngruppen. Im Integrativenbereich gaben 10,98% der Befragten manchmal Leistungs- und Denkblockaden zu haben. Ob ein Zusammenhang mit dem Wohnbereich besteht kann nicht gesagt werden.

Freizeit spielt in den Pflegeberufen eine große Rolle. Hier kann gesagt werden, dass es leichte Abweichungen bezüglich der Aussagen und Wohngruppen gibt. Am meisten gaben die Befragten im SEmi- Segregativenbereich wenig Freizeit zu haben. Ob es an Wohngruppen liegt oder an Personalressourcen wurde nicht erhoben, da Personalentwicklung nicht das Thema der Arbeit war.

Teststatistiken[a,b]

	Frage18:Ich leide unter Herzbeschwerden.	Frage19:Ich kann mich schlecht konzetrieren.	Frage20:Ich bin noch motiviert und arbeite gerne.	Frage21:Ich habe manchmal Leistungs- und Denkblockaden.	Frage22:Ich habe nicht viel Freizeit.
Chi-Quadrat	5,706	29,253	15,639	30,349	15,117
df	2	2	2	2	2
Asymp. Sig.	,058	,000	,000	,000	,001

Tabelle 19: Chi ^{2} Vergleich zwischen den drei Gruppen

Zu Frage *„Mein Lebensstil ist fest durchstrukturiert"* gab es deutliche signifikante Unterschiede zwischen den Wohngruppen. In den Integrativenbereich kreuzten 10,98% der Befragten *„Stimmt genau"* und 40,24% *„Stimmt überwiegend"* an. Es scheint, dass hier das

Pflegepersonal klar strukturierten Lebensstil hat. Eine Verbindung zum Wohngruppen kann nicht ausgeschlossen werden.

Bezüglich Wahrnehmung in der Frage 24, kann gesagt werden, dass es keine Zusammenhänge zwischen den Wahrnehmung und den Wohnbereichen gibt.

Auch in der Frage 25 konnten signifikante Unterschiede zwischen den Wohngruppen im Allgemeinen empfinden festgestellt werden. Immerhin ist das Pflegepersonal im Integrativen- und Semi-Segregativenbereich mehr gereizter und überspannter als im Segregativenbereich.

Was emotionalen Erschöpfung in Frage 26 betrifft, könnten keine signifikanten Unterschiede zwischen den Wohngruppen festgestellt werden.

In der Frage 27 „alles negativ zu bewerten" gab es keinesignifikanten Unterschiede zwischen den Wohnbereichen.

Teststatistiken[a,b]

	Frage23:Mein Lebensstil ist fest durchstrukturiert.	Frage24:Ich fühle mich nicht mehr, nehme mich kaum noch wahr.	Frage25:Ich fühle mich gereizt und überspannt.	Frage26:Ich fühle mich oft ausge-laugt und emotio-nal erschöpft.	Frage27:Ich be-werte vieles zu negativ.
Chi-Quadrat	14,945	13,105	12,395	20,934	5,776
df	2	2	2	2	2
Asymp. Sig.	,001	,001	,002	,000	,056

Tabelle 20: Chi ^{2} Fragen 23-27* 3 Gruppen

Es wurden signifikanten Unterschiede zwischen den drei Wohngruppen festgestellt in Frage 28 „*leicht die Geduld zu verlieren*".

Teststatistiken[a,b]

	Frage28:Ich verliere leicht die Geduld.
Chi-Quadrat	8,793
df	2
Asymp. Sig.	,012

Tabelle 21: Chi^2 Frage 28- Geduld*Gruppe

16. 5. Hypothese 1 - Belastung = Summen-Score aus den Fragen 8 bis 28

Tests auf Normalverteilung

	Gruppe	Kolmogorow-Smirnow[a]			Shapiro-Wilk
		Statistik	df	Sig.	Statistik
Summen-Score der Belastung	Segregation	,130	61	,012	,976
	Teilsegregation	,101	68	,085	,980
	Integration	,088	82	,181	,991

Tabelle 22: Summen-Score der Belastung (Signifikanzkorrektur nach Lilliefors)

Anhang der Belastung der Summen-Score Fragen 8 bis 28 kann bestätigt werden, dass die Belastung am höchsten im Integrationsbereich liegt und am geringsten im Segregationsbereich.

Ränge

	Gruppe	H	Mittlerer Rang
Summen-Score der Belastung	Segregation	61	50,43
	Teilsegregation	68	114,96
	Integration	82	139,91
	Gesamtsumme	211	

Tabelle 23: Kruskal-Wallis-Test

Teststatistiken[a,b]

	Summen-Score der Belastung
Chi-Quadrat	77,584
df	2
Asymp. Sig.	,000

Tabelle 24: Kruskal-Wallis-Test, Gruppierungsvariable: Gruppe

Die Kruskal-Wallis-Test zeigt deutliche Signifikanz $p = <.0001$ zwischen Belastung in den drei Wohngruppen.

Abbildung 9 zeigt die Belastungsunterschiede in den Wohngruppen deutlich.

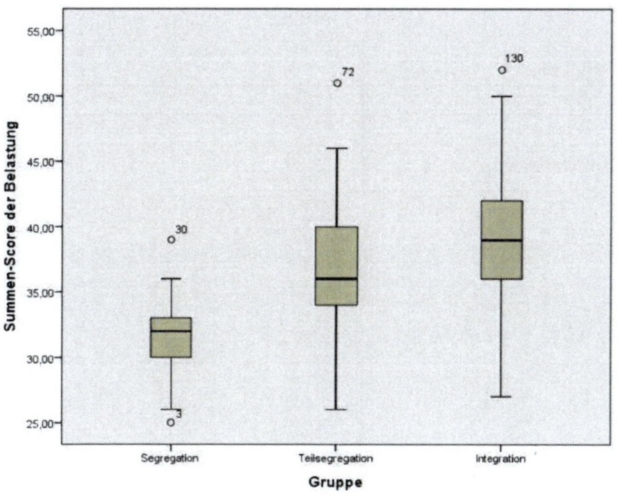

Abbildung 7: Summe-Score-Belastung –Gruppe

In den Fragen 8 – 28 zeigten die post-hoc Tests, dass ein sehr signifikanter Unterschied im Belastungsempfinden zwischen der Integrativen und Segregativen Wohngruppe besteht ($p<0,001$), ein Unterschied zwischen SEmi-Segregation und Segregation ($p<0,045$) und ein deutlicher Unterschied zwischen SEmi- Segregation und Integration ($p<0,001$).

16. 6. Ergebnisse Hypothese 1

Hypothesen: Pflegepersonen empfinden die Betreuung demenzerkrankter Menschen aufgrund des herausfordernden Verhaltens oft als wenig belastend. Durch die Aufteilung in Wohn- und Pflegeeinheiten (Segregative, Semi -Segregative und Integrative Bereiche), bei der die Mitarbeiter weitgehend die Wahlmöglichkeiten haben, in welchen sie hauptsächlich arbeiten wollen, wird dies als weniger oder mehr belastend empfunden.

Die Hypothese: *„Das Personal ist in einem Segregationsmodell weniger belastet, als in einem SEmi-Segregationsmodell und einem Integrationsmodell."*

Es konnte bestätigt werden das Personal in einem Segregationsmodell weniger belastet ist als in einem Integrationsmodell. Anhang der Datenanalyse gab es signifikante Unterschiede im Belastungsempfinden zwischen den Wohngruppen. Vor allem zeigte sich deutlich, dass das Pflege- und Betreuungspersonal weniger körperlichen und psychischen Beschwerden in einem Segregationsmodell aufwiesen als das Pflege- und Betreuungspersonal in einem Interationsmodell.

16. 7. Stichprobe Segregationgruppe und Belastung

Pflegepersonal über 41 Jahre in Segregationsgruppe bevorzugt bis zum Pension dort zu arbeiten. Es besteht kein signifikanter Unterschied zwischen „Arbeiten bis zu Pension“ den ‚Alter‘ und ‚Segregatinsgruppe‘ Chi ^{2}= 5, 654, p = , 157

Frage 7: Arbeit bis zu Pension	**< 40 Jahre**	**Über 41 Jahre**	**Gesamt**
ja	18	22	40
vielleicht	3	10	13
nein	7	1	8
Gesamt	28	33	61

Tabelle 25: Segregationgruppe x Alter x Arbeit bis zur Pension

Im Frage 8 „*Aufgaben mit Freude erledigen*“ zeigt Personal im Segregationsbereich keinen signifikanten Unterschied Chi^2 = 7,753, p = , 569. Es zeigt sich das Pflegepersonal ihre Aufgaben mit Freude erledigt. Erstaunlich ist das, dass Pflegepersonal über 41 Jahre mehr ihre Arbeit mit Freude erledigt als die jüngeren Kollegen.

Frage 8: mit Freude Aufgaben erledigen	**< 40 Jahre**	**Über 41 Jahre**	**Gesamt**
häufig	10	23	33
eher häufig	12	8	20
manchmal	5	3	8
eher selten / niemals	0	0	0
Gesamt	27	34	61

Tabelle 26: Alter x Freude x Segregation

Körperliche Beschwerden

Zu körperliche Beschwerden (Fragen 9-18) kann gesagt werden das es keine Signifikanz zwischen Segregationsgruppe und körperlichen Belastungen gibt.

Psychische Belastung

Es konnte keine Signifikanz zwischen Segregationsgruppe und psychische Belastungen festgestellt werden.

	Segregation
Körperliche Beschwerden	.166
Psychische Belastungen	.101

** Die Korrelation ist auf dem Niveau von .01 (zweiseitig) signifikant.

Tabelle 27: Belastung x Segregationsgruppe

16. 8. Ergebnis – Hypothese 2

Hypothese: „*Das Personal ist in einem Segregationsmodell spezifisch besser in Validation weitergebildet und fühlt sich auch weniger belastet*", **konnte bestätigt werden.**

Bei den segregativen Wohngruppen ist das Pflege- und Betreuungspersonal in Validation mehr ausgebildet als das Personal in den Integrationswohngruppen. Es bleibt die Frage offen, ob es genügt, in einer Integrationswohngruppe das Pflege- und Betreuungspersonal in Validation weiterzubilden, um dadurch die Belastung des Pflege- und Betreuungspersonal zu senken.

16. 9. Regressionsanalyse - Vorhersage der Belastung basierend auf soziodemografischen Parametern

Es wurde ein lineares Regressionsmodell mit folgenden unabhängigen erklärenden Variablen berechnet:

- Gruppe (Referenzkategorie = Segregation, Teilsegregation, Integration Codiert mit 1,2,3)
- Alter (Referenzkategorie = „< 30 Jahre", etc, codiert mit 1,2, 3,4)
- Geschlecht (codiert mit – 0 männlich, 1 weiblich)
- Beschäftigungsausmaß (Referenzkategorie = „38-40 Stunden" etc, codiert mit 1, 2, 3, 4)

- Kinästhetics (ja, nein codiert mit 1, 2)
- Validation (ja, nein codiert mit 1, 2)
- Berufsgruppe (Referenzkategorie = „DGKS/P“ etc., codiert mit 1, 2, 3, 4)
- Berufsdauer (Referenzkategorie = „>10 Jahre“ etc. codiert mit 1, 2, 3, 4)

Die Zielvariable ist der quasi-metrische Summen-Score „Belastung“.

ANOVA[a]

Modell		Quadratsumme	df	Mittel der Quadrate	F	Sig.
1	Regression	2161,836	17	127,167	7,248	,000[b]
	Residuum	3386,363	193	17,546		
	Gesamtsumme	5548,199	210			

a. Abhängige Variable: Summen-Score der Belastung

b. Prädiktoren: (Konstante), Berufsdauer = 3.0 (">5-10J.")., Gruppe = 3.0 ("Integration")., beschaeftigung = 2.0 ("21-30Std.")., Berufsgruppe = 4.0 ("Pflegehelfer")., Alter = 4.0 ("51-60J.")., Berufsgruppe = 3.0 ("HH")., beschaeftigung = 1.0 ("10-20Std.")., Geschlecht, Berufsdauer = 1.0 ("0-1J.")., Berufsgruppe = 2.0 ("FSB"A"")., beschaeftigung = 3.0 ("31-35Std.")., Kinästhetics, Alter = 2.0 ("31-40J.")., Gruppe = 2.0 ("Teilsegregation")., Validation, Berufsdauer = 2.0 (">1-5J.")., Alter = 3.0 ("41-50J.").

Tabelle 28: Regressionsanalyse Summen-Score der Belastung

Modellübersicht

Modell	R	R-Quadrat	Angepasstes R-Quadrat	Standardfehler der Schätzung
1	,624[a]	,390	,336	4,18879

Prädiktoren: (Konstante), Berufsdauer = 3.0 (">5-10J.")., Gruppe = 3.0 ("Integration")., beschaeftigung = 2.0 ("21-30Std.")., Berufsgruppe = 4.0 ("Pflegehelfer")., Alter = 4.0 ("51-60J.")., Berufsgruppe = 3.0 ("HH")., beschaeftigung = 1.0 ("10-20Std.")., Geschlecht, Berufsdauer = 1.0 ("0-1J.")., Berufsgruppe = 2.0 ("FSB"A"")., beschaeftigung = 3.0 ("31-35Std.")., Kinästhetics, Alter = 2.0 ("31-40J.")., Gruppe = 2.0 ("Teilsegregation")., Validation, Berufsdauer = 2.0 (">1-5J.")., Alter = 3.0 ("41-50J.").

Tabelle 29: Regressionsanalyse Soziodemographischen Daten

Die Regressionsanalyse zur Vorhersage der Variablen „Belastung“ durch Prädikatoren Alter, Berufsdauer, Beschäftigungsausmaß, Geschlecht, Gruppe, Zusatzqualifikation, Berufsgruppe ist signifikant möglich (F(17,193)=7,248, p=<.0001) ergibt ein signifikanter multipler Regressionskoeffizient R = ,624, R^2=0.390, korrig R^2=0.336. 33,6% der Varianz ist aus den Prädiktoren vorhersagbar. Wie bereits in der Überprüfung von Hypothese 1und der Stichprobenbeschreibung zeigen sich die Gruppenzugehörigkeit (Belastungszunahme von seggregative bis Integrative Gruppe) und das Alter (je jünger, desto stärker die Belastung) als signifikante Prädiktoren.

16. 10. Diskussion der Studie

Die Originalhypothese war, dass die Belastung bei Betreuung von Demenzkranken größer ist! Durch die Auswahl der Altersheime wurde flächenmäßig ein Drittel von Oberösterreich erreicht. Die Anzahl der Alten- und Pflegeheime in dem ausgewählten Bereich beträgt 48. Das bedeutet, dass rund 40 Prozent der Alten- und Pflegeheime in Oberösterreich erfasst wurden.

Es konnte gezeigtwerden, dass in einem Modell, in dem Menschen mit Demenz segregativ betreut werden entgegen den Erwartungen, das Pflegepersonal weniger belastet ist als in einem integrativen Modell. Eine Ursache könnte einerseits in den relativ homogenen Anforderungen einer Demenzgruppe und in der besseren Ausbildung des Personals spezifisch für Demenzkranke zu suchen sein. Für die Situation in einem Segregativen Wohnbereich könnte ein unübersehbarer Vorteil eine fundierte Ausbildung in Validation sein.

Die Ansicht einer BewohnerInvertretung *„Eine segregative Wohnform ist ein Einsperren der an Demenz erkrankten Bewohner",* ist nicht nachvollziehbar. Die Lebensqualität der Bewohnerinnen zu untersuchen wäre eine weitere interessante Fragestellung, hätte jedoch den Rahmen dieser Arbeit gesprengt.

Es konnte festgestellt werden, dass jede segregative Betreuungsgruppe die validierende Pflege bevorzugte. Es ist auch aufgefallen, dass bauliche Maßnahmen in einigen Alten- und Pflegeheimen bereits vorgenommen wurden, aber bis dato kein Hauptaugenmerk darauf gelegt wurde. Eine sehr große Übereinstimmung herrschte bei der Auffassung von Bewegungsfreiheit und Kommunikationsgestaltung. In allen segregativen Wohngruppen wurde auf genügend Gehwege, sowie auf einen wohnlich gestalteten und einladenden Aufenthaltsbereich Wert gelegt. Des weiterer war in jeder Wohngruppe ein freier Zugang zu einem Außenbereich möglich.

In den voneinander unabhängigen Segregationsgruppen war deutlich erkennbar, dass das Hauptaugenmerk auf Bewegungsfreiheit und Kommunikation (nicht alleine sein) gelegt wurde.
Der Grund dafür ist bei den BewohnerInnen zu suchen. In allen Wohngruppen leidet das Klientel an mittlerer bis schwerer Demenz. Die Aufnahme in eine spezielle Wohngruppe für Menschen mit Demenz wird in allen Häusern von der Pflegedienstleitung und dem

Pflegepersonal entschieden. Die Einstufung, ob ein/e Bewohner/in in einer segregativen Wohnform besser betreut werden kann als in einer herkömmlichen Betreuungsform, wird durch Beobachtungen des Pflegepersonals begründet.

Der Schwerpunkt Kinästhetik in den semi-segregativen bzw. integrativen Betreuungsgruppen lässt sich damit erklären, dass in den Vergleichswohngruppen mehr BewohnerInnen mit körperlichen Defiziten leben und die körperliche Belastung des Personals durch Kinästhetik erleichtert wird, was aber nicht unbedingt eine Hilfestellung bei Demenzkranken darstellt.

Die Belastung des Personals in einer Integrationsgruppe kann als höher erlebt werden als in der Vergleichsgruppe Segregation, weil hier ein sehr rascher Wechsel von Pflege- und Betreuungsformen notwendig ist. Durch die Handlungen und den Verlauf der Krankheit der BewohnerInnen mit Demenz wird eine Pflege– bzw. Betreuungshandlung sehr oft spontan unterbrochen. Das Pflegepersonal muss sich in den Intergrationsgruppe in kürzester Zeit auf die neue Situation einstellen.

Ein weiterer Grund für das unterschiedliche Belastungsempfinden der PflegemitarbeiterInnen scheint das Pflegemodell zu sein. In den traditionellen Wohngruppen (semi-segregativ und integrativ) steht die gesundheitliche (medizinische) Versorgung im Mittelpunkt. In einer Segregationswohngruppe liegt der Schwerpunkt der Betreuung im seelischen Wohlbefinden der BewohnerInnen, in zweiter Linie ist die medizinische Versorgung wichtig.

Die psychische Belastung des Pflegepersonals ist meist auch durch das Gefühl, zu wenig Zeit für die einzelnen BewohnerInnen zu haben, bedingt. Es wird sehr oft beklagt, dass die Personalressourcen zu gering seien. Obwohl eine Imagekampagne vom Land Oberösterreich in Kooperation mit der ARGE Alten- und Pflegeheime Oberösterreich (Sinnstifter) gestartet wurde und die Ausbildungseinrichtungen laufend Ausbildungskurse anbieten, entstand die Befürchtung, dass die Sicherstellung von ausreichendem Personal für Pflege und Betreuung in Zukunft nicht gegeben sein wird.

Wenn man davon ausgeht, dass die physische und psychische Belastung des Pflegepersonals in den nächsten Jahren nicht deutlich geringer wird, ist ein Engpass an Pflege- und Betreuungspersonal wohl kaum zu vermeiden. Es gibt drei schwerwiegende Gründe dafür:

Der erste Grund ist die natürliche Verringerung des Personals, bedingt vor allem durch Pensionierungen. Als zweiter Grund erscheint die hohe Wahrscheinlichkeit eines Ausscheidens aus gesundheitlichen Gründen aus dem Beruf, wenn die MitarbeiterInnen den Anforderungen nicht mehr gewachsen sind. Und drittens ist die Attraktivität des Pflegeberufes zu hinterfragen. Die Möglichkeiten für junge Menschen in diesem Beruf Karriere zu machen, sind sehr gering. Die Entlohnung wird nicht als leistungsgerecht empfunden.

Durch die demographische Entwicklung und steigende Demenzrate wird in den Ausbildungen für Gesundheits- und Sozialberufe größeres Augenmerk auf Pflege- und Betreuung von Menschen mit Demenz gelegt und dadurch der Anreiz, in diesem Bereich zu arbeiten, geschaffen. Die ersten segregativen Wohngruppen (in den Stichproben dieser Arbeit) gibt es seit ca. 10 Jahren. Der Zusammenhang zwischen Berufsdauer und segregativen Bereich könnte damit begründet werden, dass neue MitarbeiterInnen für diese speziellen Wohngruppen aufgenommen wurden.

16. 11. Ergebnis der Expertengespräche

Fachwissen gepaart mit hoher sozialer und persönliche Kompetenz:

Aus den Experteninnengesprächen haben sich folgende Anforderungen und Kompetenzen für das Pflege- und Betreuungspersonal zur Begleitung von Menschen mit Demenz herauskristallisiert:

Das Fachwissen zu Demenz, das heißt zu verschiedenen Formen der Demenz, deren Entstehung, Symptome und Verlaufsformen sowie zur Medikation ist ganz wesentlich; ebenso die Abgrenzung zu anderen gerontopsychiatrischen Krankheitsbildern. Ohne Verständnis dafür, welche Krankheit eigentlich vorliegt und welche Auswirkungen diese auf das (Er-)Leben der betroffen Person hat, können auch nur schwer die geeigneten Maßnahmen gesetzt werden.

Dieses Fachwissen muss auch die allgemein-pflegerische Kernkompetenz der Krankenbeobachtung und der Dokumentation der Beobachtungen in Bezug auf das Verhalten, aber insbesondere auch auf Schmerzen, Wunden, Nahrungs- und Flüssigkeitsversorgung und Bewegung, beinhalten.

Neben der Beobachtung und Dokumentation ist die methodische Kompetenz zur Reflexion des beruflichen Handelns mittels Leitfäden und strukturierten Fallbesprechungen wesentlich. Aus der Reflexion können wieder wertvolle Beiträge für den gesamten Pflege- und Betreuungsprozess (inkl. Evaluierung und Pflegeplanung) gewonnen werden.

Als wichtige Methodenkompetenz (evtl. auch der Fachkompetenz zuordenbar) werden insbesondere Biographiearbeit (Teilweise auch in Verbindung mit der Milieutherapie genannt) sowie verschiedene Pflege- und Kommunikationsansätze, die von Ressourcenorientierung und Wertschätzung gegenüber der Person geprägt sind (unter anderen Validation, aktivierende Pflege, ressourcenorientiertes Einbeziehen, sinnvolle Tagesgestaltung, Berührung) genannt.

Die zentralen sozialen Kompetenzen sind Empathie, Kommunikations- und Kooperationsbereitschaft (auch Teamarbeit).

Die Empathie Fähigkeit ist getragen von der Fähigkeit, sich in die Lebenswelt der Person hineinversetzen zu können, mit eigenen Erfahrungen zu vergleichen und aus einer fürsorgenden Haltung heraus, der Person das zu geben, was sie im Moment braucht. Dazu ist auch die Grundfähigkeit nötig, in Beziehung und Kontakt mit sich selbst und mit anderen sein zu wollen und zu können.

Das Interesse an Menschen und die Liebe zum Menschen, Wertschätzung des Menschseins allgemein (auch des verwirrten, dementen, alten Menschen) und des Alters ist eine grundlegende Haltung die Pflege- und Betreuungspersonen zur Begleitung von Menschen mit Demenz mitbringen sollten.

Zentral sind auch die Bereitschaft und die Fähigkeit zur Kommunikation sowie zur Kooperation – mit Bewohnerinnen und Bewohnern, mit Angehörigen und im Team. Diese soziale Kompetenz kommt einer Schlüsselkompetenz gleich, die für die Gestaltung der Arbeitsbeziehungen und der Arbeitsprozesse zentral ist.

Bei den persönlichen Kompetenzen (Selbstkompetenz) sind die psychische Belastbarkeit und die damit verbundene Selbstpflege- oder Selbstfürsorgekompetenz wesentlich.

Am häufigsten wurde die „Flexibilität“ als relevante Kompetenz genannt – allerdings in verschiedenen Ausprägungen. Gemeint ist unter anderen die Flexibilität im Denken sowie auch in der Organisation von Arbeitsprozessen (das heißt, sich auf die oft ständig wechselnde Realität der BewohnerInnen einstellen zu können, mit chaotischen Situationen umgehen zu können, den Tagesplan anpassen zu können), aber auch Flexibilität im Sinne von Kreativität (z. B. neues ausprobieren, persönliche, kreative Talente und Ausdrucksformen, z. B. Singen, Malen, Werken in die Arbeit einbringen).

17. ZUKÜNFTIGE ANFORDERUNGEN AN DIE FORSCHUNG

Die Entwicklung eines großen Spektrums von Indikatoren die das Belastungsempfinden zwischen den Wohngruppen stellen, war die große Herausforderung bei der Erfassung der Unterschiede zwischen den Wohnbereichen.

Es sollen Instrumente entwickelt werden, die nicht nur die körperlichen Beschwerden und psychische Belastungen erfassen, sondern auch die Personalentwicklung und sie sollen für die Praxis relevant und einsetzbar sein.

Weiteres besteht ein großer Bedarf in der Forschung vor allem in Bezug auf die Quellen, Artikeln, Studien, Zusammensetzung von Stichproben und Analysen um leichteren Vergleichbarkeit der neu gewonnenen Daten und somit Generalisierbarkeit der Ergebnisse zu treffen.

Dabei spielen die verschiedenen Betreuungsformen in Pflege- und Betreuung von Menschen mit Demenz eine große Rolle. Hier geht es auch um Lebensqualität der Menschen mit dementiellen Syndrom auf der einen Seite und auf der anderen um bessere/leichtere Arbeitsbedingungen für das Pflege- und Betreuungspersonal, welche unmittelbare Ansprechpersonen von Menschen mit Demenz sind. Eine Möglichkeit dieses Problem zu entschärfen, wäre Validierung von Wohngruppen sowie der Zusatzqualifikationen der MitarbeiterInnen. Eine Auflistung bzw. Kombination von einigen Faktoren für die Validierungungprozesse von Wohngruppen für Menschen mit Demenz fehlen bis dato. Durch eine breite Aufstellung der Valiedirungsprozesses für die Segregativen, SEmi-Segregativen und Integrativen Bereiche, könnten Daten gefunden werden, um die bis heute bestehende Schwachpunkte zu beseitigen.

Es sollte die Untersuchung der Aspekte fortgesetzt werden die einen Einfluss auf Belastung in den Wohngruppen habe. Auch hier könnten sich neue Dimension ergeben. Ein breites Spektrum wäre die Ausbildung von Pflege – und Betreuungspersonal. Obwohl es viele Ausbildungen sowie Fort- und Weiterbildungen in Bezug auf Umgang mit Menschen mit Demenz wie z. B. Pflege nach Böhm, Kitwood, etc gibt. Hier gibt es kaum Faktoren die untersucht worden sind.

Zusammenfassend kann gesagt werden, dass es bereits eine Auswahl an Instrumenten gibt die verschiedene Belastungen erheben. Allerdings sollte mit diesen Instrumenten Validierungsstudien durchgeführt werden.

18. ZUSAMMENFASSUNG

In dieser Studie wurde eine Befragung von Pflege- bzw. Betreuungspersonal von segregativen, teilsegregativen und integrativen Wohngruppen für Bewohner mit Demenz durchgeführt. Die Befragung sollte über das Belastungsempfinden der MitarbeiterInnen Aufschluss geben. Die Stichproben wurden in den Statutarstädten Linz, Wels, Steyr und den Bezirken Linz- Land, Wels-Land, Steyr-Land, Kirchdorf und Eferding gewonnen. In diesem Zentralraum von Oberösterreich wurde festgestellt, dass von 48 Alten- und Pflegeheimen nur 8 Heime eine gesonderte Betreuung für Menschen mit Demenz anbieten. In diesen Wohnbereichen wohnen ausschließlich BewohnerInnen mit einer Einstufung in die Schweregrade mittlerer bis schwerer Demenz.

In den 8 Alten- und Pflegeheimen mit Wohngruppen für Menschen mit Demenz arbeiten 109 MitarbeiterInnen. Es wurden gleich viele Fragebögen an die Segregativen, SEmi-Segregativen und Integrativen Wohngruppen verteilt, wobei darauf geachtet wurde, dass für alle TeilnehmerInnen dieselben Rahmenbedingungen herrschen. Als positiv kann der Rücklauf von 211 Fragebögen (entspricht 64,5 %) beurteilt werden.

Das Beschäftigungsausmaß ist im Pflegeberuf mit großer Wahrscheinlichkeit sehr stark Ausschlag gebend für das Empfinden von Belastung. Es zeigt sich kein Unterschied: Teil- bzw. Vollzeitbeschäftigung hält sich im Segregativen, SEmi-Segregativen und Integrativen Bereich die Waage. Somit kann angenommen werden, dass in allen drei Vergleichsgruppen das Beschäftigungsausmaß gleichermaßen zu bewerten ist. Die Vollzeitbeschäftigung wurde hier mit 38 bis 40 Wochenstunden angenommen. Der Grund dafür ist, dass es Alten- und Pflegeheime gibt, die nach dem Kollektivvertragsbestimmungen der BAGS arbeiten. Diese haben weniger als 40 Wochenstunden. (BAGS bedeutet Berufsvereinigung von Arbeitgebern für Gesundheits- und Sozialberufe. Dieser Kollektivvertrag wurde mit den Gewerkschaften der Privatangestellten, des Handels, Transports u. Verkehrs, der Hotels, des Gastgewerbes und des Persönlicher Dienstes abgeschlossen. Er ist seit dem 1. Juli 2004 in Kraft.)

Die Ergebnisse zeigen, dass signifikante Belastungsunterschiede im Segregativen und SEmi-Segregativen Bereich vorhanden sind. Das Gleiche gilt für den Vergleich SEmi-Segregativ und Integrativen Bereich.

Auch der Unterschied Segregation vs. Integration war signifikant. In den Integrationswohngruppen ist die Belastung deutlich höher als in den Segregationswohngruppen. Der Grund dafür könnte in der spezifischen Ausbildung im segregativen Bereich zu suchen sein. Dort konnte ein höherer Anteil an in Validation nach Feil ausgebildetem Pflege- und Betreuungspersonal beobachtet werden. Außerdem ist anzunehmen, dass im SEmi-Segregativen und Integrativen Bereich die Anforderungen breiter und vielfältiger sind als in der homogenen Gruppe der dementen Personen,

Aus den Gesprächen mit den Heim- bzw. Pflegedienstleitungen konnte ein Trend festgestellt werden. Es wird in Zukunft notwendig sein, vermehrt Wohnformen für Menschen mit Demenz anzubieten. Die baulichen Strukturen in den bestehenden Alten- und Pflegeheimen müssen nicht komplett geändert werden. Es müssen aber Adaptierungen vorgenommen werden. Das Hauptaugenmerk muss auf dem Aspekt Betreuung und Ausbildung des Personals liegen.

19. WEITERFÜHRENDE FRAGESTELLUNG

Ethik ein sehr breites Feld. Herausforderungen für die Zukunft werden der zunehmende Kostendruck im Gesundheitswesen, aber auch schneller medizinischer Fortschritt sein, und damit mehr Möglichkeiten der Therapie sein. Eine weitere große Herausforderung wird ethische Begleitung und Entscheidungsfindung in multikultureller und pluralistischer Gesellschaft sein.

Demenz – ist eine Herausforderung in jeder Hinsicht. Die Politik ist gefordert, eine leistbare und langfristige Finanzierung zu gewährleisten. Die Gesellschaft ist gefordert, Demenzkranke nicht zu stigmatisieren, sondern ihnen einfach „Normalität" einzuräumen, sie zu Mitgliedern unseres Gesellschaftssystems zu machen, indem sie gut betreut und integriert sind.

Auf Länderebene sind wir gefordert, geeignete Wohnformen zu kreieren, damit das Pflegeheim für oft mobile Demenzkranke nicht die einzige Alternative darstellt. Wir sind aufgefordert, Akteure im Gesundheits- und Sozialwesen gut zu vernetzen, damit auch niemand durch Schnittstellen fällt, sondern an Nahtstellen aufgefangen wird.

Die Beschäftigung mit so grundlegenden ethischen Fragen in diesem Feld sollte kein Randthema mehr sein. In systematischer Perspektive bildet eine Ethik für die Demenzkranke sogar das Kernstück der pflegerischen Disziplin. Sie bezeichnet eine Art Grundgedankengang, der die pflegerischen Einzeldisziplinen in ihrer Vielfalt zusammenhalten soll.

Nur wenn ausnahmslos alle Menschen Personen sind, bleiben Personenrechte auch im buchstäblichen Sinne Menschenrechte. Allerdings, auch was so selbstverständlich sein mag – oder doch wenigstens sein sollte – wie etwa ein Lebensrecht für alle Menschen, kommt auf Dauer nach all den Infragestellungen der jüngsten Zeit nicht mehr ohne Begründung aus.

Die Wertschätzung, die heute ganz allgemein dem postmodernen Selbstbestimmungsideal entgegengebracht wird, könnte gerade auch Demenzerkrankten helfen, sich aus Abhängigkeit und institutionellen Zwängen zu befreien. Sie hat aber zugleich eine gefährliche Kehrseite. Denn sie kann im Umkehrschluss leicht zu einer Lebensbedrohung, zumindest aber Einbuße an Zuwendung und Pflegequalität bei denjenigen führen, denen man die Eignung dafür abspricht. Umso wichtiger ist es für Demenzerkrankte, dass sie Menschen an ihrer Seite wissen, die bereit sind, sich für die Wahrung ihrer Rechte, stellvertretend, einzusetzen.

Die zahlreichen Autoren (Arend & Gastmans, 1996, Arygle, 1981, etc.) haben für die hier angesprochenen moralischen Fragen keine glatten Lösungen anzubieten. Sie gehen davon aus, dass es zwischen moralischen Gebot und konkreter Handlungssituationen nicht auflösbare Widersprüche geben kann, die für eine praktische Ethik in der Betreuung von Demenzerkrankten gleichwohl konstitutiv sind. Auch maßgebliche Moraltheorien ziehen im Übrigen einen Trennungsstrich zwischen Prinzipien- und Anwendungsebene. Sie erkennen damit an – vermutlich im Einklang mit der Mehrheitsmeinung in säkularisierten Gesellschaften – dass ein striktes, generelles Gebot Menschen überfordern kann, dass es deshalb Ausnahmen geben sollte. Die Feststellung ist gleichwohl nicht als Freibrief für eine moralische Beliebigkeit der Entscheidung gedacht, sondern mit einer hohen Verantwortungsethik in Einklang zu bringen.

Inhaltlicher Bezugspunkt aller Aussagen sind die Menschenrechte. Menschenwürde steht nicht nur am Beginn von Medizin, sie bleibt auch ein wichtiges Ziel.

Nun stellt sich vorrangig die Frage, wie gehen wir mit den Symptomen der Volkskrankheit Demenz richtig um?
Man kann Demenz auch als eine Erkrankung mit Hirnleistungsstörung bezeichnen. Das bedeutet, dass es nicht nur die Menschen mit Demenz alleine betrifft, sondern auch deren Familien und die Gesellschaft in der sie leben. Denn die erkrankten Menschen sind durch ihre Gehirnleistungsstörung in ihrer Interaktion mit ihrem Umfeld eingeschränkt. Ihre Ansprechpersonen müssen sie verstehen und individuell auf ihre Bedürfnisse eingehen. Viel zu oft ist das aber nicht der Fall. Daher ziehen sich Menschen mit Demenz dann rasch zurück, isolieren sich und sind in weiterer Folge nicht mehr in der Lage einen selbständigen und selbst bestimmten Lebensalltag zu führen. Dass wiederum führt gleichzeitig zu einer Beschleunigung des Erkrankungsverlaufes, was zu der gegenwärtigen hohen Zahl an Demenzerkrankungen führt.

Pflege zu Hause bringt viele Belastungen mit sich, doch mit entsprechender Hilfe kann sie geleistet werden. Warum viele Angehörige die Hilfe nicht in Anspruch nehmen liegt am Mangel an Information oder weil sie aus moralischen Gründen darauf verzichten. Es stellt sich die Frage, ob ein überforderter pflegender Angehöriger noch die erforderliche Geduld, das notwendige Einfühlungsvermögen oder die Gelassenheit aufbringt, die der Patient braucht.

Die Auseinandersetzung mit den Anforderungen und Kompetenzen in der Pflege und Betreuung von Menschen mit Demenz hat gezeigt, dass MitarbeiterInnen über ein entsprechendes gerontopsychiatrisches Fachwissen zum Krankheitsbild „Demenz“ sowie über ausgeprägte soziale Kompetenzen, insbesondere kommunikative Fähigkeiten und Empathie verfügen sollten, um die Lebenswelt dementer Menschen verstehen und sie begleiten zu können. gerade der Paradigmenwechsel von medizinischen Modell bzw. der klassischen Pflege hin zu psychobiographischen oder psychosozialen Modellen bzw. personenzentrierten Pflege fordert von den MitarbeiterInnen auch Kompetenzen im Bereich des hermeneutischen Fallverstehens, Reflexions- und Problemlösungsfähigkeiten sowie Kreativität und Flexibilität im Einsatz von therapeutischen Ansätzen bzw. Umgang.

In der theoretischen Auseinandersetzung entsteht leicht der Eindruck, dass BetreuerInnen in der Demenzpflege ein großes Repertoire an verschiedenen Techniken brauchen. Aber obwohl die Kenntnis verschiedenster therapeutischer Ansätze die Handlungsfähigkeit erhöht, betonen die PraktikerInnen, dass eine positive Grundhaltung gegenüber alten und dementen Menschen, eine Suchhaltung zur Verbesserung ihrer Lebensqualität, sowie die Fähigkeit sich auf die Welt dementer Menschen einzustellen, mit ihnen wertschätzend zu kommunizieren und auch ihre Bedürfnisse flexibel reagieren zu können, wesentliche Schlüsselqualifikationen sind.

Zur Verbesserung dieser Situation in der Zukunft, bedarf es konkreter Behandlungswege und Pflegekonzepte. Aber nicht nur diese alleine, sondern es benötigt auch neue Ansätze zur Vorbeugung, Früherkennung sowie der verbesserten Koordination, Information und der Entlastung der Angehörigen. Das ist jedoch ein komplexes Unterfangen bei Demenz mit seinen mehr als fünfzig Krankheitsbildern. Jedes Demenzkrankheitsbild hat seinen speziellen Verlauf und seine spezifischen Verhaltensauffälligkeiten.

Insgesamt lässt sich feststellen, dass – mit Ausnahme des Fachwissens zu den verschiedenen Demenzformen (Verlauf, Symptome, Medikation) und der Kenntnis der Kommunikationsmethoden im Umgang mit dementen Menschen – alle geforderten Kompetenzen auch insgesamt in der Pflege und Betreuung älterer Menschen angewendet werden können oder für die Zusammenarbeit im Team von Bedeutung sind.

Für die Zukunft wäre es daher wichtig, koordinierte und einheitliche Handlungsleitlinien und Konzepte für den Umgang mit Menschen mit Demenz bereit zu stellen. Solche Leitlinien wären auch erforderlich für potentielle Erkrankte, um bei diesen eine frühe Erkennung und Akzeptanz beim Auftreten einer Demenzerkrankung zu erreichen. Daraus würde eine baldige Behandlung der Demenz resultieren, wodurch das Fortschreiten der Erkrankung früher verzögert werden könnte. Die Erkrankten könnten dadurch länger ein selbstständiges und selbst bestimmtes Leben führen, könnten länger in ihrem gewohnten Lebensumfeld bleiben, die Angehörigen würden erst später belastet sein und die Behandlungskosten wären geringer. Zielgerichtete Leitlinien für pflegende Angehörige würden bei diese die Gefahr reduzieren durch physische und psychische Dauerbelastung selbst krank zu werden.

Flächendeckende Konzepte für Betreuungssysteme und Pflegesysteme wären notwendig für die Bereitstellung von professionellem Fachpersonal und speziell ausgebildetes Personal, da ansonsten die Mediziner verstärkt in die Betreuungsrolle bedrängt werden. Zum Pflegesystem zählen jedoch auch regionale Demenznetzwerke, auf die durch die Menschen mit

Demenz als auch durch die pflegenden Angehörigen zurückgegriffen werden kann.
Beispielsweise beginnend bei der Einrichtung einer Demenz-Hotline, der Organisation für die Kurzzeitpflege, um pflegenden Angehörigen einen Urlaub zu ermöglichen, der Beistellung von speziellem Fachpersonal für die Betreuung bis hin zur Langzeitpflege im Altenheim und Pflegeheim.
In den Konzepten für Betreuungssysteme und Pflegesysteme, wären auch die Ausbildung und Koordinierung der vielen ehrenamtlichen HelferInnen zu integrieren. Wesentlichen Aufgaben im Rahmen einer Handlungsleitlinie für die Demenz würde auch auf die Fachkräfte im Nahversorgungsgewerbe und im öffentlichen Dienst zukommen. Denn ein kompetenter Umgang dieser Fachkräfte mit Menschen mit Demenz würde dazu führen, dass diese trotz ihrer reduzierten Leistungsfähigkeit dennoch länger selbständig ihren Alltag bewältigen könnten. Das Schwergewicht bei Handlungsleitlinien würde jedoch die Kommunen treffen. Die Schaffung eines speziellen Demenzservices im Rahmen des gemeindebezogenen sozialen Dienstes würde positiv verändernd wirken und Unsicherheiten und Vorbehalten der Gesellschaft abbauen.

Durch viele Recherchen konnte man feststellen, wie schwierig und aufwendig es ist, an Informationen über Demenz, die Krankheit selbst und Entlastungsangebote zu gelangen. Es sind mehrere Stellen notwendig, die Angebote sind vielfältig aber sehr unübersichtlich und verwirrend, weshalb es nachvollziehbar ist, warum pflegende Angehörige oft auf Hilfe von außen verzichten. Es gibt jede Menge Bücher und Informationen im Internet (werden aber gerade von älteren Angehörigen wenig genützt), aber eine persönliche Beratung ist, auch von sozialer Perspektive aus betrachtet, am sinnvollsten. Da im Demenzbericht 2014 kaum Veränderungen zum Demenzbericht 2009 festzustellen sind, kann davon ausgegangen werden, dass in Österreich diesbezüglich wenig geschieht. Sicher sind einige Pilotprojekte wie mobile Beratung, Ausbau der Beratungsstellen in bestimmten Regionen oder Informationen an die Öffentlichkeit in Angriff genommen worden. Aber wie so oft scheitert es auch hier (auch lt. OÖGKK) an finanziellen Mitteln um ein flächendeckendes Angebot zu installieren. Wenn man jedoch die Kosten der Betreuung zu Hause und die der stationären Betreuung vergleicht, müsste eigentlich feststehen, dass mit etwas mehr Unterstützung der pflegenden Angehörigen eine weitaus günstigere Versorgung gewährleistet werden könnte. Auch sind Hausärzte aufgerufen, die Angehörigen und ihre Sorgen sowie beobachtbare Veränderungen ihrer alten Angehörigen ernst zu nehmen.

Es werden mehr Kurzeitpflegeplätze gefordert. Dabei stellt sich jedoch die Frage, weshalb hier nicht für eine entsprechende Finanzierung gesorgt wird. Heime reduzieren nämlich diese Plätze, da sie finanziell nicht genügend abgegolten werden (sie werden nur wie Langzeitpflege abgegolten). Es ist auch nicht nachzuvollziehen, warum immer mehr Kinderbetreuungsplätze (trotz Geburtenrückgang) geschaffen werden, aber nicht mehr Betreuungsplätze und geeignete Wohnformen für alte, pflegebedürftige Menschen (vor allem mit Demenz) eingerichtet werden, da die Bevölkerung immer älter wird und somit die Zahl der Pflegebedürftigen kontinuierlich ansteigt. Die Augen vor dieser Problematik zu verschließen wäre ein großer Fehler, denn früher oder später muss man sich damit auseinandersetzen. Je früher umso besser. Es ist an der Zeit, das Thema Demenz sowie Tod und Sterben zu enttabuisieren. Mehr Öffentlichkeitsarbeit ist nötig, um die Gesellschaft zu informieren. Dieses Thema geht uns alle an, denn es kann jeden von uns treffen.

In der Arbeit konnte nur ein minimaler Aspekt in der Betreuung von Menschen mit Demenzerkrankung erleuchtet werden.

Zusammenfassend gilt, dass es die Einzelmaßnahme zur Reduktion von Belastungen gibt. Belastungen in den Wohngruppen werden dauerhaft sinken, wenn

- ✓ die Mitarbeiter und Mitarbeiterinnen ernst genommen werden und sie mitverantwortlich in Arbeitsprozesse, Entscheidungen, Neuerungen und Ausbildungen integriert werden.
- ✓ die Mitarbeiter und Mitarbeiterinnen freien Zugang zu Fort- und Weiterbildungen haben.
- ✓ die finanziellen Mitteln zu Verfügung gestellt werden um fachliche Fort- und Weiterbildungen des Personals zu finanzieren und
- ✓ die Personalbedarfsplanung nach Pflege- und Betreuungsbedarf richtig kalkuliert wird.

Die Frage, welche als Erstes gestellt werden muss, ist, wie viel der Gesundheitspolitik wert ist in Ausbildung der Pflegepersonal zu investieren und dadurch besseren Qualität in der Pflege- und Betreuung von Menschen im Alten- und Pflegeheimen zu gewährleisten.

Wie wir alle wissen, in der Pflege wird nur über die finanziellen Ressourcen gesprochen und Personalmangel. In diese Arbeit wurde die Thematik „Personalbedarf“ nicht angesprochen,

jedoch wäre es interessant gewesen zu untersuchen, anhand welchen Daten der Personalschlüssel in den Heimen berechnet wird.
Nur mit gut ausgebildeten und motivierten Pflegepersonal kann gute Pflege- und Betreuung gewährleistet werden und dann können die BewohnerInnen, Pflege und die Leitung davon profitieren.

Die Frage stellt sich *„Ist unserer Gesellschaft gute Pflege und gut ausgebildete Pflegepersonal wert?"*.
Kann man diese Frage beantworten? Wollen wir es" oder „Wer ist dafür verantwortlich"? Es sind so viele Fragen die eine ethisch Antwort suchen.

Die Verfasserin dieser Studie hat bereits einige Heime gesehen, die entsprechende Bauweise für Demenzkranken hatte, aber sie nicht dementsprechend gestalten konnten. Es lag an den fehlenden finanziellen Mitteln. Deshalb stellt sich die nächste Frage: „Warum werden für Bauweisen von Heimen nicht mehr finanzielle Mitteln zu Verfügung gestellt um den störungen angepassten Wohnen der BewohnerInnen zu ermöglichen aber auch um bessere Pflege zu gewährleisten?"

20. LITERATURVERZEICHNIS

Arend, A. V. D. / Gastmans, C. (1996): Ethik für Pflegende; Hans Huber, Bern, Göttingen, Toronto, Seattle:

Arndt, M. (1996): Ethik denken – Maßstäbe zum Handeln in der Pflege, Georg Thieme Verlag; Stuttgart; New York.

ARGE Oberösterreich, (2009): Alten- und Pflegeheime. http://www.altenheime.org/ [Datum des Zugriffs: 08.08.2015].

Arldt, J. (2009): Die Stadien der Demenz. http://www.demenz-rlp.de/demenz-was-ist-das/stadien-der-demenz/ [Datum des Zugriffs: 03.08.2015].

Argyle, M. / Trower, P. (1981): Signale von Mensch zu Mensch. Der Weg der Verständigung. Weinheim und Basel: Beltz

Aschenbrenner, A. (2014): Mehr Lebensqualität für Menschen mit Demenz und ihre Angehörige. Pflegekongress, Wien.

Auer, S. (2015): Verhaltensweisen der Demenz. In: Skript. die Förderung von Menschen mit Demenz. M.A.S: Alzheimerakademie & Forschung. Danube University Krems.

Bär, M. Netzwerk Alternsforschung Heidelberg (2010): Demenzkranke Menschen im Pflegeheim besser begleiten. Arbeitshilfe für die Entwicklung und Umsetzung von Pflege- und Betreuungskonzepten. Hannover: Schlütersche Verlagsgesellschaft mbH &Co. KG

Barker, R. G. / Barker, L. S. (1961): The psychological ecology of old people in Midwest, Kanses and Yoredale, Yorkshire. Journal of Gerontology 16.

Barazon, R. (2014-12-01). Ältere Menschen sind Menschen, nur nebenher Pensionisten. Salzburger Nachrichten, 3.

Behrens, J. / Langer, G. (2006): *Evidence–based Nursing and Caring* (2. Aufl.). Bern: Huber.

Bell, V. / Troxel D. (2004): Richtig helfen bei Demenz. Ein Ratgeber für Angehörige

Bergmann, F / Nemeth, C. / Pochobradsky, E / Preininger, B 82008): Demenzhandbuch. Wien. Bundesministerium für Soziales und Konsumentenschutz (Hrsg.). http://www.bmask.gv.at/cms/site/attachments/7/6/7/CH2222/CMS1218114744041/demenzhandbuch_inter.pdf [Datum des Zugriffs: 12.08.2015].

Berlin Institut für Bevölkerung und Entwicklung, Geschichte der Bevölkerungswissenschaft.http://www.berlin-institut.org-/online-handbuchdemografie/bevoelkerungswissenschaft/forschung-und-lehre/fachgeschichte.html [Datum des Zugriffs: 22.10.2015a].

Berlin Institut für Bevölkerung und Entwicklung, Glossar. http://www.berlin-institut.org/online-handbuchdemografie/glossar.html [Datum des Zugriffs: 16.10.2015].

Birg, H. (2011): Plädoyer für eine neue „Gemeinschaftsaufgabe Demographiepolitik", in Mißfelder, Philipp (Hrsg.): „Herausforderungen. Annehmen"! Deutschland demographiefest machen!", Braunschweig.

Birg, H. (2006): Die ausgefallene Generation. Was die Demographie über unsere Zukunft sagt, 2. Auflage, München.

Blom, M. / Duijnstee, M. (1999): *Wie soll ich das nur aushalten?* Bern: Huber.
Bundesministerium für Arbeit, Soziales und Konsumentenschutz. (Hg.). (2009) Freiwilliges Engagement in Österreich. 1. Freiwilligenbericht. Wien: BMASK

Bredthauer, D. (2012): Fachschule Frankfurt am Main: Freiheitsentziehende Maßnahmen: Gefahren, Alternativen, Erkenntnisse aus den ReduFix-Projekten. http://pflegestuetzpunkt-hassberge.de/fileadmin/data/Werdenfelser_Weg/Hassberge_2012_handout_Bredthauer.pdf. [Datum des Zugriffs: 24.01.2016]

Breuer, R. (2013): Mit existenziellen Erfahrungen des Lebens umgehen und sich dabei entwickeln, in: Hein, Bernd (Hrsg.): Altenpflege konk-ret/Pflegetheorie und -praxis, 3. Aufl., München, Urban & Fischer Verlag, 2013.

Bruckler, I. (2013): Pflege alter Menschen/Ein Lehrbuch für Pflegehilfe und Sozialbetreuungsberufe, Wien, Facultas Verlag.

Brüggemann, J. / Brucker, U. / Eben, E. / Fleer, B. / Gerber, H. / Kurzmann, K. / Ziegert, S. / Lübke, N. (2009): Pflege und Betreuung von Menschen mit Demenz in stationären Einrichtungen. Grundsatzstellungnahme. Essen. http://www.mds-ev.de/media/pdf/Grundsatzst-Demenz.pdf [Datum des Zugriffs: 24.01.2015]

Bubner, R. (2000): Zur Dialektik der Toleranz, in: Forst, Rainer (Hg.): Toleranz. Philosophische Grundlagen und gesellschaftliche Praxis einer umstrittenen Tugend. Frankfurt/M.

Bundesgesetzblatt für die Republik Österreich (1993): 110. Bundesgesetz, Bundespflegegesetz. http://www.ris.bka.gv.at/Dokumente/Bgbl/Pdf/1993_111_0.pdf [Datum des Zugriffs: 24.10.2015]

Bundesgesetzblatt für die Republik Österreich (2004): 11. Bundesgesetz, Heimaufenthaltsgesetz. http://www.ris.bka.gv.at/Dokumente/BgblAuth/BGBLA_2012_I_1/BGBLA_2012_I_1-pdf [Datum des Zugriffs: 24.10.2015]

Bundesministerium für Arbeit, Soziales und Konsumentenschutz. (Hg.). (2012): Sozialpolitische Studienreihe. Band 11 Soziale Lage älterer Menschen in Österreich. Wien: BMASK

Bundesministerium für Arbeit, Soziales und Konsumentenschutz. (Hg.). (2013): Altern und Zukunft. Bundesplan für Seniorinnen und Senioren. Wien: BMASK

Bundesministerium für Familie, Senioren, Frauen und Jugend (Hg.). (2006): Aktuelle Forschung und Projekte zum Thema Demenz. Berlin: DruckVogt.

Bundesministerium für Familie, Senioren, Frauen und Jugend. Informationen - Gesellschaft und Demenz - Frontotemporale Demenz oder Pick Krankheit. http://www.wegweiser-demenz.de/frontotemporale-demenzpick.html. [Datum des Zugriffs: 24.01.2015]

Bundesministerium für Wirtschaft, Familie und Jugend (2010): 5. Familienbericht 1999-2009 – Die Familie an der Wende zum 21. Jahrhundert, BAND 1, http://www.bmwfj.gv.at/Familie/Familienforschung/Seiten/5Familienbericht.aspx, [Datum des Zugriffs: 07.10.2015].

Bundeskanzleramt Rechtsinformationssystem, 2016: https://www.ris.bka.gv.at/ [Datum des Zugriffs: 07.10.2016].

Büker, Ch. (2009): Pflegende Angehörige stärken. Information, Schulung und Beratung als Aufgaben der professionellen Pflege. Stuttgart: W. Kohlhammer GmbH.

Buijssen, H. (2012): Die magische Welt von Alzheimer. 25 Tipps, die das Leben mit Demenzkranken leichter und erfüllter machen. (1. Auflage) Weinheim und Basel: Beltz

Buijssen, H. (2008): *Demenz und Alzheimer verstehen.* Weinheim & Basel: Beltz.

Buijssen, H. (2003): Demenz und Alzheimer verstehen – mit Betroffenen reden. Praktischer Ratgeber. Weinheim, Basel: Beltz.

Buijssen, H. (2013): Demenz und Alzheimer verstehen. Erleben, Hilfe, Pflege: Ein praktischer Ratgeber. (7. Aufl.). Weinheim & Basel: Beltz.

Büssing, A. (2001): Arbeitsbelastungen in der Krankenpflege. Innovation in der Pflege. Neue Pflegequalität durch Arbeitsgestaltung und Organisationsentwicklung. Bern. Huber Verlag.

Büscher, A. (2008): Die Kraft und die Last des Tragens. Pflegen: Demenz. Zeitschrift für die professionelle Pflege von Menschen mit Demenz, 9.

Catulli, T. (2007): Lebenswelt pflegender Anghöriger von Demenzkranken.

Anforderungen an das professionelle Gesundheits- und Hilfesystem. Nicht veröffentlichte Dissertation, Fakultät für Sozial- und Verhaltenswissenschaften, Eberhard-Karls-Universität, Tübingen.

Conradi E. (2003): Vom Besonderen zum Allgemeinen- Zuwendung in der Pflege als Ausgangspunkt einer Ethik. In: Wiesemann et al., Pflege und Ethik. Leitfaden für Wissenschaft und Praxis. Stuttgart: Kohlhammer Verlag.

Cranen, B. (2008): Alles in 8. Heim + Pflege, 39.

Danninger, K. (2001): Angehörige von Demenz – Patienten mit der Diagnose vaskuläre Demenz. Erfassung der Belastungsformen und Bewältigungsansätze pflegender Angehöriger vom Patienten mit der Diagnose vaskulärer Demenz. Nicht veröffentlichte Diplomarbiet, Naturwissenschaftliche Fakultät, Paris-Lodron-Universität, Salzburg.

Demenzbericht, Österreichischer. „Erster Österreichischer Demenzbericht.“ 2009. Wiener Gebietskrankenkasse.
http://www.wgkk.at/cdscontent/load?contentid=10008.595154&version=1391231137
[Datum des Zugriffs: 27. 12 2015]

Devrient, H. (2007): Ethische Fragen in der aktuellen Pflegeliteratur. In: Städtler-Mach, B. (Hrsg.): Ethik gestalten, Neue Aspekte zu ethischen Herausforderungen in der Pflege, Frankfurt am Main, Mabuse Verlag.

Diakoniewerk OÖ: http://www.diakoniewerk-oberoesterreich.at/assets/DKW-Allgemein/download/HfS_Wels_Hausgemeinschaften.pdf [Datum des Zugriffs: 16. 10 2015]

Döble, M. (2008, 2013): Demenzbegleiter. Leitfaden für zusätzliche Betreuungskräfte in der Pflege. (2. Auflage) Berlin Heidelberg: Springer Verlag

Döbele, M./ Schmidt, S. (2013): Demenzbegleiter für Betroffene und Angehörige. Informationen und Hilfen für den Alltag. Berlin, Heidelberg: Springer.

Duden (2007): Das Fremdwörterbuch, 9. Auflage, Mannheim, Leipzig, Wien, Zürich: Dudenverlag.

Dunkhorst, H. (2006): Lehrbuch Altenpflege, Gestaltung und Beschäftigung. 2. Auflage. Hannover. Vincentz Verlag.

Dürmann, P. (2001): Besondere stationäre Dementenbetreuung. Hannover. Vizentz.

Eberle U. (2014): Die gefährliche Frage nach dem Sinn. GEO WISSEN, 2014, (53)

Echer, D. N. (2006): Demenzkranke in speziellen Wohneinheiten. Linz: Trauner.

Entzian, H. (2004): An Tabus rühren ohne sie zu verletzen. Ethik im Berufsalltag der Pflege. In: Forum Sozialstation Jg. 28 / Nr. 127.

Falk, J. (2009): Basiswissen Demenz. Lern- und Arbeitsbuch für berufliche Kompetenz und Versorungsqualität. 2. völlig überarbeitete Auflage. Weinheim, München: Juventa.

Feil, N. (2000): *Validation*. München: Reinhardt.

Feil, N. (2010): Validation. Ein Weg zum Verständnis verwirrter alter Menschen. München: Ernst Reinhardt, GmbH &Co KG, Verlag, München.

Feil, N. / Klerk-Rubin, V. (2005): Validation. Ein Weg zum Verständnis verwirrter alter Menschen. (8. dt. überarbeitete und erweiterte Auflage). München: Ernst Reinhardt Verlag.

Feil, N. / Klerk-Rubin, V. (2013): Validation. Ein Weg zum Verständnis verwirrter alter Menschen. (10. dt. überarbeitete und erweiterte Auflage). München: Ernst Reinhardt Verlag.

Fenninger, E. (Hrsg.). (2014): Ich bin, wer ich war. Mit Demenz leben. St. Pölten-Salzburg- Wien: Residenz Verlag.

Forst, R. (2000): Toleranz, Gerechtigkeit und Vernunft, in: Rainer, Forst (Hg.): Toleranz. Philosophische Grundlagen und gesellschaftliche Praxis einer umstrittenen Tugend. Frankfurt/M.

Freisleben-Teutscher, C. (2010): Demenz ist kein Schicksal. Das Österreichische Gesundheitswesen – ÖKZ, 55 (08-09).

Fürstler, G. / Malina, P. (2004): „Ich tat nur meinen Dienst". Zur Geschichte der Krankenpflege in Österreich in der NS-Zeit. Facultas, Wien.

Galtung, J. (1975): Strukturelle Gewalt. Rowohlt: Reinbeck Verlag.

Gatterer, G. (2003): *Multiprofessionelle Altenbetreuung*. Wien: Springer.

Gatterer, G. (2008): *Demenz – Geissel des Alters*. Wien: Österreichisches Hilfswerk.

Gatterer, G. / Croy, A. (2004): Geistig fit ins Alter 1. Neue Gedächtnisübungen für ältere Menschen. Wien: Springer Wien New York Verlag.

Gatterer, G./ Croy, A. (2005): Leben mit Demenz. Praxisbezogener Ratgeber für Pflege und Betreuung. Wien, New York: Springer.

Gatterer, G. (2012): Demenz: gestern-heute-morgen. https://www.boep.or.at/download/5769374ae08cfc1d6b000006/_rzte-exclusiv-2016_gatterer.pdf [Datum des Zugriffs: 21.09.2015]

Geiger, A. (2013): Der alte König in seinem Exil. 3. Auflage. München: Deutscher Taschenbuchverlag.

Gerhart, H. (2012): Bürgerlichkeit und großer Traum. Eine Biografie. In: Sprengel Peter. München: C.H. Beck Verlag.

Gethmann, C. F. (2004): Gesundheit nach Maß. Berlin. Akademie Verlag.

Gigerenzer, G. (2007). Bauchentscheidungen. München: Bertelsmann.

Gillard, J./ Marshall, M. (2012): Naturgestützte Pflege von Menschen mit Demenz. Natürliche Umgebung für die Förderung der Lebensqualität von Menschen mit Demenz nutzen. Bern: Huber.

Gleichweit, S./ Rossa, M. (2009): Erster österreichischer Demenzbericht. Teil 1: Analyse zur Versorgungssituation durch das CC Integrierte Versorgung der österreichischen Sozialversicherung. Wien: Wiener Gebietskrankenkasse.

Gleichweit S. / Rossa, M. (2009): Erster Österreichischer Demenzbericht, Teil 1: Analyse zur Versorgungssituation durch das CC Integrierte Versorgung der österreichischen Sozialversicherung. (Hrsg.) Wiener Gebietskrankenkasse, Wien. http://www.wgkk.at/portal27/portal/wgkkportal/channel_content/cmsWindow?p_tabid=3&p_menuid=69468&action=2 [Datum des Zugriffs: 29.09.2015]

Görg, P. (2008): Alles in 8. *Heim + Pflege, 39.*

Gosch, M. / Hofmann, W. (2012): Ethik in der Geriatrie. CME Zertifizierte Fortbildung, In: Zeitschrift für Gerontologie und Geriatrie. 2016/6.

Grass, A. (2006): *Zahl der Demenzpatienten explodiert.* http://www.wienerzeitung.at/DesktopDefault.aspx?TabID=4109&Alias=wzo&cob=230125&currentpage=0 [Datum des Zugriffs: 29.09.2015].

Grond, E. (1991): Pflegende sollen ihre Gewalt aussprechen. In: Altenpflege. 16 Jg. 8/1991

Grond, E. (2005): Pflege Demenzkranker. 3. vollständig überarbeitete Auflage. Hannover: Brigitte Kunz Verlag.

Gruber, H. G. (2005): Ethisch denken und handeln. Grundzüge einer Ethik der Sozialen Arbeit. Stuttgart: Lucius & Lucius Verlag.

Grutzmann, H. & Zank, S. (2005): *Demenzielle Erkrankungen.* Stuttgart: Kohlhammer.

Guy, W. (2007): Freiheitsentziehende Maßnahmen in Altenpflegeheimen. Rechtliche Grundlagen und Alternativen der Pflege. In: Ethik in der Medizin.

Habermas, J. (1990): Die nachholende Revolution. Kleine Politische Schriften VII. Frankfurt. Suhrkamp Verlag.

Habermas, J. (2002): „Wann müssen wir tolerant sein? Über die Konkurrenz von Weltbildern, Werten und Theorien, Festvortrag zum Leibniztag der Berlin-Brandenburgischen Akademie der Wissenschaften am 29. Juni 2002.

Hagemann, W. / Guenich, K (2009): BOSS. Burnout-Screening-Skalen. Göttinngen. Hofgrebe Verlag.

Hahn, K. (2010): Wohngruppen für demente ältere Menschen. Praxisbeispiele besonderer Betreuungskonzepte. Hamburg: Diplomica Verlag GmbH.

Hahn, P. (2015): Neurologie und Psychiatrie für Altenpflegepersonal - Multiinfarktdemenz. In Altenpflegeschüler. Krankheiten – Dementielle Erkrankungen. http://www.altenpflegeschueler.de/krankheiten/dementielle-erkrankungen.php. [Datum des Zugriffs: 25.01.2015]

Hamilton, W. D. (1964). The genetical evolution of social behaviour. Journal of Theoretical Biology, 7, 1–52.

Harals, P.: Ich kann auch anders- Alternativen zur Vermeidung von Freiheitseinschränkenden Maßnahmen in Behinderteneinrichtungen. http://www.Regierung.niederbayern.bayern.de/media/aufgabenbereiche/1/soziales_jugend/fachtag070513_pienle.pdf [Datum des Zugriffs: 07.12.2015].

Härter, M. (2014): Demenz-Leitlinie. http://www.demenzleitlinie.de/aerzte/Diagnostik/ICD10/DSMIV.pdf. [Datum des Zugriffs: 17.01.2015]

Hatch, F./ Maietta, L. / Schmidt, S. (1994): *Kinästhetik – Interaktion durch*

Berührung und Bewegung in der Krankenpflege (3. Aufl.). Eschborn: Krankenpflege des DBfk.

Heeg, S. (2007): Das Gradmannhaus. *Daheim erleben*, 2, 52 – 69. Perchtholdsdorf: Pro Senectute.

Heeg, S. / Bäuerle, K. (2008): Heimat für Menschen mit Demenz. Aktuelle Entwicklungen im Pflegeheimbau – Beispiele und Nutzungserfahrungen. Frankfurt: Mabuse Verlag.

Hehenberger, C. (2012): Die Zukunft der 50-Plus-Generation. Gutau: Institut für Marketing und Trendanalysen GmbH.

Heubel, F. (2005): Ein sokratischer Weg bei der Arbeit mit Falldiskussionen. In: Arbeitsgruppe „Pflege und Ethik“ der Akademie für Ethik in der Medizin e.V. (Hrsg.): „Für alle Fälle ... “ Arbeit mit Fallgeschichten in der Pflegeethik. Hannover: Brigitte Kunz Verlag.

Hiemetzsberger M. (2013): Ethik in der Pflege. Wien: Facultas verlag.

Höffe, O. (1975): Einführung in die utilitaristische Ethik. Klassische und zeotgenössische Texte, München. Beck'sche Reihe.

Höffe, O. (1992): Lexikon der Ethik. München. Beck'sche Reihe.

Höffe, O. (2000): Toleranz: Zur politischen Legitimation der Moderne, in: Rainer, Forst (Hg.): Toleranz. Philosophische Grundlagen und gesellschaftliche Praxis einer umstrittenen Tugend. Frankfurt/M.

Höfler, S. / Bengough, T./ Winkler, P./ Griebler, R. (2015): Österreichischer Demenzbericht 2014. Wien: Bundesministerium für Gesundheit und Sozialministerium.

Höpflinger, F. (1997): Bevölkerungssoziologie – Eine Einführung in bevölkerungssoziologische Ansätze und demographische Prozesse, München.

Humer, B. (2011): Herausforderung Demenz. Der Stellenwert „nichtpharmakologischer“ Behandlungsmethoden. Linz: edition pro mente

Jens, T. (2009): Demenz. Abschied von meinem Vater. Gütersloh: Gütersloher Verlagshaus.

Jasper, B. M. / Regelin, P. (2011): Menschen mit Demenz bewegen. 196 Aktivierungsübungen für Kopf und Körper. Hannover: Vincentz Verlag.

Jonas, I. (2007): An Pflegeoasen scheiden sich die Geister. Pro Alter, 4, 41 – 47.

Kahana, E. (1982): A congruence model of person-environment interaction. In: Lawton, M. P. / Windley, P. G. / Byertes, T. O. (eds.): Aging and the environment: Theoretical approaches. New York: Springer Verlag.

Kaiser, D. (2010): ICD-10-GM Version 2010 Kapitel V Psychische Verhaltensstörungen. http://www.dimdi.de/static/de/klassi/diagnosen/icd10/htmlgm2010/block-f00-f09.htm#F00 [Datum des Zugriffs: 11.8. 2015].

Kammer, S. / Willig, S. (2012): Mit Musik geht vieles besser: der Königsweg bei Demenz. Hannover: Vincentz Network.

Kant, I. (1982). Die Metaphysik der Sitten, Werkausgabe Band VIII. Herausgegeben von Wilhelm Weischedel. 5. Auflage. Frankfurt a. M.: Suhrkamp.

Kastner, U., Löbach, R. (2007): Handbuch Demenz. 2. Auflage. München: Urban&Fischer.

Kaufmann, F. X. (2005): Schrumpfende Gesellschaft, Vom Bevölkerungsrückgang und seinen Folgen, Frankfurt am Main.

Kegan, R. (1986). Die Entwicklungsstufen des Selbst. Fortschritte und Krisen im menschlichen Leben. München: Kindt Verlag.

Kerschbaumer, J. /Schroeder, W. (2005): Sozialstaat und der demographische Wandel – Herausforderungen für Arbeitsmarkt und Sozialversicherung, Wiesbaden.

Kitwood, T. (2000): Der personenzentrierte Ansatz im Umgang mit verwirrten Menschen. Bern: Huber.

Kitwood, T. (2008) Demenz. Der personenzentrierte Ansatz im Umgang mit verwirrten Menschen. (5. ergänzte Auflage) Bern: Huber.

Kohlberg, L. (1995). Die Psychologie der Moralentwicklung. Frankfurt a. M.: Suhrkamp.

Kojer, M. (2003): Alt, Krank und verwirrt. Einführung in die Praxis der Palliativen Geriatrie. Freiburg im Breisgau: Lambertus Verlag.

Körtner, U. H. J. (2004): Grundkurs Pflegeethik, Wien: Facultas Verlag.

Köther, I. (2007): Altenpflege Professionell. 2. Auflage. Stuttgart/New York: Thieme Verlag.

Köther, I. (2011): Altenpflege, 3. Aufl., Stuttgart/New York: Urban & Fischer Verlag.

Krämer, G./ Förstl, H. (2008): Alzheimer und andere Demenzformen. Antworten auf die häufigsten Fragen. 5. vollständig überarbeitete Auflage. Stuttgart: Trias.

Kruse A. / Wahl H. W. (2010): Zukunft Altern. Individuelle und gesellschaftliche Weichenstellungen. Heidelberg: Spektrum Akademischer Verlag.

Kursana Residenz Linz-Donautor, (2016): https://www.kursana.at/linz/ [Datum des Zugriffs: 11.8.2016].

Land OÖ (2015): http://www.land-oberoesterreich.gv.at/cps/rde/xchg/ooe/hs.xsl/18794_DEU_HTML.htm [Datum des Zugriffs: 11.8.2015].

Landesgesetzblatt für Oberösterreich (1996): 35.Stück, OÖ. Sozialhilfegesetz. http://www.ris.bka-gv-at/GeltendeFassung.wxe?Abfrage=LROO&Gesetzesnummer=10000617&ShowPrintPreview=True [Datum des Zugriffs: 24.10.2015].

Länge, T. W. / Menke, B. (2007): Generation 40plus – Demographischer Wandel und Anforderungen an die Arbeitswelt, Bielefeld: WBV Verlag.

Lantermann, E. D. (1976): Eine Theorie der Umwelt-Kompetenz: Architektonische und soziale Implikationen für eine Altenheim-Planung. Zeitschrift für Gerontologie 9.

Lay R. (2004): Ethik in der Pflege. Teningen. Schlütersche Verlagsgesellschaft.

Lawton, M. P. (1982): Competence, environmental press and the adaptation of older people. In: Lawton, M. P. / Windley, P. G. / Byertes, T. O. (eds.): Aging and the evironment:Theoretical approaches. New York. Springer Verlag.

Liedke, U. (2007): Geschätztes Leben. Zum Menschsein zwischen Wert und Würde. Anthropologische Notizen. In: Zeitschrift für Sozialpädagogik 5.Jg.

Likar R./ Bernatzky G. / Pipam W./ Janig H. / Sadjak A. (2005): Lebensqualität im Alter. Therapie und Prophylaxe von Altersleiden. Wien: Springer.

Lohmer, M. (2001): Macht – Mystifikation oder notwendiges Konzept im Management? In: Hernsteiner Fachzeitschrift für Managemententwicklung, 2/2001, 14.Jg.

Luckabauer, F. (2010): Der Einfluss frontotemporaler und Alzheimer-Demenz auf Gedächtnisstrukturen mit besonderem Hinblick auf Sprache.
Wien: Universität. Veröffentlichte Diplomarbeit.
http://othes.univie.ac.at/13162/1/2010-12-19_0500623.pdf. [Datum des Zugriffs: 17.03.2015]

Lundström, K. (2007): Frühzeitige Diagnose, technische Hilfsmittel, richtige Farben und Umgebung sind der Schlüssel für Verständnis und gute Pflege bei Demenz.

http://www.demenz.support.de/materalien/Grandmannkolloquium2007_Vortrag_Lundenstrom.pdf [Datum des Zugriffs: 29.10.2015]

Magistrat der Stadt Wels (2011): http://www.wels.at/Politik-Service-Verwaltung/Service-A-Z/Wohngemeinschaft-fuer-Menschen-mit-Demenz.html?:hp=3 [Datum des Zugriffs: 16.10.2015]

Magistrat Wien (2014): https://www.wien.gv.at/rk/msg/2014/08/17002.html [Datum des Zugriffs: 16.10.2015]

Matolycz, E: (2011a): Pflege von alten Menschen, Wien, Springer-Verlag.

Matolycz, E. (2011b): 100 Tipps für den Einzug neuer Bewohner in eine Pflegeeinrichtung, Hannover, Schlütersche Verlagsgesellschaft.

Max Planck Institute for Demographic Research, Demografie und göttliche Ordnung, http://www.demogr.mpg.de/-en/press/1135.htm [Datum des Zugriffs: 12.09.2015].

Med. Austria – ICD 10 Code. (2000). ICD 10 Code. www.medaustria.at/f_icd10.html. [Datum des Zugriffs: 12.09.2015].

Meier, J. / Esche, A. (2006): Kommunen und Regionen im Wettbewerb – Perspektive und Konsequenz, in: Wegweiser Demographischer Wandel 2020, Bielefeld.

Meyer, M. (1998): Gewalt gegen alte Menschen. Bern: Verlag Hans Huber.

Mill, J. S. (1985): Der Utilitarismus. Deutsche Übersetzung mit Anmerkungen und Nachwort von D. Birnbacher. Stuttgart. Reclam Verlag.

Moore, G. F. (1903): Principia Ethica (1903). Neuausgabe Stuttgart: Reclam Verlag.

Moseke, A. (2007). Wenn nichts mehr ankommt – Demenzkranke als neue Klienten-gruppe für die Sozialpädagogik. Verfügbar unter http://www.alzheimerforum.de/3/1/6/Andrea-Moseke/Titelseite&Versicherung.pdf [24.04.2016]

Moss, M. S. / Lawton, M. P. (1982): Time budgets of older people: A window on four lifestyles. Journal of Gerontology 37.

Möse, J.R. (2007): Altenbetreuung und Altenpflege, 1. Aufl., Wien.

Mötzing, G. (2009): Beschäftigung und Aktivitäten mit alten Menschen. (2. Auflage) München: Urban & Fischer.

Münch, G. / Reitz, J. (Hg.) (2006): Grundlagen der Krankheitslehre. Ursachen, Symptome, Diagnose, Theraphie, Pflege. (Sonderausgabe: Krankheitslehre: für Ausbildung und Praxis) Hamburg: Nikol.

Nehls, M. (2014): Die Alzheimer-Lüge. Die Wahrheit über eine vermeidbare Krankheit. (4. Auflage). München: Heyne.

Nietzsche, F. (1983). Zur Genealogie der Moral. München: Goldmann. Erstausgabe Leipzig 1887.

Pantel, J. (2015): Korsakow-Syndrom. In Deutscher Alzheimer Gesellschaft. Die Krankheiten - Andere Demenzformen. http://www.deutschealzheimer.de/fileadmin/alz/pdf/factsheets/FactSheet14-2011_01.pdf. [Datum des Zugriffs: 25.01.2015]

Pawletko, K. W. (2003): Ambulant betreute Wohngemeinschaften für demenziell erkrankten Menschen. Im Auftrag des Bundesministeriums für Familien, Senioren, Frauen und Jugend. Berlin.

Perrar, K. M. / Sirsch, E. / Kutschke, A. (2007): *Gerontopsychiatrie für Pflegeberufe.* Stuttgart: Thieme.

Perrar, K. M. / Sirsch, E. / Kutschke, A. (2011): *Gerontopsychiatrie für Pflegeberufe.* Stuttgart / New York, 2. Auflage, Thieme Verlag.

Pienle, H. (2013): Regierung Niederbayern. Ich kann auch anders. Alternativen zu Vermeidung von Freiheitseinschränkenden Maßnahmen in Behinderteneinrichtungen. http://www.regierung.niederbayern.bayern.de/media/aufgabenbereiche/1/soziales_jugend/fachtag070513_pienle.pdf [Datum des Zugriffs: 25.09.2016]

Pochobradsky, E. / Bergmann, F./ Brix-Samoylenko, H./ Erfkamp, H./ Laub, R. (2005): Situation pflegender Angehöriger. Endbericht. Wien: Bundesministerium für soziale Sicherheit, Generationen und Konsumentenschutz.

Popp, I. (2006): Pflege dementer Menschen. (3. Aufl.). Stuttgart: Kohlhammer.

Powell, L., /Casten, R. / Parmelee, P. / Kleban, M. H. (1998): Psychometric Characteristics of the Minimum Data Set I: Confirmatory Factor Analysis. Journal of the American Geriatrics Society 46(6): 726-735.

Radenbach, J. (2011): Aktiv trotz Demenz. Handbuch für die Aktivierung und Betreuung von Demenzerkrankten. Hannover: Schlütersche Verlagsgesellschaft mbH &Co. KG.

Radenbach, J. (2009): Aktiv trotz Demenz. Handbuch für die Aktivierung und Betreuung von Demenzkranken. Hannover: Schlütersche Verlagsgesellschaft.

Radzey, B. / Heeg, S. / Goerlich, C. (1999): Kurzevalution von Wohngruppen für Verwirrte in Frankreich und den Niederlanden. Reihe: Thema 145. Köln. Kuratorium Deutsche Altenhilfe.

Raschauer, B. (2009): Allgemeines Verwaltungsrecht, 3. Auflage, Wien

Reisberg, B. (1988). Functional assessment staging (FAST). Psychoparmacol Bull. In Gesundheit.gv.at. Krankheiten - Demenz - Basis Info - Die verschiedenen Demenzstadien. https://www.gesundheit.gv.at/Portal.Node/ghp/public/content/demenz-verlauf.html. [Datum des Zugriffs: 25.01.2015]

Richter, B. / Richter, R. W. (2004): Alzheimer in der Praxis. Bern: Huber.

Rosenberg, M. (2012): Konlikte lösen durch Gewaltfreie Kommunikation. Ein Gespräch mit Gabriele Seils. (15. Auflage). Freiburg im Breisgau: Herder

Rosenmayr L. (2011): Im Alter noch einmal leben. Wien: LIT Verlag.

Sackmann, R. /Jonda, B. / Reinhold, M. (2008): Demographie als Herausforderung, in: Sackmann, R. /Jonda, B. / Reinhold, M. (Hrsg.): Demographie als Herausforderung für den öffentlichen Raum, Wiesbaden

Saup, W. / Eberhard, A. (2005): Umgang mit Demenzkranken im Betreuten Wohnen Ein konzeptgeleiteter Ratgeber. Augsburg: Verlag für Gerontologie Alexander Möckl.

Satir V. (2004): Kommunikation Selbstwert Kongruenz. Konzepte und Perspektiven familientherapeutischer Praxis. (7. Auflage). Paderborn: Junfermann.

Schäfer, U. / Rüther, E. (2004): Demenz – gemeinsam den Alltag bewältigen. Ein Ratgeber für Angehörige und Pflegende. Göttingen: Hogrefe Verlag.

Scharb, B. (2005): Spezielle validierende Pflege. Wien: Springer.

Schipfer, R. K. (2005): Der Wandel der Bevölkerungsstruktur in Österreich. Auswirkungen auf Regionen und Kommunen. Wien. Papers Nr. 51/205.

Schloffer, H. / Gabriel, I. / Prang, E. (2014): 23 Stundenkonzepte für Menschen mit Demenz. Berlin, Heidelberg: Springer Verlag.

Schmieder, M. (2004): 150 Modelle zur Betreuung von Menschen mit Demenz. http://www.sonnweid.ch/fileadmin/tmpl/pdf/150_Modelle.pdf [Datum des Zugriffs: 27.10.2015].

Schmieg, P. / Maryuardt, G. (2008): Wege aus der Orientierungslosigkeit. Altenheim, 5.

Schooler, K. K. (1982): Response oft he elderly to environment: A stress-theoretical perspektive. In: Lawton, M. P. / Windley, P. G. / Byertes, T. O. (eds.): Aging and the environment: Theoretical approaches. New York. Springer Verlag.

Schulz von Thun, F. / Zach, K. / Zoller, K. (2012): Miteinander reden von A bis Z. Lexikon der Kommunikationspsychologie. (Originalausgabe). Reinbek bei Hamburg: Rowohlt Taschenbuch Verlag

Schwarz, G. (2010): Bassiswissen: Umgang mit demenzkranken Menschen. 2. Auflage. Basiswissen 17. Bonn: Psychiatrie Verlag.

Schwarz, U. (2010): Pflegenotstand in Oberösterreich verhindern. http://ooe.gruene.at/soziales/artikel/lesen/54125/ [Datum des Zugriffs: 17.8.2015].

Schwerdt, R (1998): Eine Ethik für die Altenpflege, Robert Bosch Stiftung (Hrsg.) Hans Huber, Bern, Göttingen, Toronto, Seattle: Bielefeld Verlag.

Singer, W. (2004): Verschaltungen legen uns fest: Wir sollten aufhören, von Freiheit zu sprechen. In C. Geyer (Hrsg.). Hirnforschung und Willensfreiheit: Zur Deutung der neuesten Experimente. Frankfurt a. M.: Suhrkamp.

Siven, K. (2007): Ein verlorenes Paradies. Aktuelle Projekte, Rahmenbedingungen und bauliche Entwicklung von Pflegeheimen in Finnland. http://www.demenz.support.de/materalien/Grandmannkolloquium2007_Vortrag_Sive.pdf [Datum des Zugriffs: 29.10.2015]

Sozialhilfeverband Steyr-Land - Bezirksalten- und Pflegeheim Sierning (2016): http://www.shvse.at/heim3/ [Datum des Zugriffs: 29.10.2016]

Sozialministeriumservice (2015): http://www.sozialministeriumservice.at/cms/basb/etr/story.html?channel=CH0008&document=CMS1198239610648 [Datum des Zugriffs: 24.10.2015]

Sulimma, M. (2003): Seioren-Hausgemeinschaften. Genussvolles Altern dank Biographiearbeit. In: Kiessig Johanna (2012). Hamburg: Diplomica Verlag.

Stanjek, K. (2009): Altenpflege konkret. Sozialwissenschaften. 4. Auflage. München: Elsevier.

Stanjek, K. (2013): Soziologie In sozialen Beziehungen leben, in: Stanjek, Karl (Hrsg.): Altenpflege konkret/Sozialwissenschaften, 5. Aufl., München, Urban & Fischer Verlag.

Statistik Austria: Bevölkerungsstand 1.1.2011, Wien 2011a.

Statistik Austria, Registerzählung 2011: Österreich zählt mehr als 8,4 Mio. Einwohner, http://www.statistik.at/web_de/dynamic/statistiken/bevoelkerung/volkszaehlungen_registerzaehlungen/059977 [Datum des Zugriffs: 1.10.2015b].

Statistik Austria, Bevölkerung zu Jahres- und Quartalsanfang, http://statistik.gv.at/web_de/statistiken/bevoelkerung/bevoelkerungsstand_und_veraenderung/bevoelkerung_zu_jahres-_quartalsanfang/index.html [Datum des Zugriffs: 07.10.2012a].

Statistik Austria, Bevölkerungsprognosen, http://statistik.gv.at/web_de/statistiken/bevoelkerung/demographische_prognosen/bevoelkerungsprognosen/index.html [Datum des Zugriffs: 07.10.2012b].

Statistik Austria, Demographische Indikatoren, http://www.statistik.at/web_de/statistiken/bevoelkerung/demographische_masszahlen/demographische_indikatoren/index.html [Datum des Zugriffs: 07.10.2012c].

Statistik Austria, Bevölkerung, http://www.statistik-austria.at/web_de/statistiken/bevoelkerung/index.html [Datum des Zugriffs: 07.01.2012d].

Steidl, S. / Nigg, B. (2011): Gerontologie, Geriatrie und Gerontopsychiatrie/Ein Lehrbuch für Pflege- und Gesundheitsberufe, 3. Aufl., Wien, Facultas Verlag.

Stephann, B. / Schmitz, M. (2009): *Onmeda/Krankheiten/chorea huntington.*

http://www.onmeda.de/krankheiten/chorea_huntington-therapie-1576-8.html [Datum des Zugriffs: 13.10.2015].

Stephans, M. A. P. / Willems, E. P. (1979): Everyday behavior of older persons in institutional housing: Some implications for design. In: Seidl, A. D. / Danford, S. (eds.): Environmental design: research, theory and application. Buffalo, M. Y.: Edra.

Steidl, S. / Nigg, B. (2011): Gerontologie, Geriatrie und Gerontopsychiatrie. Ein Lehrbuch für Pflege- und Gesundheitsberufe. Wien (Ö): Facultas Verlag- und Buchhandels AG.

Steurenthaler, J. (2013): Dementagogik – Dementiell erkrankten Menschen neu und ganzheitlich begegnen. Wiesbaden: Springer.

Stöhr, U. (2007): Senioren- spielbuch. Reaktivierung Dementer in der Pflege und Betreuung. Wien: Springer Verlag.

Sulimma, K. (2003): In Würde verrückt werden. Konzepte des Umgangs mit dementiell erkrankten älteren Menschen. Die Methode der Validation. Frankfurt: Fachhochschule, Fachbereich Sozialpädagogik. Veröffentlichte Diplomarbeit. http://www.sulimma.de/validation/Validation_Sulimma_Einseitig.pdf. [Datum des Zugriffs: 28.01.2015]

Tazi-Preve, I. M. / Kytir, J. / Lebhart, G. / Münz, R. (1999): Bevölkerung in Österreich – Demographische Trends, politische Rahmenbedingungen, entwicklungspolitische Aspekte, Wien.

Tügel, H. (2013): Was passiert, wenn der Geist streikt. In: Geo - die Welt mit anderen Augen sehen. Kucklick, C. (Hrsg.) Wien: Gruner +Jahr Verlagsges mbH.

Tupy, G. (2010): Die Würde des Alters in Wort und Bild. Verlag, Verein Pro Senecture Österreich, Nr.8.

Universitätsspital Basel: Minimalstandard Freiheitsbeschränkende Maßnahmen. http://www.unispital-basel.ch/fileadmin/unispitalbaselch/Patienten_Besucher/Klinische_Ethik/Abstract/Minimal_standard_FbM.pdf [Datum des Zugriffs: 17.01.2016].

Van, D. (2012, 2014): Hier ist ja nichts los. Was braucht der Mann. In: Pflegen: Demenz: Langeweile, Männer Zeitschrift für die professionelle Pflege von Personen mit Demenz. Friedrich Verlag in Zusammenarbeit mit Klett und in Verbindung mit Rüsing D. (Hrsg.)

Viereckl, C. (2013): 7 Stadien. In: Skript. Stadien spezifische Betrachtungsweise und Retrogenese. M.A.S. Alzheimerhilfe.

Volkshilfe – Demenzhilfe Österreich (2015): http://www.demenz-hilfe.at/cms/cms_print.php?pageName=fakten [Datum des Zugriffs: 17.8.2015].

Walsh, D. A. / Krauss, J. K. / Regnier, V. A. (1981): Spatial ability, environmental knowledge, and environmental use: The elderly. In: Liben, L. S. / Petterson, A. H. / Newcombe, N. (eds.): Spatial representation and behavior across the life span. New York: Vincentz.

Wancata, J. (2006): Aktuelle Daten zur Epidemiologie der Demenz. Abstracts. European Journal of Geriatrics, Vol.8, No.1, Suppl.1.

Weber, M. (2005): Wirtschaft und Gesellschaft. Melzer Verlag GmbH. Zweitausendeins
Weyer, Birgit 2007: Wie Sie Mitarbeiter beurteilen und fördern, Berlin: Cornelsen.

Weissenberger-Leduc, M. / Weiberg, A. (2011): Gewalt und Demenz. Ursachen und Lösungsansätze für ein Tabuthema in der Pflege. Wien: Springer.

Weyerer, S./ Schäufele, M./ Hendlmeier, I./ Kofahl, C. / Sattel, H. (2006): *Demenzkranke Menschen in Pflegeeinrichtungen*. Stuttgart: Kohlhammer.

Wickert, J. (1984): Alter. In: Eyferth, H. / Otto, H. U. / Tiersch, H. (Hrsg.): Handbuch zur Sozialarbeit / Sozialpädagogik. Neuwied /Darmstadt: Luchterhand.

Wißmann, P. (2004): Werkstatt Demenz. Hannover: Vincentz Network.

Zellhuber, B. (2005): Altenpflege – ein Beruf in der Krise? Köln. KDA.

Zentrum für Qualität in der Pflege: Hintergrundinformationen zu Gewalt in der Pflege-Freiheitsentziehende Maßnahmen. http://www.pflege-gewalt.de/hintergrund-artikel/Freiheitsentziehende_Massnahmen.html [Datum des Zugriffs: 25. 01.2016].

Zimber, A. (1998): Beanspruchung und Stress in der Altenarbeit: Forschungsstand und Forschungsperspektiven. *Gerontologie und Geriatrie 31*, 417 – 425.

Zimmermann, J. (2008): Leben mit Demenz. Hamburg. Diplomica Verlag.

21. ANHANG

21. 1. Fragebogen:

Evaluierung zwischen Segregationswohngruppe und Integrationswohngruppe im Rahmen Doktoratsstudiums an der JKU Linz

Bitte lesen Sie sich den Fragebogen sorgfältig durch und beantworten Sie danach bestmöglich die Fragen.

Basisfragen:

1. Wie alt sind Sie?

□ < 30 Jahre □ 31 – 40 Jahre □ 41 - 50 Jahre □ 51 - 60 Jahre

2. Geschlecht?

□ weiblich □ mänlich

3. Berufsgruppe:

□ DGKS / DGKP □ AFB / FSB'A' □ HH □ Pflegehelfer

4. Zusatzqualifikation:

□ Validation

□ wahrnehmende Pflege

□ Mäeuthik

□ Kinästhetics

□ sonstiges ______________

5. Wie lang üben Sie Ihre jetzige berufliche Tätigkeit schon aus?

□ 0 – 1 J.

□ 1 – 5 J.

□ 5 – 10 J.

□ > 10 J.

6. **In welchem Umfang sind Sie zurzeit beschäftigt?**

□ **10 – 20 Std.**

□ **21 – 30 Std.**

□ **31 – 35 Std.**

□ **38 – 40 Std.**

7. **Glauben Sie, dass Sie, wenn die tägliche Belastung ihrer Arbeit gleichbleibt, diese Tätigkeit bis zur Pension ausüben können?**

□ **ja**

□ **nein**

□ **vielleicht**

8. **Haben Sie in letzter Zeit Ihre täglichen Aufgaben mit Freude erledigt?**

□ **Häufig**

□ **eher häufig**

□ **manchmal**

□ **eher selten**

□ **niemals**

	Stimmt genau	**Stimmt überwiegend**	**Stimmt ein wenig**	**Stimmt nicht**
<u>KÖRPERLICHE BESCHWERDEN</u>				
9. Mich quälen heftige Kopfschmerzen				
10. Ich leide unter häufig wiederkehrende Infekte.				
11. Meine Muskeln sind ständig verspannt.				
12. Ich leide unter Schlafstörungen.				
13. Ich leide unter Schmerzen (Gelenke, Rücken,...)				
14. Ich leide unter Atembeschwerden.				
15. Ich leide immer mehr an Allergien.				

16. Meine Blutdruckwerte sind zu hoch /schwanken stark.				
17. Ich leide unter Magen-Darm-Beschwerden..				
18. Ich leide unter Herzbeschwerden.				
<u>PSYCHISCHEN BESCHWERDEN</u>				
19. Ich kann mich schlecht konzentrieren.				
20. Ich bin noch motiviert und arbeite gerne.				
21. Ich habe manchmal Leistungs- und Denkblockaden.				
22. Ich habe nicht viel Freizeit.				
23. Mein Lebensstil ist fest durchstrukturiert.				
24. Ich fühle mich nicht mehr, nehme mich kaum noch wahr.				
25. Ich fühle mich gereizt und überspannt				
26. Ich fühle mich oft ausgelaugt und emotional erschöpft.				
27. Ich bewerte vieles zu negativ.				
28. Ich verliere leicht die Geduld.				

Vielen Dank für Ihre Teilnahme!

21. 2. Statistische Auswertung

Alter * Gruppe

			Gruppe			
			Segregation	Teilsegregation	Integration	Gesamt
Alter	<30J.	Anzahl	14	15	19	48
		% SG	22,95%	22,06%	23,17%	22,75%
	31-40J.	Anzahl	18	18	18	54
		% SG	29,51%	26,47%	21,95%	25,59%
	41-50J.	Anzahl	16	27	27	70
		% SG	26,23%	39,71%	32,93%	33,18%
	51-60J.	Anzahl	13	8	18	39
		% SG	21,31%	11,76%	21,95%	18,48%

Kreuztabelle

			Gruppe		
			Segregation	Teilsegregation	Integration
Alter	<30J.	Anzahl	14	15	19
		Angepasstes Residuum	,0	-,2	,1
	31-40J.	Anzahl	18	18	18
		Angepasstes Residuum	,8	,2	-1,0
	41-50J.	Anzahl	16	27	27
		Angepasstes Residuum	-1,4	1,4	-,1
	51-60J.	Anzahl	13	8	18
		Angepasstes Residuum	,7	-1,7	1,0
Gesamtsumme		Anzahl	61	68	82

Chi-Quadrat-Tests

	Wert	df	Asymp. Sig. (zweiseitig)	Exakte Sig. (zweiseitig)	Exakte Sig. (einseitig)
Pearson-Chi-Quadrat	5,053[a]	6	,537	,543	
Likelihood-Quotient	5,280	6	,508	,520	
Exakter Test nach Fisher	5,205			,521	
Zusammenhang linear-mit-linear	,241[b]	1	,624	,627	,327
Anzahl der gültigen Fälle	211				

Geschlecht * Gruppe

			Gruppe			
			Segregation	Teilsegregation	Integration	Gesamt
Geschlecht	männlich	Anzahl	5	13	25	43
		% SG	8,20%	19,12%	30,49%	20,38%
	weiblich	Anzahl	56	55	57	168
		% SG	91,80%	80,88%	69,51%	79,62%

Chi-Quadrat-Tests

	Wert	df	Asymp. Sig. (zweiseitig)	Exakte Sig. (zweiseitig)	Exakte Sig. (einseitig)
Pearson-Chi-Quadrat	10,810[a]	2	,004	,004	
Likelihood-Quotient	11,568	2	,003	,004	
Exakter Test nach Fisher	11,069			,004	
Zusammenhang linear-mit-linear	10,757[b]	1	,001	,001	,001
Anzahl der gültigen Fälle	211				

Beschäftigungsausmaß * Gruppe

			Gruppe			
			Segregation	Teilsegregation	Integration	Gesamt
Beschäftigungsausmaß	10-20Std.	Anzahl	5	4	1	10
		% SG	8,20%	5,88%	1,22%	4,74%
	21-30Std.	Anzahl	12	14	19	45
		% SG	19,67%	20,59%	23,17%	21,33%
	31-35Std.	Anzahl	9	13	22	44
		% SG	14,75%	19,12%	26,83%	20,85%
	38-40Std.	Anzahl	35	37	40	112
		% SG	57,38%	54,41%	48,78%	53,08%

Chi-Quadrat-Tests

	Wert	df	Asymp. Sig. (zweiseitig)	Exakte Sig. (zweiseitig)	Exakte Sig. (einseitig)
Pearson-Chi-Quadrat	7,207[a]	6	,302	,306	
Likelihood-Quotient	7,841	6	,250	,277	
Exakter Test nach Fisher	7,343			,285	
Zusammenhang linear-mit-linear	,014[b]	1	,906	,929	,470
Anzahl der gültigen Fälle	211				

Kinästhetics * Gruppe

			Gruppe			
			Segregation	Teilsegregation	Integration	Gesamt
Kinästhetics	ja	Anzahl	24	39	57	120
		% SG	39,34%	57,35%	69,51%	56,87%
	nein	Anzahl	37	29	25	91
		% SG	60,66%	42,65%	30,49%	43,13%

Chi-Quadrat-Tests

	Wert	df	Asymp. Sig. (zweiseitig)	Exakte Sig. (zweiseitig)	Exakte Sig. (einseitig)
Pearson-Chi-Quadrat	12,988[a]	2	,002	,001	
Likelihood-Quotient	13,095	2	,001	,001	
Exakter Test nach Fisher	12,940			,001	

Zusammenhang linear-mit-linear	12,768[b]	1	,000	,000	,000
Anzahl der gültigen Fälle	211				

Validation * Gruppe

			Gruppe			
			Segregation	Teilsegregation	Integration	Gesamt
Validation	ja	Anzahl	24	21	11	56
		% SG	39,34%	30,88%	13,41%	26,54%
	nein	Anzahl	37	47	71	155
		% SG	60,66%	69,12%	86,59%	73,46%

Chi-Quadrat-Tests

	Wert	df	Asymp. Sig. (zweiseitig)	Exakte Sig. (zweiseitig)	Exakte Sig. (einseitig)
Pearson-Chi-Quadrat	13,033[a]	2	,001	,001	
Likelihood-Quotient	13,694	2	,001	,001	
Exakter Test nach Fisher	13,499			,001	
Zusammenhang linear-mit-linear	12,498[b]	1	,000	,000	,000
Anzahl der gültigen Fälle	211				

Berufsgruppen * Gruppe

			Gruppe			
			Segregation	Teilsegregation	Integration	Gesamt
Berufsgruppen	DGKS/P	Anzahl	10	22	27	59
		% SG	16,39%	32,35%	32,93%	27,96%
	FSB"A"	Anzahl	47	41	55	143
		% SG	77,05%	60,29%	67,07%	67,77%
	HH	Anzahl	3	3	0	6
		% SG	4,92%	4,41%	0,00%	2,84%
	Pflegehelfer	Anzahl	1	2	0	3
		% SG	1,64%	2,94%	0,00%	1,42%

Chi-Quadrat-Tests

	Wert	df	Asymp. Sig. (zweiseitig)	Exakte Sig. (zweiseitig)	Exakte Sig. (einseitig)
Pearson-Chi-Quadrat	11,586[a]	6	,072	,060	
Likelihood-Quotient	15,009	6	,020	,026	
Exakter Test nach Fisher	12,269			,024	
Zusammenhang linear-mit-linear	6,721[b]	1	,010	,010	,006
Anzahl der gültigen Fälle	211				

Berufsdauer * Gruppe

			Gruppe			
			Segregation	Teilsegregation	Integration	Gesamt
Berufsdauer	0-1J.	Anzahl	2	5	5	12
		% SG	3,28%	7,35%	6,10%	5,69%

	>1-5J.	Anzahl	28	21	24	73
		% SG	45,90%	30,88%	29,27%	34,60%
	>5-10J.	Anzahl	20	18	24	62
		% SG	32,79%	26,47%	29,27%	29,38%
	>10J.	Anzahl	11	24	29	64
		% SG	18,03%	35,29%	35,37%	30,33%

Chi-Quadrat-Tests

	Wert	df	Asymp. Sig. (zweiseitig)	Exakte Sig. (zweiseitig)	Exakte Sig. (einseitig)
Pearson-Chi-Quadrat	8,892[a]	6	,180	,180	
Likelihood-Quotient	9,270	6	,159	,177	
Exakter Test nach Fisher	9,029			,167	
Zusammenhang linear-mit-linear	3,082[b]	1	,079	,084	,044
Anzahl der gültigen Fälle	211				

Bericht

Berufsdauer

Gruppe	Mittelwert	N	Standardabweichung
Segregation	2,6557	61	,81415
Teilsegregation	2,8971	68	,97949
Integration	2,9390	82	,94735
Insgesamt	2,8436	211	,92541

Frage7:GlaubenSie,dass Sie,wenn die tägliche Belastung ihrer Arbeit gleichbleibt,diese Tätigkeit bis zur Pension ausüben können? * Gruppe

			Gruppe			
			Segregation	Teilsegregation	Integration	Gesamt
Frage7:GlaubenSie,dass Sie,wenn die tägliche Belastung ihrer Arbeit gleichbleibt,diese Tätigkeit bis zur Pension ausüben können?	ja	Anzahl	22	18	37	77
		% SG	36,07%	26,47%	45,12%	36,49%
	nein	Anzahl	8	19	23	50
		% SG	13,11%	27,94%	28,05%	23,70%
	vielleicht	Anzahl	31	31	22	84
		% SG	50,82%	45,59%	26,83%	39,81%

Gruppe * Frage8:Habe Sie in letzter Zeit Ihre täglichen Aufgaben mit Freude erledigt?

		Frage8:Habe Sie in letzter Zeit Ihre täglichen Aufgaben mit Freude erledigt?							
		MIN	Q1	Median	Mittelwert	Q3	MAX	SD	n
Gruppe	Segregation	1,00	1,00	1,00	1,46	2,00	5,00	,72	61
	Teilsegregation	1,00	2,00	2,00	2,04	2,00	4,00	,84	68
	Integration	1,00	1,00	2,00	1,83	3,00	4,00	,93	82
	Gesamt	1,00	1,00	2,00	1,79	2,00	5,00	,87	211

Frage8:Habe Sie in letzter Zeit Ihre täglichen Aufgaben mit Freude erledigt? * Gruppe

			Gruppe			
			Segregation	Teilsegregation	Integration	Gesamt
Frage8:Habe Sie in letzter Zeit Ihre täglichen Aufgaben mit	Häufig	Anzahl	38	16	40	94
		% SG	62,30%	23,53%	48,78%	44,55%

Freude erledigt?	eher häufig	Anzahl	20	39	19	78
		% SG	32,79%	57,35%	23,17%	36,97%
	manchmal	Anzahl	2	7	20	29
		% SG	3,28%	10,29%	24,39%	13,74%
	eher selten	Anzahl	0	6	3	9
		% SG	0,00%	8,82%	3,66%	4,27%
	niemals	Anzahl	1	0	0	1
		% SG	1,64%	0,00%	0,00%	0,47%

Gruppe * Frage9:Mich quälen heftige Kopfschmerzen.

		Frage9:Mich quälen heftige Kopfschmerzen.							
		MIN	Q1	Median	Mittelwert	Q3	MAX	SD	n
Gruppe	Segregation	1,00	3,00	3,00	3,21	4,00	4,00	,84	61
	Teilsegregation	1,00	3,00	4,00	3,24	4,00	4,00	1,02	68
	Integration	1,00	2,00	3,00	2,83	4,00	4,00	1,26	82
	Gesamt	1,00	2,00	3,00	3,07	4,00	4,00	1,09	211

Frage9:Mich quälen heftige Kopfschmerzen. * Gruppe

			Gruppe			
			Segregation	Teilsegregation	Integration	Gesamt
Frage9:Mich quälen heftige Kopfschmerzen.	Stimmt genau	Anzahl	1	7	20	28
		% SG	1,64%	10,29%	24,39%	13,27%
	Stimmt überwiegend	Anzahl	13	8	12	33
		% SG	21,31%	11,76%	14,63%	15,64%
	Stimmt ein wenig	Anzahl	19	15	12	46
		% SG	31,15%	22,06%	14,63%	21,80%
	Stimmt nicht	Anzahl	28	38	38	104
		% SG	45,90%	55,88%	46,34%	49,29%

Gruppe * Frage10:Ich leide unter häufig wiederkehrende Infekte.

		Frage10:Ich leide unter häufig wiederkehrende Infekte.							
		MIN	Q1	Median	Mittelwert	Q3	MAX	SD	n
Gruppe	Segregation	1,00	2,00	3,00	2,77	4,00	4,00	,88	61
	Teilsegregation	1,00	2,00	3,00	2,99	4,00	4,00	1,03	68
	Integration	1,00	2,00	3,00	2,76	4,00	4,00	1,21	82
	Gesamt	1,00	2,00	3,00	2,83	4,00	4,00	1,07	211

Frage10:Ich leide unter häufig wiederkehrende Infekte. * Gruppe

			Gruppe			
			Segregation	Teilsegregation	Integration	Gesamt
Frage10:Ich leide unter häufig wiederkehrende Infekte.	Stimmt genau	Anzahl	2	8	18	28
		% SG	3,28%	11,76%	21,95%	13,27%
	Stimmt überwiegend	Anzahl	26	12	18	56
		% SG	42,62%	17,65%	21,95%	26,54%
	Stimmt ein wenig	Anzahl	17	21	12	50
		% SG	27,87%	30,88%	14,63%	23,70%
	Stimmt nicht	Anzahl	16	27	34	77
		% SG	26,23%	39,71%	41,46%	36,49%

Gruppe * Frage11:Meine Muskeln sind ständig verspannt.

		Frage11:Meine Muskeln sind ständig verspannt.							
		MIN	Q1	Median	Mittelwert	Q3	MAX	SD	n
Gruppe	Segregation	1,00	2,00	2,00	2,69	4,00	4,00	,96	61
	Teilsegregation	1,00	1,00	3,00	2,54	3,00	4,00	1,15	68
	Integration	1,00	2,00	3,00	2,91	4,00	4,00	,97	82
	Gesamt	1,00	2,00	3,00	2,73	4,00	4,00	1,04	211

Frage11:Meine Muskeln sind ständig verspannt. * Gruppe

			Gruppe			
			Segregation	Teilsegregation	Integration	Gesamt
Frage11:Meine Muskeln sind ständig verspannt.	Stimmt genau	Anzahl	4	21	10	35
		% SG	6,56%	30,88%	12,20%	16,59%
	Stimmt überwiegend	Anzahl	28	4	12	44
		% SG	45,90%	5,88%	14,63%	20,85%
	Stimmt ein wenig	Anzahl	12	28	35	75
		% SG	19,67%	41,18%	42,68%	35,55%
	Stimmt nicht	Anzahl	17	15	25	57
		% SG	27,87%	22,06%	30,49%	27,01%

Gruppe * Frage12:Ich leide unter Schlafstörungen.

		Frage12:Ich leide unter Schlafstörungen.							
		MIN	Q1	Median	Mittelwert	Q3	MAX	SD	n
Gruppe	Segregation	1,00	4,00	4,00	3,75	4,00	4,00	,54	61
	Teilsegregation	2,00	3,00	4,00	3,51	4,00	4,00	,61	68
	Integration	2,00	4,00	4,00	3,74	4,00	4,00	,49	82
	Gesamt	1,00	3,00	4,00	3,67	4,00	4,00	,55	211

Frage12:Ich leide unter Schlafstörungen. * Gruppe

			Gruppe			
			Segregation	Teilsegregation	Integration	Gesamt
Frage12:Ich leide unter Schlafstörungen.	Stimmt genau	Anzahl	1	0	0	1
		% SG	1,64%	0,00%	0,00%	0,47%
	Stimmt überwiegend	Anzahl	0	4	2	6
		% SG	0,00%	5,88%	2,44%	2,84%
	Stimmt ein wenig	Anzahl	12	25	17	54
		% SG	19,67%	36,76%	20,73%	25,59%
	Stimmt nicht	Anzahl	48	39	63	150
		% SG	78,69%	57,35%	76,83%	71,09%

Gruppe * Frage13:Ich leide unter Schmerzen (Gelenke, Rücken...).

		Frage13:Ich leide unter Schmerzen (Gelenke, Rücken...).							
		MIN	Q1	Median	Mittelwert	Q3	MAX	SD	n
Gruppe	Segregation	1,00	3,00	3,00	3,28	4,00	4,00	,82	61
	Teilsegregation	1,00	3,00	3,00	3,09	4,00	4,00	,96	68
	Integration	1,00	2,00	3,00	2,66	4,00	4,00	1,11	82
	Gesamt	1,00	2,00	3,00	2,98	4,00	4,00	1,02	211

Frage13:Ich leide unter Schmerzen (Gelenke, Rücken...). * Gruppe

			Gruppe			
			Segregation	Teilsegregation	Integration	Gesamt
Frage13:Ich leide unter Schmerzen (Gelenke, Rücken...).	Stimmt genau	Anzahl	3	8	16	27
		% SG	4,92%	11,76%	19,51%	12,80%
	Stimmt überwiegend	Anzahl	5	4	21	30
		% SG	8,20%	5,88%	25,61%	14,22%
	Stimmt ein wenig	Anzahl	25	30	20	75
		% SG	40,98%	44,12%	24,39%	35,55%
	Stimmt nicht	Anzahl	28	26	25	79
		% SG	45,90%	38,24%	30,49%	37,44%

Gruppe * Frage14:Ich leide unter Atembeschwerden.

		Frage14:Ich leide unter Atembeschwerden.							
		MIN	Q1	Median	Mittelwert	Q3	MAX	SD	n
Gruppe	Segregation	3,00	4,00	4,00	3,85	4,00	4,00	,36	61
	Teilsegregation	3,00	4,00	4,00	3,84	4,00	4,00	,37	68
	Integration	1,00	4,00	4,00	3,82	4,00	4,00	,55	82

Gesamt	1,00	4,00	4,00	3,83	4,00	4,00	,44	211

Frage14:Ich leide unter Atembeschwerden. * Gruppe

			Gruppe			
			Segregation	Teilsegregation	Integration	Gesamt
Frage14:Ich leide unter Atembeschwerden.	Stimmt genau	Anzahl	0	0	1	1
		% SG	0,00%	0,00%	1,22%	0,47%
	Stimmt überwiegend	Anzahl	0	0	3	3
		% SG	0,00%	0,00%	3,66%	1,42%
	Stimmt ein wenig	Anzahl	9	11	6	26
		% SG	14,75%	16,18%	7,32%	12,32%
	Stimmt nicht	Anzahl	52	57	72	181
		% SG	85,25%	83,82%	87,80%	85,78%

Gruppe * Frage15:Ich leide immer mehr an Allergien.

		Frage15:Ich leide immer mehr an Allergien.							
		MIN	Q1	Median	Mittelwert	Q3	MAX	SD	n
Gruppe	Segregation	1,00	3,00	4,00	3,62	4,00	4,00	,69	61
	Teilsegregation	2,00	3,00	4,00	3,44	4,00	4,00	,66	68
	Integration	1,00	3,00	4,00	3,23	4,00	4,00	1,06	82
	Gesamt	1,00	3,00	4,00	3,41	4,00	4,00	,85	211

Frage15:Ich leide immer mehr an Allergien. * Gruppe

			Gruppe			
			Segregation	Teilsegregation	Integration	Gesamt
Frage15:Ich leide immer mehr an Allergien.	Stimmt genau	Anzahl	2	0	9	11
		% SG	3,28%	0,00%	10,98%	5,21%
	Stimmt überwiegend	Anzahl	1	6	11	18
		% SG	1,64%	8,82%	13,41%	8,53%
	Stimmt ein wenig	Anzahl	15	26	14	55
		% SG	24,59%	38,24%	17,07%	26,07%
	Stimmt nicht	Anzahl	43	36	48	127
		% SG	70,49%	52,94%	58,54%	60,19%

Gruppe * Frage16:Meine Blutdruckwerte sind zu hoch/schwanken stark.

		Frage16:Meine Blutdruckwerte sind zu hoch/schwanken stark.							
		MIN	Q1	Median	Mittelwert	Q3	MAX	SD	n
Gruppe	Segregation	3,00	4,00	4,00	3,84	4,00	4,00	,37	61
	Teilsegregation	1,00	3,00	4,00	3,46	4,00	4,00	,85	68
	Integration	1,00	3,00	4,00	3,45	4,00	4,00	,96	82
	Gesamt	1,00	3,00	4,00	3,56	4,00	4,00	,81	211

Frage16:Meine Blutdruckwerte sind zu hoch/schwanken stark. * Gruppe

			Gruppe			
			Segregation	Teilsegregation	Integration	Gesamt
Frage16:Meine Blutdruckwerte sind zu hoch/schwanken stark.	Stimmt genau	Anzahl	0	3	6	9
		% SG	0,00%	4,41%	7,32%	4,27%
	Stimmt überwiegend	Anzahl	0	7	9	16
		% SG	0,00%	10,29%	10,98%	7,58%
	Stimmt ein wenig	Anzahl	10	14	9	33
		% SG	16,39%	20,59%	10,98%	15,64%
	Stimmt nicht	Anzahl	51	44	58	153
		% SG	83,61%	64,71%	70,73%	72,51%

Gruppe * Frage17:Ich leide unter Magen-Darm-Beschwerden.

		Frage17:Ich leide unter Magen-Darm-Beschwerden.							
		MIN	Q1	Median	Mittelwert	Q3	MAX	SD	n
Gruppe	Segregation	1,00	3,00	4,00	3,41	4,00	4,00	1,09	61

		MIN	Q1	Median	Mittelwert	Q3	MAX	SD	n
	Teilsegregation	1,00	3,00	4,00	3,25	4,00	4,00	,92	68
	Integration	1,00	2,00	3,00	2,70	3,00	4,00	1,01	82
	Gesamt	1,00	3,00	3,00	3,08	4,00	4,00	1,05	211

Frage17:Ich leide unter Magen-Darm-Beschwerden. * Gruppe

			Gruppe			
			Segregation	Teilsegregation	Integration	Gesamt
Frage17:Ich leide unter Magen-Darm-Beschwerden.	Stimmt genau	Anzahl	8	3	17	28
		% SG	13,11%	4,41%	20,73%	13,27%
	Stimmt überwiegend	Anzahl	4	13	7	24
		% SG	6,56%	19,12%	8,54%	11,37%
	Stimmt ein wenig	Anzahl	4	16	42	62
		% SG	6,56%	23,53%	51,22%	29,38%
	Stimmt nicht	Anzahl	45	36	16	97
		% SG	73,77%	52,94%	19,51%	45,97%

Gruppe * Frage18:Ich leide unter Herzbeschwerden.

		Frage18:Ich leide unter Herzbeschwerden.							
		MIN	Q1	Median	Mittelwert	Q3	MAX	SD	n
Gruppe	Segregation	1,00	4,00	4,00	3,80	4,00	4,00	,51	61
	Teilsegregation	2,00	3,00	4,00	3,66	4,00	4,00	,56	68
	Integration	1,00	4,00	4,00	3,70	4,00	4,00	,86	82
	Gesamt	1,00	4,00	4,00	3,72	4,00	4,00	,68	211

Frage18:Ich leide unter Herzbeschwerden. * Gruppe

			Gruppe			
			Segregation	Teilsegregation	Integration	Gesamt
Frage18:Ich leide unter Herzbeschwerden.	Stimmt genau	Anzahl	1	0	6	7
		% SG	1,64%	0,00%	7,32%	3,32%
	Stimmt überwiegend	Anzahl	0	3	3	6
		% SG	0,00%	4,41%	3,66%	2,84%
	Stimmt ein wenig	Anzahl	9	17	1	27
		% SG	14,75%	25,00%	1,22%	12,80%
	Stimmt nicht	Anzahl	51	48	72	171
		% SG	83,61%	70,59%	87,80%	81,04%

Gruppe * Frage19:Ich kann mich schlecht konzetrieren.

		Frage19:Ich kann mich schlecht konzetrieren.							
		MIN	Q1	Median	Mittelwert	Q3	MAX	SD	n
Gruppe	Segregation	2,00	4,00	4,00	3,82	4,00	4,00	,43	61
	Teilsegregation	1,00	3,00	3,00	3,01	4,00	4,00	1,03	68
	Integration	1,00	2,00	4,00	3,12	4,00	4,00	1,06	82
	Gesamt	1,00	3,00	4,00	3,29	4,00	4,00	,97	211

Frage19:Ich kann mich schlecht konzetrieren. * Gruppe

			Gruppe			
			Segregation	Teilsegregation	Integration	Gesamt
Frage19:Ich kann mich schlecht konzetrieren.	Stimmt genau	Anzahl	0	10	9	19
		% SG	0,00%	14,71%	10,98%	9,00%
	Stimmt überwiegend	Anzahl	1	5	14	20
		% SG	1,64%	7,35%	17,07%	9,48%
	Stimmt ein wenig	Anzahl	9	27	17	53
		% SG	14,75%	39,71%	20,73%	25,12%
	Stimmt nicht	Anzahl	51	26	42	119
		% SG	83,61%	38,24%	51,22%	56,40%

Gruppe * Frage20:Ich bin noch motiviert und arbeite gerne.

		Frage20:Ich bin noch motiviert und arbeite gerne.							
		MIN	Q1	Median	Mittelwert	Q3	MAX	SD	n
Gruppe	Segregation	1,00	1,00	1,00	1,44	2,00	3,00	,67	61
	Teilsegregation	1,00	1,00	1,00	1,62	2,00	4,00	,81	68
	Integration	1,00	1,00	2,00	1,94	2,00	4,00	,85	82
	Gesamt	1,00	1,00	2,00	1,69	2,00	4,00	,81	211

Frage20:Ich bin noch motiviert und arbeite gerne. * Gruppe

			Gruppe			
			Segregation	Teilsegregation	Integration	Gesamt
Frage20:Ich bin noch motiviert und arbeite gerne.	Stimmt genau	Anzahl	40	38	26	104
		% SG	65,57%	55,88%	31,71%	49,29%
	Stimmt überwiegend	Anzahl	15	20	41	76
		% SG	24,59%	29,41%	50,00%	36,02%
	Stimmt ein wenig	Anzahl	6	8	9	23
		% SG	9,84%	11,76%	10,98%	10,90%
	Stimmt nicht	Anzahl	0	2	6	8
		% SG	0,00%	2,94%	7,32%	3,79%

Gruppe * Frage21:Ich habe manchmal Leistungs- und Denkblockaden.

		Frage21:Ich habe manchmal Leistungs- und Denkblockaden.							
		MIN	Q1	Median	Mittelwert	Q3	MAX	SD	n
Gruppe	Segregation	2,00	3,00	4,00	3,66	4,00	4,00	,54	61
	Teilsegregation	1,00	4,00	4,00	3,76	4,00	4,00	,55	68
	Integration	1,00	2,00	3,00	3,04	4,00	4,00	1,02	82
	Gesamt	1,00	3,00	4,00	3,45	4,00	4,00	,83	211

Frage21:Ich habe manchmal Leistungs- und Denkblockaden. * Gruppe

			Gruppe			
			Segregation	Teilsegregation	Integration	Gesamt
Frage21:Ich habe manchmal Leistungs- und Denkblockaden.	Stimmt genau	Anzahl	0	1	9	10
		% SG	0,00%	1,47%	10,98%	4,74%
	Stimmt überwiegend	Anzahl	2	1	14	17
		% SG	3,28%	1,47%	17,07%	8,06%
	Stimmt ein wenig	Anzahl	17	11	24	52
		% SG	27,87%	16,18%	29,27%	24,64%
	Stimmt nicht	Anzahl	42	55	35	132
		% SG	68,85%	80,88%	42,68%	62,56%

Gruppe * Frage22:Ich habe nicht viel Freizeit.

		Frage22:Ich habe nicht viel Freizeit.							
		MIN	Q1	Median	Mittelwert	Q3	MAX	SD	n
Gruppe	Segregation	1,00	2,00	4,00	3,25	4,00	4,00	,99	61
	Teilsegregation	1,00	2,00	3,00	2,63	3,00	4,00	1,02	68
	Integration	1,00	3,00	3,00	3,12	4,00	4,00	,91	82
	Gesamt	1,00	2,00	3,00	3,00	4,00	4,00	1,00	211

Frage22:Ich habe nicht viel Freizeit. * Gruppe

			Gruppe			
			Segregation	Teilsegregation	Integration	Gesamt
Frage22:Ich habe nicht viel Freizeit.	Stimmt genau	Anzahl	4	12	6	22
		% SG	6,56%	17,65%	7,32%	10,43%
	Stimmt überwiegend	Anzahl	12	16	11	39
		% SG	19,67%	23,53%	13,41%	18,48%
	Stimmt ein wenig	Anzahl	10	25	32	67
		% SG	16,39%	36,76%	39,02%	31,75%
	Stimmt nicht	Anzahl	35	15	33	83

		% SG	57,38%	22,06%	40,24%	39,34%

Gruppe * Frage23:Mein Lebensstil ist fest durchstrukturiert.

		Frage23:Mein Lebensstil ist fest durchstrukturiert.							
		MIN	Q1	Median	Mittelwert	Q3	MAX	SD	n
Gruppe	Segregation	1,00	2,00	3,00	3,16	4,00	4,00	,93	61
	Teilsegregation	1,00	3,00	3,00	3,13	4,00	4,00	,84	68
	Integration	1,00	2,00	2,00	2,62	3,00	4,00	,98	82
	Gesamt	1,00	2,00	3,00	2,94	4,00	4,00	,95	211

Frage23:Mein Lebensstil ist fest durchstrukturiert. * Gruppe

			Gruppe			
			Segregation	Teilsegregation	Integration	Gesamt
Frage23:Mein Lebensstil ist fest durchstrukturiert.	Stimmt genau	Anzahl	3	2	9	14
		% SG	4,92%	2,94%	10,98%	6,64%
	Stimmt überwiegend	Anzahl	13	14	33	60
		% SG	21,31%	20,59%	40,24%	28,44%
	Stimmt ein wenig	Anzahl	16	25	20	61
		% SG	26,23%	36,76%	24,39%	28,91%
	Stimmt nicht	Anzahl	29	27	20	76
		% SG	47,54%	39,71%	24,39%	36,02%

Gruppe * Frage24:Ich fühle mich nicht mehr,nehme mich kaum noch wahr.

		Frage24:Ich fühle mich nicht mehr,nehme mich kaum noch wahr.							
		MIN	Q1	Median	Mittelwert	Q3	MAX	SD	n
Gruppe	Segregation	3,00	4,00	4,00	3,87	4,00	4,00	,34	61
	Teilsegregation	2,00	3,00	4,00	3,59	4,00	4,00	,55	68
	Integration	1,00	3,00	4,00	3,43	4,00	4,00	,88	82
	Gesamt	1,00	3,00	4,00	3,61	4,00	4,00	,68	211

Frage24:Ich fühle mich nicht mehr,nehme mich kaum noch wahr. * Gruppe

			Gruppe			
			Segregation	Teilsegregation	Integration	Gesamt
Frage24:Ich fühle mich nicht mehr,nehme mich kaum noch wahr.	Stimmt genau	Anzahl	0	0	4	4
		% SG	0,00%	0,00%	4,88%	1,90%
	Stimmt überwiegend	Anzahl	0	2	9	11
		% SG	0,00%	2,94%	10,98%	5,21%
	Stimmt ein wenig	Anzahl	8	24	17	49
		% SG	13,11%	35,29%	20,73%	23,22%
	Stimmt nicht	Anzahl	53	42	52	147
		% SG	86,89%	61,76%	63,41%	69,67%

Gruppe * Frage25:Ich fühle mich gereizt und überspannt.

		Frage25:Ich fühle mich gereizt und überspannt.							
		MIN	Q1	Median	Mittelwert	Q3	MAX	SD	n
Gruppe	Segregation	2,00	3,00	4,00	3,49	4,00	4,00	,77	61
	Teilsegregation	1,00	3,00	3,00	3,10	4,00	4,00	,79	68
	Integration	1,00	3,00	3,00	3,06	4,00	4,00	,88	82
	Gesamt	1,00	3,00	3,00	3,20	4,00	4,00	,84	211

Frage25:Ich fühle mich gereizt und überspannt. * Gruppe

			Gruppe			
			Segregation	Teilsegregation	Integration	Gesamt
Frage25:Ich fühle mich gereizt und überspannt.	Stimmt genau	Anzahl	0	2	6	8
		% SG	0,00%	2,94%	7,32%	3,79%
	Stimmt überwiegend	Anzahl	10	12	11	33
		% SG	16,39%	17,65%	13,41%	15,64%
	Stimmt ein wenig	Anzahl	11	31	37	79
		% SG	18,03%	45,59%	45,12%	37,44%
	Stimmt nicht	Anzahl	40	23	28	91
		% SG	65,57%	33,82%	34,15%	43,13%

Gruppe * Frage26:Ich fühle mich oft ausgelaugt und emotional erschöpft.

		Frage26:Ich fühle mich oft ausgelaugt und emotional erschöpft.							
		MIN	Q1	Median	Mittelwert	Q3	MAX	SD	n
Gruppe	Segregation	2,00	3,00	4,00	3,46	4,00	4,00	,79	61
	Teilsegregation	1,00	2,00	3,00	2,88	4,00	4,00	1,03	68
	Integration	1,00	2,00	3,00	2,83	3,00	4,00	,83	82
	Gesamt	1,00	2,00	3,00	3,03	4,00	4,00	,93	211

Frage26:Ich fühle mich oft ausgelaugt und emotional erschöpft. * Gruppe

			Gruppe			
			Segregation	Teilsegregation	Integration	Gesamt
Frage26:Ich fühle mich oft ausgelaugt und emotional erschöpft.	Stimmt genau	Anzahl	0	9	6	15
		% SG	0,00%	13,24%	7,32%	7,11%
	Stimmt überwiegend	Anzahl	11	13	18	42
		% SG	18,03%	19,12%	21,95%	19,91%
	Stimmt ein wenig	Anzahl	11	23	42	76
		% SG	18,03%	33,82%	51,22%	36,02%
	Stimmt nicht	Anzahl	39	23	16	78
		% SG	63,93%	33,82%	19,51%	36,97%

Gruppe * Frage27:Ich bewertes vieles zu negativ.

		Frage27:Ich bewertes vieles zu negativ.							
		MIN	Q1	Median	Mittelwert	Q3	MAX	SD	n
Gruppe	Segregation	2,00	4,00	4,00	3,74	4,00	4,00	,48	61
	Teilsegregation	2,00	3,00	4,00	3,62	4,00	4,00	,62	68
	Integration	2,00	3,00	4,00	3,46	4,00	4,00	,71	82
	Gesamt	2,00	3,00	4,00	3,59	4,00	4,00	,63	211

Frage27:Ich bewertes vieles zu negativ. * Gruppe

			Gruppe			
			Segregation	Teilsegregation	Integration	Gesamt
Frage27:Ich bewertes vieles zu negativ.	Stimmt genau	Anzahl	0	0	0	0
		% SG	0,00%	0,00%	0,00%	0,00%
	Stimmt überwiegend	Anzahl	1	5	10	16
		% SG	1,64%	7,35%	12,20%	7,58%
	Stimmt ein wenig	Anzahl	14	16	24	54
		% SG	22,95%	23,53%	29,27%	25,59%
	Stimmt nicht	Anzahl	46	47	48	141
		% SG	75,41%	69,12%	58,54%	66,82%

Gruppe * Frage28:Ich verliere leicht die Geduld.

		Frage28:Ich verliere leicht die Geduld.							
		MIN	Q1	Median	Mittelwert	Q3	MAX	SD	n
Gruppe	Segregation	1,00	3,00	4,00	3,59	4,00	4,00	,80	61
	Teilsegregation	1,00	3,00	3,00	3,26	4,00	4,00	,84	68
	Integration	1,00	3,00	4,00	3,43	4,00	4,00	,74	82

Gesamt	1,00	3,00	4,00	3,42	4,00	4,00	,80	211

Frage28:Ich verliere leicht die Geduld. * Gruppe

			Gruppe			
			Segregation	Teilsegregation	Integration	Gesamt
Frage28:Ich verliere leicht die Geduld.	Stimmt genau	Anzahl	3	4	2	9
		% SG	4,92%	5,88%	2,44%	4,27%
	Stimmt überwiegend	Anzahl	3	5	6	14
		% SG	4,92%	7,35%	7,32%	6,64%
	Stimmt ein wenig	Anzahl	10	28	29	67
		% SG	16,39%	41,18%	35,37%	31,75%
	Stimmt nicht	Anzahl	45	31	45	121
		% SG	73,77%	45,59%	54,88%	57,35%

Teststatistiken[a,b]

	Frage13:Ich leide unter Schmerzen (Gelenke, Rücken...).	Frage14:Ich leide unter Atembeschwerden.	Frage15:Ich leide immer mehr an Allergien.	Frage16:Meine Blutdruckwerte sind zu hoch/schwanken stark.	Frage17:Ich leide unter Magen-Darm-Beschwerden.
Chi-Quadrat	12,285	,317	5,062	7,396	28,177
df	2	2	2	2	2
Asymp. Sig.	,002	,854	,080	,025	,000

Tests der Zwischensubjekteffekte

Abhängige Variable: Alter

Quelle	Quadratsumme vom Typ III	df	Mittel der Quadrate	F	Signifikanz
Korrigiertes Modell	3,646(a)	5	,729	,671	,646
Konstanter Term	537,896	1	537,896	494,567	,000
Geschlecht	2,425	1	2,425	2,230	,137
Gruppe	1,691	2	,846	,778	,461
Geschlecht * Gruppe	1,513	2	,756	,695	,500
Fehler	222,960	205	1,088		
Gesamt	1518,000	211			
Korrigierte Gesamtvariation	226,607	210			

a R-Quadrat = ,016 (korrigiertes R-Quadrat = -,008)

Deskriptive Statistiken

Abhängige Variable: Alter

Geschlecht	Gruppe	Mittelwert	Standardabweichung	N
männlich	Segregation	1,8000	,83666	5
	Teilsegregation	2,3846	1,04391	13
	Integration	2,4000	1,00000	25
	Gesamt	2,3256	,99333	43
weiblich	Segregation	2,5179	1,07857	56
	Teilsegregation	2,4182	,95628	55

	Integration	2,5965	1,11579	57
	Gesamt	2,5119	1,04960	168
Gesamt	Segregation	2,4590	1,07353	61
	Teilsegregation	2,4118	,96561	68
	Integration	2,5366	1,07950	82
	Gesamt	2,4739	1,03879	211

ONEWAY ANOVA

Alter

	Quadrat-summe	df	Mittel der Quadrate	F	Signifikanz
Zwischen den Gruppen	,598	2	,299	,275	,760
Innerhalb der Gruppen	226,008	208	1,087		
Gesamt	226,607	210			

ONEWAY deskriptive Statistiken

Alter

					95%-Konfidenzintervall für den Mittelwert			
	N	Mittel-wert	Standardabwei-chung	Standardfeh-ler	Untergren-ze	Obergren-ze	Mini-mum	Maxi-mum
Segregation	61	2,4590	1,07353	,13745	2,1841	2,7340	1,00	4,00
Teilsegregati-on	68	2,4118	,96561	,11710	2,1780	2,6455	1,00	4,00
Integration	82	2,5366	1,07950	,11921	2,2994	2,7738	1,00	4,00
Gesamt	21 1	2,4739	1,03879	,07151	2,3330	2,6149	1,00	4,00

Korrelationen

		Gruppe	Alter	Geschlecht
Gruppe	Korrelation nach Pearson	1	,034	-,226(**)
	Signifikanz (2-seitig)		,625	,001
	N	211	211	211
Alter	Korrelation nach Pearson	,034	1	,072
	Signifikanz (2-seitig)	,625		,295
	N	211	211	211
Geschlecht	Korrelation nach Pearson	-,226(**)	,072	1
	Signifikanz (2-seitig)	,001	,295	
	N	211	211	211

** Die Korrelation ist auf dem Niveau von 0,01 (2-seitig) signifikant.

Geschlecht

	Beobachtetes N	Erwartete Anzahl	Residuum
männlich	43	105,5	-62,5
weiblich	168	105,5	62,5
Gesamt	211		

Statistik für Test

	Gruppe	Geschlecht
Chi-Quadrat(a,b)	3,251	74,052
df	2	1
Asymptotische Signifikanz	,197	,000

a Bei 0 Zellen (,0%) werden weniger als 5 Häufigkeiten erwartet. Die kleinste erwartete Zellenhäufigkeit ist 70,3.
b Bei 0 Zellen (,0%) werden weniger als 5 Häufigkeiten erwartet. Die kleinste erwartete Zellenhäufigkeit ist 105,5.

Gruppe

	Beobachtetes N	Erwartete Anzahl	Residuum
Segregation	61	70,3	-9,3
Teilsegregation	68	70,3	-2,3
Integration	82	70,3	11,7
Gesamt	211		

Deskriptive Statistiken

	Mittelwert	Standardabweichung	N
Gruppe	2,10	,819	211
Alter	2,4739	1,03879	211
Geschlecht	1,7962	,40377	211

ONEWAY deskriptive Statistiken

Berufsdauer

	N	Mittelwert	Standardabweichung	Standardfehler	95%-Konfidenzintervall für den Mittelwert		Minimum	Maximum
					Untergrenze	Obergrenze		
Segregation	61	2,6557	,81415	,10424	2,4472	2,8643	1,00	4,00
Teilsegregation	68	2,8971	,97949	,11878	2,6600	3,1341	1,00	4,00
Integration	82	2,9390	,94735	,10462	2,7309	3,1472	1,00	4,00
Gesamt	211	2,8436	,92541	,06371	2,7180	2,9692	1,00	4,00

ONEWAY ANOVA

Berufsdauer

	Quadratsumme	df	Mittel der Quadrate	F	Signifikanz
Zwischen den Gruppen	3,094	2	1,547	1,820	,165
Innerhalb der Gruppen	176,745	208	,850		
Gesamt	179,839	210			

Deskriptive Statistiken

	Mittelwert	Standardabweichung	N
Gruppe	2,10	,819	211
Alter	2,4739	1,03879	211
Geschlecht	1,7962	,40377	211
Berufsdauer	2,8436	,92541	211

Korrelationen

		Gruppe	Alter	Geschlecht	Berufsdauer
Gruppe	Korrelation nach Pearson	1	,034	-,226(**)	,121
	Signifikanz (2-seitig)		,625	,001	,079
	N	211	211	211	211
Alter	Korrelation nach Pearson	,034	1	,072	,612(**)
	Signifikanz (2-seitig)	,625		,295	,000
	N	211	211	211	211
Geschlecht	Korrelation nach Pearson	-,226(**)	,072	1	,029
	Signifikanz (2-seitig)	,001	,295		,675
	N	211	211	211	211
Berufsdauer	Korrelation nach Pearson	,121	,612(**)	,029	1
	Signifikanz (2-seitig)	,079	,000	,675	
	N	211	211	211	211

** Die Korrelation ist auf dem Niveau von 0,01 (2-seitig) signifikant.

Zwischensubjektfaktoren

		Wertelabel	N
Gruppe	1	Segregation	61
	2	Teilsegregation	68
	3	Integration	82
Geschlecht	1,00	männlich	43
	2,00	weiblich	168

Deskriptive Statistiken

Abhängige Variable: Berufsdauer

Gruppe	Geschlecht	Mittelwert	Standardabweichung	N
Segregation	männlich	2,0000	,00000	5
	weiblich	2,7143	,82494	56
	Gesamt	2,6557	,81415	61
Teilsegregation	männlich	2,6923	1,18213	13
	weiblich	2,9455	,93131	55
	Gesamt	2,8971	,97949	68
Integration	männlich	3,0000	,95743	25
	weiblich	2,9123	,95020	57

	Gesamt	2,9390	,94735	82
Gesamt	männlich	2,7907	1,01320	43
	weiblich	2,8571	,90432	168
	Gesamt	2,8436	,92541	211

ONEWAY deskriptive Statistiken

Beschäftigungsausmaß

	N	Mittelwert	Standardabweichung	Standardfehler	95%-Konfidenzintervall für den Mittelwert Untergrenze	Obergrenze	Minimum	Maximum
Segregation	61	3,2131	1,03465	,13247	2,9481	3,4781	1,00	4,00
Teilsegregation	68	3,2206	,97499	,11824	2,9846	3,4566	1,00	4,00
Integration	82	3,2317	,85054	,09393	3,0448	3,4186	1,00	4,00
Gesamt	211	3,2227	,94247	,06488	3,0948	3,3507	1,00	4,00

ONEWAY ANOVA

Beschäftigungsausmaß

	Quadratsumme	df	Mittel der Quadrate	F	Signifikanz
Zwischen den Gruppen	,013	2	,006	,007	,993
Innerhalb der Gruppen	186,518	208	,897		
Gesamt	186,531	210			

Berufsgruppen

	Beobachtetes N	Erwartete Anzahl	Residuum
DGKS/P	59	52,8	6,3
FSB"A"	143	52,8	90,3
HH	6	52,8	-46,8
Pflegehelfer	3	52,8	-49,8
Gesamt	211		

Statistik für Test

	Gruppe	Berufsgruppen
Chi-Quadrat(a,b)	3,251	243,502
df	2	3
Asymptotische Signifikanz	,197	,000

a Bei 0 Zellen (,0%) werden weniger als 5 Häufigkeiten erwartet. Die kleinste erwartete Zellenhäufigkeit ist 70,3.
b Bei 0 Zellen (,0%) werden weniger als 5 Häufigkeiten erwartet. Die kleinste erwartete Zellenhäufigkeit ist 52,8.

ONEWAY deskriptive Statistiken

Berufsgruppen

	N	Mittel-wert	Standardabwei-chung	Standardfeh-ler	95%-Konfidenzintervall für den Mittelwert		Mini-mum	Maxi-mum
					Untergren-ze	Obergren-ze		
Segregation	61	1,9180	,52584	,06733	1,7834	2,0527	1,00	4,00
Teilsegregati-on	68	1,7794	,66570	,08073	1,6183	1,9405	1,00	4,00
Integration	82	1,6707	,47284	,05222	1,5668	1,7746	1,00	2,00
Gesamt	211	1,7773	,56286	,03875	1,7009	1,8536	1,00	4,00

ONEWAY ANOVA

Berufsgruppen

	Quadrat-summe	df	Mittel der Quadrate	F	Signifikanz
Zwischen den Gruppen	2,140	2	1,070	3,456	,033
Innerhalb der Gruppen	64,391	208	,310		
Gesamt	66,531	210			

1. Gruppe

Abhängige Variable: Validation

Gruppe	Mittelwert	Standard-fehler	95% Konfidenzintervall	
			Untergrenze	Obergrenze
Segregation	1,563(a)	,079	1,407	1,718
Teilsegregation	1,745	,059	1,628	1,862
Integration	1,828	,046	1,738	1,919

a Basiert auf Randmittel der geänderten Grundgesamtheit.

2. Geschlecht

Abhängige Variable: Validation

Geschlecht	Mittelwert	Standard-fehler	95% Konfidenzintervall	
			Untergrenze	Obergrenze
männlich	1,691(a)	,067	1,559	1,822
weiblich	1,744	,030	1,685	1,803

a Basiert auf Randmittel der geänderten Grundgesamtheit.

Belastung = Summen-Score aus den Fragen 8 bis 28

(höhere Werte -> höhere Belastung)

Gruppe x Summen-Score der Belastung

		Summen-Score der Belastung							
		MIN	Q1	Median	Mittelwert	Q3	MAX	SD	n
Gruppe	Segregation	25,00	30,00	32,00	31,64	33,00	39,00	2,78	61
	Teilsegregation	26,00	34,00	36,00	36,65	40,00	51,00	4,44	68
	Integration	27,00	36,00	39,00	38,87	42,00	52,00	4,85	82
	Gesamt	25,00	32,00	35,00	36,06	40,00	52,00	5,14	211

saturiertes Modell	**Nicht standardisierte Koeffizienten**		**Standardisierte Koeffizienten**	**Test statistik**	**p-Wert**
	Regressions koeffizient	**Standard fehler**	**Beta**		
(Konstante)	32,333	2,243		14,417	<0,001**
Gruppe: Teilsegregation vs. Segregation	4,979	0,801	0,454	6,218	**<0,001****
Gruppe: Integration vs. Segregation	7,658	0,859	0,728	8,919	**<0,001****
Alter: 31-40 Jahre vs. < 30 Jahre	-0,058	0,887	-0,005	-0,066	0,948
Alter: 41-50 Jahre vs. < 30 Jahre	-2,109	1,015	-0,194	-2,077	**0,039***
Alter: 51-60 Jahre vs. < 30 Jahre	-2,491	1,179	-0,189	-2,113	**0,036***
Geschlecht: männlich vs. weiblich	0,352	0,766	0,028	0,459	0,647
Beschäftigung: 10-20 Std. vs. 38-40 Std.	-1,591	1,474	-0,066	-1,080	0,282
Beschäftigung: 21-30 Std. vs. 38-40 Std.	-0,848	0,830	-0,068	-1,021	0,308
Beschäftigung: 31-35 Std. vs. 38-40 Std.	0,135	0,789	0,011	0,171	0,864
Kinästhetics: ja vs. nein	1,077	0,718	0,104	1,499	0,135
Validation: ja vs. nein	-0,593	0,836	-0,051	-0,709	0,479
FSB A vs. DGKS/P	-0,412	0,698	-0,038	-0,591	0,555
HH vs. vs. DGKS/P	0,612	1,858	0,020	0,329	0,742
Pflegehelfer vs. DGKS/P	3,748	2,590	0,087	1,447	0,150
Berufsdauer : 0-1 Jahre vs. >10 Jahre	0,340	1,521	0,015	0,224	0,823
Berufsdauer : >1-5 Jahre vs. >10 Jahre	-1,385	0,932	-0,128	-1,486	0,139
Berufsdauer : 5-10 Jahre vs. >10 Jahre	0,257	0,803	0,023	0,320	0,749

angepasstes R-Quadrat = 0,336

Endergebnis derschrittweisen Modellsuche	**Nicht standardisierte Koeffizienten**		**Standardisierte Koeffizienten**	**Test statistik**	**p-Wert**
	Regressions koeffizient	**Standard fehler**	**Beta**		
(Konstante)	31,639	0,539		58,692	<0,001**
Gruppe: Teilsegregation vs. Segregation	7,227	0,712	0,687	10,151	**<0,001****
Gruppe: Integration vs. Segregation	5,008	0,742	0,456	6,745	**<0,001****

angepasstes R-Quadrat = 0,329

Kreuztabellen

Zusammenfassung der Fallverarbeitung

	Fälle					
	Gültig		Fehlend		Gesamtsumme	
	H	Prozent	H	Prozent	H	Prozent
Alter * Gruppe	211	100,0%	0	0,0%	211	100,0%
Geschlecht * Gruppe	211	100,0%	0	0,0%	211	100,0%
Beschäftigungsausmaß * Gruppe	211	100,0%	0	0,0%	211	100,0%
Kinästhetics * Gruppe	211	100,0%	0	0,0%	211	100,0%
Validation * Gruppe	211	100,0%	0	0,0%	211	100,0%
Berufsgruppen * Gruppe	211	100,0%	0	0,0%	211	100,0%
Berufsdauer * Gruppe	211	100,0%	0	0,0%	211	100,0%
Frage7:GlaubenSie,dass Sie,wenn die tägliche Belastung ihrer Arbeit gleichbleibt,diese Tätigkeit bis zur Pension ausüben können? * Gruppe	211	100,0%	0	0,0%	211	100,0%

Alter * Gruppe

Kreuztabelle

			Gruppe		
			Segregation	Teilsegregation	Integration
Alter	<30J.	Anzahl	14	15	19
		Angepasstes Residuum	,0	-,2	,1
	31-40J.	Anzahl	18	18	18
		Angepasstes Residuum	,8	,2	-1,0
	41-50J.	Anzahl	16	27	27
		Angepasstes Residuum	-1,4	1,4	-,1
	51-60J.	Anzahl	13	8	18
		Angepasstes Residuum	,7	-1,7	1,0
Gesamtsumme		Anzahl	61	68	82

Kreuztabelle

			Gesamtsumme
Alter	<30J.	Anzahl	48
		Angepasstes Residuum	
	31-40J.	Anzahl	54

		Angepasstes Residuum	
	41-50J.	Anzahl	70
		Angepasstes Residuum	
	51-60J.	Anzahl	39
		Angepasstes Residuum	
Gesamtsumme		Anzahl	211

Geschlecht * Gruppe

Kreuztabelle

			Gruppe		
			Segregation	Teilsegregation	Integration
Geschlecht	männlich	Anzahl	5	13	25
		Angepasstes Residuum	-2,8	-,3	2,9
	weiblich	Anzahl	56	55	57
		Angepasstes Residuum	2,8	,3	-2,9
Gesamtsumme		Anzahl	61	68	82

Kreuztabelle

			Gesamtsumme
Geschlecht	männlich	Anzahl	43
		Angepasstes Residuum	
	weiblich	Anzahl	168
		Angepasstes Residuum	
Gesamtsumme		Anzahl	211

Beschäftigungsausmaß * Gruppe

Kreuztabelle

			Gruppe	
			Segregation	Teilsegregation
Beschäftigungsausmaß	10-20Std.	Anzahl	5	4
		Angepasstes Residuum	1,5	,5
	21-30Std.	Anzahl	12	14
		Angepasstes Residuum	-,4	-,2
	31-35Std.	Anzahl	9	13
		Angepasstes Residuum	-1,4	-,4
	38-40Std.	Anzahl	35	37
		Angepasstes Residuum	,8	,3
Gesamtsumme		Anzahl	61	68

Kreuztabelle

			Gruppe	
			Integration	Gesamtsumme
Beschäftigungsausmaß	10-20Std.	Anzahl	1	10
		Angepasstes Residuum	-1,9	
	21-30Std.	Anzahl	19	45
		Angepasstes Residuum	,5	
	31-35Std.	Anzahl	22	44
		Angepasstes Residuum	1,7	
	38-40Std.	Anzahl	40	112
		Angepasstes Residuum	-1,0	
Gesamtsumme		Anzahl	82	211

Kinästhetics * Gruppe

Kreuztabelle

			Gruppe		
			Segregation	Teilsegregation	Integration
Kinästhetics	ja	Anzahl	24	39	57
		Angepasstes Residuum	-3,3	,1	3,0
	nein	Anzahl	37	29	25
		Angepasstes Residuum	3,3	-,1	-3,0
Gesamtsumme		Anzahl	61	68	82

Kreuztabelle

			Gesamtsumme
Kinästhetics	ja	Anzahl	120
		Angepasstes Residuum	
	nein	Anzahl	91
		Angepasstes Residuum	
Gesamtsumme		Anzahl	211

Validation * Gruppe

Kreuztabelle

			Gruppe		
			Segregation	Teilsegregation	Integration
Validation	ja	Anzahl	24	21	11
		Angepasstes Residuum	2,7	1,0	-3,4
	nein	Anzahl	37	47	71

	Angepasstes Residuum	-2,7	-1,0	3,4
Gesamtsumme	Anzahl	61	68	82

Kreuztabelle

			Gesamtsumme
Validation	ja	Anzahl	56
		Angepasstes Residuum	
	nein	Anzahl	155
		Angepasstes Residuum	
Gesamtsumme		Anzahl	211

Berufsgruppen * Gruppe

Kreuztabelle

			Gruppe	
			Segregation	Teilsegregation
Berufsgruppen	DGKS/P	Anzahl	10	22
		Angepasstes Residuum	-2,4	1,0
	FSB"A"	Anzahl	47	41
		Angepasstes Residuum	1,8	-1,6
	HH	Anzahl	3	3
		Angepasstes Residuum	1,2	,9
	Pflegehelfer	Anzahl	1	2
		Angepasstes Residuum	,2	1,3
Gesamtsumme		Anzahl	61	68

Kreuztabelle

			Gruppe	
			Integration	Gesamtsumme
Berufsgruppen	DGKS/P	Anzahl	27	59
		Angepasstes Residuum	1,3	
	FSB"A"	Anzahl	55	143
		Angepasstes Residuum	-,2	
	HH	Anzahl	0	6
		Angepasstes Residuum	-2,0	
	Pflegehelfer	Anzahl	0	3
		Angepasstes Residuum	-1,4	
Gesamtsumme		Anzahl	82	211

Berufsdauer * Gruppe

Kreuztabelle

			Gruppe		
			Segregation	Teilsegregation	Integration
Berufsdauer	0-1J.	Anzahl	2	5	5
		Angepasstes Residuum	-1,0	,7	,2
	>1-5J.	Anzahl	28	21	24
		Angepasstes Residuum	2,2	-,8	-1,3
	>5-10J.	Anzahl	20	18	24
		Angepasstes Residuum	,7	-,6	,0
	>10J.	Anzahl	11	24	29
		Angepasstes Residuum	-2,5	1,1	1,3
Gesamtsumme		Anzahl	61	68	82

Kreuztabelle

			Gesamtsumme
Berufsdauer	0-1J.	Anzahl	12
		Angepasstes Residuum	
	>1-5J.	Anzahl	73
		Angepasstes Residuum	
	>5-10J.	Anzahl	62
		Angepasstes Residuum	
	>10J.	Anzahl	64
		Angepasstes Residuum	

Kruskal-Wallis-Test

Ränge

	Gruppe	H	Mittlerer Rang
Frage8:Habe Sie in letzter Zeit Ihre täglichen Aufgaben mit Freude erledigt?	Segregation	61	82,95
	Teilsegregation	68	125,17
	Integration	82	107,25
	Gesamtsumme	211	
Frage9:Mich quälen heftige Kopfschmerzen.	Segregation	61	109,36
	Teilsegregation	68	114,56
	Integration	82	96,40
	Gesamtsumme	211	
Frage10:Ich leide unter häufig wiederkehrende Infekte.	Segregation	61	100,45
	Teilsegregation	68	114,18

	Integration	82	103,34
	Gesamtsumme	211	
Frage11:Meine Muskeln sind ständig verspannt.	Segregation	61	101,59
	Teilsegregation	68	97,49
	Integration	82	116,34
	Gesamtsumme	211	
Frage12:Ich leide unter Schlafstörungen.	Segregation	61	114,21
	Teilsegregation	68	91,24
	Integration	82	112,13
	Gesamtsumme	211	
Frage13:Ich leide unter Schmerzen (Gelenke, Rücken...).	Segregation	61	122,06
	Teilsegregation	68	111,82
	Integration	82	89,23
	Gesamtsumme	211	
Frage14:Ich leide unter Atembeschwerden.	Segregation	61	105,73
	Teilsegregation	68	104,26
	Integration	82	107,65
	Gesamtsumme	211	
Frage15:Ich leide immer mehr an Allergien.	Segregation	61	118,88
	Teilsegregation	68	101,96
	Integration	82	99,77
	Gesamtsumme	211	
Frage16:Meine Blutdruckwerte sind zu hoch/schwanken stark.	Segregation	61	119,75
	Teilsegregation	68	98,02
	Integration	82	102,38
	Gesamtsumme	211	
Frage17:Ich leide unter Magen-Darm-Beschwerden.	Segregation	61	130,28
	Teilsegregation	68	114,32
	Integration	82	81,04
	Gesamtsumme	211	
Frage18:Ich leide unter Herzbeschwerden.	Segregation	61	109,39
	Teilsegregation	68	96,15
	Integration	82	111,64
	Gesamtsumme	211	
Frage19:Ich kann mich schlecht konzetrieren.	Segregation	61	137,30
	Teilsegregation	68	87,96
	Integration	82	97,67
	Gesamtsumme	211	
Frage20:Ich bin noch motiviert und arbeite gerne.	Segregation	61	88,35
	Teilsegregation	68	99,94
	Integration	82	124,15

	Gesamtsumme	211	
Frage21:Ich habe manchmal Leistungs- und Denkblockaden.	Segregation	61	115,71
	Teilsegregation	68	126,70
	Integration	82	81,61
	Gesamtsumme	211	
Frage22:Ich habe nicht viel Freizeit.	Segregation	61	122,13
	Teilsegregation	68	84,34
	Integration	82	111,96
	Gesamtsumme	211	
Frage23:Mein Lebensstil ist fest durchstrukturiert.	Segregation	61	119,88
	Teilsegregation	68	116,88
	Integration	82	86,66
	Gesamtsumme	211	
Frage24:Ich fühle mich nicht mehr,nehme mich kaum noch wahr.	Segregation	61	125,15
	Teilsegregation	68	99,65
	Integration	82	97,02
	Gesamtsumme	211	
Frage25:Ich fühle mich gereizt und überspannt.	Segregation	61	127,56
	Teilsegregation	68	97,62
	Integration	82	96,91
	Gesamtsumme	211	
Frage26:Ich fühle mich oft ausgelaugt und emotional erschöpft.	Segregation	61	134,09
	Teilsegregation	68	98,68
	Integration	82	91,17
	Gesamtsumme	211	
Frage27:Ich bewertes vieles zu negativ.	Segregation	61	116,45
	Teilsegregation	68	108,32
	Integration	82	96,30
	Gesamtsumme	211	
Frage28:Ich verliere leicht die Geduld.	Segregation	61	121,80
	Teilsegregation	68	93,82
	Integration	82	104,35
	Gesamtsumme	211	

ANOVA

		Quadratsumme	df	Mittel der Quadrate	F	Sig.
Frage8:Habe Sie in letzter Zeit Ihre täglichen Aufgaben mit Freude erledigt?	Zwischen Gruppen	11,200	2	5,600	7,890	,000
	Innerhalb der Gruppen	147,625	208	,710		
	Gesamtsumme	158,825	210			
Frage9:Mich quälen hefti-	Zwischen Gruppen	7,859	2	3,930	3,405	,035

ge Kopfschmerzen.	Innerhalb der Gruppen	240,075	208	1,154		
	Gesamtsumme	247,934	210			
Frage10:Ich leide unter häufig wiederkehrende Infekte.	Zwischen Gruppen	2,300	2	1,150	1,010	,366
	Innerhalb der Gruppen	236,894	208	1,139		
	Gesamtsumme	239,194	210			
Frage11:Meine Muskeln sind ständig verspannt.	Zwischen Gruppen	5,250	2	2,625	2,478	,086
	Innerhalb der Gruppen	220,352	208	1,059		
	Gesamtsumme	225,602	210			
Frage12:Ich leide unter Schlafstörungen.	Zwischen Gruppen	2,517	2	1,259	4,228	,016
	Innerhalb der Gruppen	61,919	208	,298		
	Gesamtsumme	64,436	210			
Frage13:Ich leide unter Schmerzen (Gelenke, Rücken...).	Zwischen Gruppen	14,710	2	7,355	7,567	,001
	Innerhalb der Gruppen	202,172	208	,972		
	Gesamtsumme	216,882	210			
Frage14:Ich leide unter Atembeschwerden.	Zwischen Gruppen	,045	2	,023	,115	,891
	Innerhalb der Gruppen	41,149	208	,198		
	Gesamtsumme	41,194	210			
Frage15:Ich leide immer mehr an Allergien.	Zwischen Gruppen	5,438	2	2,719	3,829	,023
	Innerhalb der Gruppen	147,690	208	,710		
	Gesamtsumme	153,128	210			
Frage16:Meine Blutdruckwerte sind zu hoch/schwanken stark.	Zwischen Gruppen	6,353	2	3,177	5,023	,007
	Innerhalb der Gruppen	131,533	208	,632		
	Gesamtsumme	137,886	210			
Frage17:Ich leide unter Magen-Darm-Beschwerden.	Zwischen Gruppen	20,748	2	10,374	10,232	,000
	Innerhalb der Gruppen	210,882	208	1,014		
	Gesamtsumme	231,630	210			
Frage18:Ich leide unter Herzbeschwerden.	Zwischen Gruppen	,700	2	,350	,757	,470
	Innerhalb der Gruppen	96,238	208	,463		
	Gesamtsumme	96,938	210			
Frage19:Ich kann mich schlecht konzetrieren.	Zwischen Gruppen	24,583	2	12,291	14,797	,000
	Innerhalb der Gruppen	172,782	208	,831		
	Gesamtsumme	197,365	210			
Frage20:Ich bin noch motiviert und arbeite gerne.	Zwischen Gruppen	9,173	2	4,587	7,350	,001
	Innerhalb der Gruppen	129,803	208	,624		
	Gesamtsumme	138,976	210			
Frage21:Ich habe manchmal Leistungs- und Denkblockaden.	Zwischen Gruppen	23,331	2	11,666	19,744	,000
	Innerhalb der Gruppen	122,896	208	,591		
	Gesamtsumme	146,227	210			
Frage22:Ich habe nicht viel Freizeit.	Zwischen Gruppen	14,099	2	7,050	7,485	,001
	Innerhalb der Gruppen	195,901	208	,942		
	Gesamtsumme	210,000	210			

Frage23:Mein Lebensstil ist fest durchstrukturiert.	Zwischen Gruppen	13,868	2	6,934	8,128	,000
	Innerhalb der Gruppen	177,450	208	,853		
	Gesamtsumme	191,318	210			
Frage24:Ich fühle mich nicht mehr,nehme mich kaum noch wahr.	Zwischen Gruppen	6,868	2	3,434	7,983	,000
	Innerhalb der Gruppen	89,482	208	,430		
	Gesamtsumme	96,351	210			
Frage25:Ich fühle mich gereizt und überspannt.	Zwischen Gruppen	7,419	2	3,710	5,503	,005
	Innerhalb der Gruppen	140,220	208	,674		
	Gesamtsumme	147,640	210			
Frage26:Ich fühle mich oft ausgelaugt und emotional erschöpft.	Zwischen Gruppen	16,013	2	8,007	10,166	,000
	Innerhalb der Gruppen	163,816	208	,788		
	Gesamtsumme	179,829	210			
Frage27:Ich bewertes vieles zu negativ.	Zwischen Gruppen	2,696	2	1,348	3,493	,032
	Innerhalb der Gruppen	80,252	208	,386		
	Gesamtsumme	82,948	210			
Frage28:Ich verliere leicht die Geduld.	Zwischen Gruppen	3,409	2	1,705	2,726	,068
	Innerhalb der Gruppen	130,050	208	,625		
	Gesamtsumme	133,460	210			

Post-hoc-Tests

Mehrfachvergleiche

Hochberg

Abhängige Variable	(I) Gruppe	(J) Gruppe	Mittelwert-differenz (I-J)	Standardfehler	Sig.	95 % Konfidenzintervall	
						Untergrenze	Obergrenze
Frage8:Habe Sie in letzter Zeit Ihre täglichen Aufgaben mit Freude erledigt?	Segregation	Teilsegregation	-,58510*	,14857	,000	-,9426	-,2276
		Integration	-,37025*	,14244	,030	-,7130	-,0275
	Teilsegregation	Segregation	,58510*	,14857	,000	,2276	,9426
		Integration	,21485	,13818	,321	-,1177	,5474
	Integration	Segregation	,37025*	,14244	,030	,0275	,7130
		Teilsegregation	-,21485	,13818	,321	-,5474	,1177
Frage9:Mich quälen heftige Kopfschmerzen.	Segregation	Teilsegregation	-,02218	,18946	,999	-,4781	,4337
		Integration	,38385	,18165	,103	-,0533	,8210
	Teilsegregation	Segregation	,02218	,18946	,999	-,4337	,4781
		Integration	,40603	,17621	,065	-,0180	,8301
	Integration	Segregation	-,38385	,18165	,103	-,8210	,0533

		Teilsegregation	-,40603	,17621	,065	-,8301	,0180
Frage10:Ich leide unter häufig wiederkehrende Infekte.	Segregation	Teilsegregation	-,21480	,18820	,585	-,6677	,2381
		Integration	,01439	,18044	1,000	-,4198	,4486
	Teilsegregation	Segregation	,21480	,18820	,585	-,2381	,6677
		Integration	,22920	,17504	,471	-,1920	,6504
	Integration	Segregation	-,01439	,18044	1,000	-,4486	,4198
		Teilsegregation	-,22920	,17504	,471	-,6504	,1920
Frage11:Meine Muskeln sind ständig verspannt.	Segregation	Teilsegregation	,14441	,18151	,811	-,2924	,5812
		Integration	-,22611	,17403	,478	-,6449	,1927
	Teilsegregation	Segregation	-,14441	,18151	,811	-,5812	,2924
		Integration	-,37052	,16882	,085	-,7768	,0357
	Integration	Segregation	,22611	,17403	,478	-,1927	,6449
		Teilsegregation	,37052	,16882	,085	-,0357	,7768
Frage12:Ich leide unter Schlafstörungen.	Segregation	Teilsegregation	,23939*	,09622	,040	,0079	,4709
		Integration	,01020	,09225	,999	-,2118	,2322
	Teilsegregation	Segregation	-,23939*	,09622	,040	-,4709	-,0079
		Integration	-,22920*	,08949	,033	-,4445	-,0138
	Integration	Segregation	-,01020	,09225	,999	-,2322	,2118
		Teilsegregation	,22920*	,08949	,033	,0138	,4445
Frage13:Ich leide unter Schmerzen (Gelenke, Rücken...).	Segregation	Teilsegregation	,19045	,17386	,617	-,2279	,6088
		Integration	,62015*	,16670	,001	,2190	1,0213
	Teilsegregation	Segregation	-,19045	,17386	,617	-,6088	,2279
		Integration	,42970*	,16170	,025	,0406	,8188
	Integration	Segregation	-,62015*	,16670	,001	-1,0213	-,2190
		Teilsegregation	-,42970*	,16170	,025	-,8188	-,0406
Frage14:Ich leide unter Atembeschwerden.	Segregation	Teilsegregation	,01422	,07844	,997	-,1745	,2030
		Integration	,03539	,07520	,952	-,1456	,2164
	Teilsegregation	Segregation	-,01422	,07844	,997	-,2030	,1745
		Integration	,02116	,07295	,988	-,1544	,1967
	Integration	Segregation	-,03539	,07520	,952	-,2164	,1456
		Teilsegregation	-,02116	,07295	,988	-,1967	,1544

Frage15:Ich leide immer mehr an Allergien.	Segregation	Teilsegregation	,18177	,14860	,529	-,1758	,5394
		Integration	,39124*	,14248	,020	,0484	,7341
	Teilsegregation	Segregation	-,18177	,14860	,529	-,5394	,1758
		Integration	,20947	,13821	,343	-,1231	,5421
	Integration	Segregation	-,39124*	,14248	,020	-,7341	-,0484
		Teilsegregation	-,20947	,13821	,343	-,5421	,1231
Frage16:Meine Blutdruckwerte sind zu hoch/schwanken stark.	Segregation	Teilsegregation	,380183*	,140237	,022	,04271	,71765
		Integration	,384846*	,134457	,014	,06128	,70841
	Teilsegregation	Segregation	-,380183*	,140237	,022	-,71765	-,04271
		Integration	,004663	,130428	1,000	-,30920	,31853
	Integration	Segregation	-,384846*	,134457	,014	-,70841	-,06128
		Teilsegregation	-,004663	,130428	1,000	-,31853	,30920
Frage17:Ich leide unter Magen-Darm-Beschwerden.	Segregation	Teilsegregation	,15984	,17757	,748	-,2675	,5871
		Integration	,71471*	,17025	,000	,3050	1,1244
	Teilsegregation	Segregation	-,15984	,17757	,748	-,5871	,2675
		Integration	,55488*	,16515	,003	,1575	,9523
	Integration	Segregation	-,71471*	,17025	,000	-1,1244	-,3050
		Teilsegregation	-,55488*	,16515	,003	-,9523	-,1575
Frage18:Ich leide unter Herzbeschwerden.	Segregation	Teilsegregation	,14151	,11995	,559	-,1472	,4302
		Integration	,10816	,11501	,722	-,1686	,3849
	Teilsegregation	Segregation	-,14151	,11995	,559	-,4302	,1472
		Integration	-,03336	,11156	,987	-,3018	,2351
	Integration	Segregation	-,10816	,11501	,722	-,3849	,1686
		Teilsegregation	,03336	,11156	,987	-,2351	,3018
Frage19:Ich kann mich schlecht konzetrieren.	Segregation	Teilsegregation	,80497*	,16073	,000	,4182	1,1918
		Integration	,69772*	,15410	,000	,3269	1,0686
	Teilsegregation	Segregation	-,80497*	,16073	,000	-1,1918	-,4182
		Integration	-,10725	,14949	,854	-,4670	,2525
	Integration	Segregation	-,69772*	,15410	,000	-1,0686	-,3269
		Teilsegregation	,10725	,14949	,854	-,2525	,4670
Frage20:Ich bin noch motiviert und arbeite	Segregation	Teilsegregation	-,17502	,13931	,507	-,5103	,1602

gerne.		Integration	-,49640*	,13357	,001	-,8178	-,1750
	Teilsegregation	Segregation	,17502	,13931	,507	-,1602	,5103
		Integration	-,32138*	,12957	,041	-,6332	-,0096
	Integration	Segregation	,49640*	,13357	,001	,1750	,8178
		Teilsegregation	,32138*	,12957	,041	,0096	,6332
Frage21:Ich habe manchmal Leistungs- und Denkblockaden.	Segregation	Teilsegregation	-,10897	,13555	,806	-,4352	,2172
		Integration	,61915*	,12997	,000	,3064	,9319
	Teilsegregation	Segregation	,10897	,13555	,806	-,2172	,4352
		Integration	,72812*	,12607	,000	,4247	1,0315
	Integration	Segregation	-,61915*	,12997	,000	-,9319	-,3064
		Teilsegregation	-,72812*	,12607	,000	-1,0315	-,4247
Frage22:Ich habe nicht viel Freizeit.	Segregation	Teilsegregation	,61355*	,17114	,001	,2017	1,0254
		Integration	,12395	,16409	,834	-,2709	,5188
	Teilsegregation	Segregation	-,61355*	,17114	,001	-1,0254	-,2017
		Integration	-,48960*	,15917	,007	-,8726	-,1066
	Integration	Segregation	-,12395	,16409	,834	-,5188	,2709
		Teilsegregation	,48960*	,15917	,007	,1066	,8726
Frage23:Mein Lebensstil ist fest durchstrukturiert.	Segregation	Teilsegregation	,03158	,16289	,996	-,3604	,4236
		Integration	,54198*	,15617	,002	,1662	,9178
	Teilsegregation	Segregation	-,03158	,16289	,996	-,4236	,3604
		Integration	,51040*	,15149	,003	,1458	,8750
	Integration	Segregation	-,54198*	,15617	,002	-,9178	-,1662
		Teilsegregation	-,51040*	,15149	,003	-,8750	-,1458
Frage24:Ich fühle mich nicht mehr,nehme mich kaum noch wahr.	Segregation	Teilsegregation	,28062*	,11567	,047	,0023	,5590
		Integration	,44202*	,11090	,000	,1751	,7089
	Teilsegregation	Segregation	-,28062*	,11567	,047	-,5590	-,0023
		Integration	,16141	,10758	,352	-,0975	,4203
	Integration	Segregation	-,44202*	,11090	,000	-,7089	-,1751
		Teilsegregation	-,16141	,10758	,352	-,4203	,0975
Frage25:Ich fühle mich gereizt und überspannt.	Segregation	Teilsegregation	,38886*	,14479	,023	,0404	,7373
		Integration	,43083*	,13883	,007	,0968	,7649
	Teilsegregation	Segregation	-,38886*	,14479	,023	-,7373	-,0404

		Integration	,04197	,13467	,985	-,2821	,3660
	Integration	Segregation	-,43083*	,13883	,007	-,7649	-,0968
		Teilsegregation	-,04197	,13467	,985	-,3660	,2821
Frage26:Ich fühle mich oft ausgelaugt und emotional erschöpft.	Segregation	Teilsegregation	,57666*	,15650	,001	,2000	,9533
		Integration	,62975*	,15005	,000	,2687	,9908
	Teilsegregation	Segregation	-,57666*	,15650	,001	-,9533	-,2000
		Integration	,05308	,14556	,977	-,2972	,4034
	Integration	Segregation	-,62975*	,15005	,000	-,9908	-,2687
		Teilsegregation	-,05308	,14556	,977	-,4034	,2972
Frage27:Ich bewertes vieles zu negativ.	Segregation	Teilsegregation	,12006	,10954	,617	-,1435	,3837
		Integration	,27429*	,10503	,029	,0216	,5270
	Teilsegregation	Segregation	-,12006	,10954	,617	-,3837	,1435
		Integration	,15423	,10188	,344	-,0909	,3994
	Integration	Segregation	-,27429*	,10503	,029	-,5270	-,0216
		Teilsegregation	-,15423	,10188	,344	-,3994	,0909
Frage28:Ich verliere leicht die Geduld.	Segregation	Teilsegregation	,32546	,13944	,060	-,0101	,6610
		Integration	,16333	,13370	,530	-,1584	,4851
	Teilsegregation	Segregation	-,32546	,13944	,060	-,6610	,0101
		Integration	-,16212	,12969	,511	-,4742	,1500
	Integration	Segregation	-,16333	,13370	,530	-,4851	,1584
		Teilsegregation	,16212	,12969	,511	-,1500	,4742

*. die Mittelwertdifferenz ist auf der Stufe 0.05 signifikant.

Deskriptive Statistik

Gruppe				Statistik
Summen-Score der Belastung	Segregation	Mittelwert		31,6393
		95 % Konfidenzintervall für Mittelwert	Untergrenze	30,9271
			Obergrenze	32,3516
		5% getrimmter Mittelwert		31,6740
		Median		32,0000
		Varianz		7,734
		Standardabweichung		2,78108
		Minimum		25,00
		Maximum		39,00

		Bereich		14,00
		Interquartilbereich		3,50
		Schiefe		-,195
		Kurtosis		,143
	Teilsegregation	Mittelwert		36,6471
		95 % Konfidenzintervall für Mittelwert	Untergrenze	35,5729
			Obergrenze	37,7212
		5% getrimmter Mittelwert		36,5817
		Median		36,0000
		Varianz		19,694
		Standardabweichung		4,43785
		Minimum		26,00
		Maximum		51,00
		Bereich		25,00
		Interquartilbereich		6,00
		Schiefe		,337
		Kurtosis		,689
	Integration	Mittelwert		38,8659
		95 % Konfidenzintervall für Mittelwert	Untergrenze	37,8007
			Obergrenze	39,9310
		5% getrimmter Mittelwert		38,8523
		Median		39,0000
		Varianz		23,500
		Standardabweichung		4,84771
		Minimum		27,00
		Maximum		52,00
		Bereich		25,00
		Interquartilbereich		6,00
		Schiefe		,015
		Kurtosis		,146

Deskriptive Statistik

	Gruppe			Standardfehler
Summen-Score der Belastung	Segregation	Mittelwert		,35608
		95 % Konfidenzintervall für Mittelwert	Untergrenze	
			Obergrenze	
		5% getrimmter Mittelwert		
		Median		
		Varianz		
		Standardabweichung		
		Minimum		
		Maximum		

		Bereich		
		Interquartilbereich		
		Schiefe		,306
		Kurtosis		,604
	Teilsegregation	Mittelwert		,53817
		95 % Konfidenzintervall für Mittelwert	Untergrenze	
			Obergrenze	
		5% getrimmter Mittelwert		
		Median		
		Varianz		
		Standardabweichung		
		Minimum		
		Maximum		
		Bereich		
		Interquartilbereich		
		Schiefe		,291
		Kurtosis		,574
	Integration	Mittelwert		,53534
		95 % Konfidenzintervall für Mittelwert	Untergrenze	
			Obergrenze	
		5% getrimmter Mittelwert		
		Median		
		Varianz		
		Standardabweichung		
		Minimum		
		Maximum		
		Bereich		
		Interquartilbereich		
		Schiefe		,266
		Kurtosis		,526

Tests auf Normalverteilung

		Kolmogorow-Smirnow[a]			Shapiro-Wilk
	Gruppe	Statistik	df	Sig.	Statistik
Summen-Score der Belastung	Segregation	,130	61	,012	,976
	Teilsegregation	,101	68	,085	,980
	Integration	,088	82	,181	,991

Tests auf Normalverteilung

	Gruppe	Shapiro-Wilk[a] df	Sig.
Summen-Score der Belastung	Segregation	61	,264
	Teilsegregation	68	,351
	Integration	82	,832

a. Signifikanzkorrektur nach Lilliefors

Koeffizienten[a]

Modell		Nicht standardisierte Koeffizienten		Standardisierte Koeffizienten	
		B	Standardfehler	Beta	t
1	(Konstante)	32,333	2,243		14,417
	Gruppe = 2.0 ("Teilsegregation").	4,979	,801	,454	6,218
	Gruppe = 3.0 ("Integration").	7,658	,859	,728	8,919
	Alter = 2.0 ("31-40J.").	-,058	,887	-,005	-,066
	Alter = 3.0 ("41-50J.").	-2,109	1,015	-,194	-2,077
	Alter = 4.0 ("51-60J.").	-2,491	1,179	-,189	-2,113
	Geschlecht	,352	,766	,028	,459
	beschaeftigung = 1.0 ("10-20Std.").	-1,591	1,474	-,066	-1,080
	beschaeftigung = 2.0 ("21-30Std.").	-,848	,830	-,068	-1,021
	beschaeftigung = 3.0 ("31-35Std.").	,135	,789	,011	,171
	Kinästhetics	1,077	,718	,104	1,499
	Validation	-,593	,836	-,051	-,709
	Berufsgruppe = 2.0 ("FSB"A"").	-,412	,698	-,038	-,591
	Berufsgruppe = 3.0 ("HH").	,612	1,858	,020	,329
	Berufsgruppe = 4.0 ("Pflegehelfer").	3,748	2,590	,087	1,447
	Berufsdauer = 1.0 ("0-1J.").	,340	1,521	,015	,224
	Berufsdauer = 2.0 (">1-5J.").	-1,385	,932	-,128	-1,486
	Berufsdauer = 3.0 (">5-10J.").	,257	,803	,023	,320

Koeffizienten[a]

Modell		Sig.
1	(Konstante)	,000
	Gruppe = 2.0 ("Teilsegregation").	,000
	Gruppe = 3.0 ("Integration").	,000
	Alter = 2.0 ("31-40J.").	,948
	Alter = 3.0 ("41-50J.").	,039
	Alter = 4.0 ("51-60J.").	,036
	Geschlecht	,647
	beschaeftigung = 1.0 ("10-20Std.").	,282
	beschaeftigung = 2.0 ("21-30Std.").	,308
	beschaeftigung = 3.0 ("31-35Std.").	,864
	Kinästhetics	,135
	Validation	,479
	Berufsgruppe = 2.0 ("FSB"A"").	,555
	Berufsgruppe = 3.0 ("HH").	,742
	Berufsgruppe = 4.0 ("Pflegehelfer").	,150
	Berufsdauer = 1.0 ("0-1J.").	,823
	Berufsdauer = 2.0 (">1-5J.").	,139
	Berufsdauer = 3.0 (">5-10J.").	,749

a. Abhängige Variable: Summen-Score der Belastung